LE
NARCISSISME
l'amour
de soi

LE NARCISSISME
l'amour de soi

Haynal
Freud
Federn
Rank
Bourdier
A. Reich
Chasseguet-Smirgel
Winnicott
Heimann
Rosenfeld
Grunberger
Pasche
Kohut
Kernberg
Brenman

LAFFONT
TCHOU

Les grandes découvertes de la psychanalyse
Collection dirigée par
Bela Grunberger
et Janine Chasseguet-Smirgel

SOMMAIRE

TROISIÈME PARTIE

Nouveaux échos de Narcisse

Préface

L'œuvre de Freud révèle une constante évolution de sa pensée, un glissement plus ou moins perceptible d'une hypothèse à une autre. Pour répondre aux questions au fur et à mesure qu'elles se posent dans l'expérience, de nouveaux concepts y sont ébauchés qui tentent de couvrir des phénomènes apparaissant progressivement sous des perspectives et des éclairages différents; au cours de la réélaboration, l'accent est constamment déplacé par des remaniements, des retours en arrière, des nuances de sens. Ainsi se précise peu à peu le concept du narcissisme.

HISTOIRE D'UN CONCEPT

Si la théorie psychanalytique sur ce point n'est pas équivoque, c'est sans doute pour plusieurs raisons. Freud, donc, n'a pas créé un système clos dans lequel les concepts auraient eu une acception définie une fois pour toutes, un réseau, un échafaudage duquel l'homme serait devenu prisonnier; il a cherché, au cours de son évolution, à cerner sa propre réalité psychique intérieure et celle de ses analysants, telles qu'il a pu les percevoir et les comprendre à travers des mouvements d'identification successifs et alternatifs. Ainsi assiste-t-on dans son œuvre, puis dans celle d'autres psychanalystes, à une interrogation continue.

Il suffit, pour s'en convaincre, de se pencher brièvement sur l'histoire de ce concept. Le terme de « narcissisme » fut forgé en 1888 par Näcke à propos des idées de Havelock Ellis, et repris par Sadger dans le Cercle psychanalytique de Vienne en 1908; il fut utilisé deux ans plus tard par Freud dans une note des *Trois essais sur la théorie de la sexualité,* puis dans l'étude sur Leonardo da Vinci de la même année; à propos de l'homosexualité de Leonardo, Freud évoque l'amour de soi — mais aussi l'amour de l'image du petit garçon que nous fûmes, c'est-à-dire l'amour d'un double avec qui nous nous

A l'origine du mythe.
*(*Narcisse, *bronze grec. Musée de Naples.)*

sommes confondu (mère, jumeau); image à laquelle nous pourrons revenir si nous sommes trop déçu de ce que nous vivons avec les personnes qui nous entourent. Autant de « mouvements narcissiques », et encore tant d'autres qui constituent le problème du narcissisme tel que Freud se l'est posé.

Le narcissisme, *concept complexe,* nous apparaît donc comme un point *nodal,* aboutissement de plusieurs lignes de pensée. Pour la réflexion psychanalytique, il est une notion primordiale et ses contradictions sont probablement celles du psychisme lui-même et dérivent de la difficulté à cerner le fonctionnement de ce dernier.

Ce concept à multiples facettes reflète la manière dont le sujet *se voit,* son image, son double. Dès Freud, il apparaît clairement que nous devons résoudre plusieurs difficultés sur le chemin de la compréhension du psychisme humain dans sa complexité, avec ses dimensions conscientes et inconscientes, ses liens avec les instincts, notamment l'instinct sexuel.

Repli sur soi-même, recherche de soi *dans l'Autre,* autant de formes de narcissisme : le narcissisme quotidien qui accompagne notre perception de nous-même et le « Selbstgefühl », le sentiment de soi-même, de Freud. Rappelons d'abord que cette forme d'amour de soi est une forme fondamentale de l'amour : le commandement « Aime ton prochain comme toi-même » implique qu'il va de soi qu'on s'aime soi-même. À un pôle, le repli dans le sommeil restaurateur; à l'autre, les différentes formes de l'amour de soi. On a pu, bien sûr, opposer l'amour de soi et l'amour de l'Autre (« amour objectal »), le narcissisme étant, dans cette perspective, le contraire de l'investissement d'objet. Et *pourtant,* même si une telle polarité peut être imaginée, dans les relations d'adultes ces deux pôles ne sont pas nécessairement opposés, l'un accompagnant l'autre.

NARCISSISME PRIMAIRE ET NARCISSISME SECONDAIRE

Freud, en 1910, parle dans *Le Trouble psychogène de la vision dans la conception psychanalytique* (1910), de pulsions du Moi (Ichtrieb), ayant déjà fait allusion antérieurement aux pulsions « égoïstes » et aux « désirs ambitieux égoïstes » (1907, 1908, 1909). Son souci théorique, surtout dans la controverse avec Jung, est de maintenir sa conception de libido sexuelle qui aura, outre le versant objectal, un versant narcissique.

Si le concept de narcissisme *primaire* est compris comme « un état précoce où l'enfant investit toute sa libido sur lui-même » (Laplanche et Pontalis), le narcissisme *secondaire* serait l'intériorisation d'une relation, notamment celle avec la mère; il constituerait l'un des fondements essentiels du psychisme, comme le montrent les états découlant de la carence ou privation de cet amour (Bowlby, Spitz et d'autres).   L'interprétation de ce que Freud a appelé *« narcissisme primaire »* soulève une série de questions. S'agit-il vraiment d'un stade parmi les autres, et la psychanalyse doit-elle envisager l'évolution de l'enfant comme une suite de stades distincts, parmi lesquels celui du narcissisme primaire trouverait sa place ? Ou faut-il le considérer comme l'un des « moments fondateurs, qui se caractérise par l'apparition simultanée d'une première ébauche du Moi et son investissement par la libido » (Laplanche et Pontalis) ? L'hypothèse d'un tel moment fondateur est-elle en contradiction par exemple avec une idée comme celle de l'« *amour primaire* » de Michael Balint ? Ainsi, l'amour primaire pourrait être conçu comme proche du narcissisme : « L'amour d'objet est une fraction transitive où alternativement l'objet est soit la mère soit l'enfant. L'enfant devient l'objet de l'objet dans la relation d'illusion de l'unité mère-enfant » (A. Green). L'évolution de l'être humain comporte nécessairement des oscillations entre amour narcissique et amour libidinal. Le narcissisme secondaire, tel qu'il a été décrit par Freud, puis étudié par d'autres auteurs (parmi lesquels Pierre Luquet), représenterait l'amour de la mère introjecté par l'enfant qui, une fois séparé d'elle et sorti de la symbiose, conscient de son indépendance et de son alter-ité, « s'aimera tel que sa mère l'a aimé », c'est-à-dire qu'il ne pourra s'aimer (« narcissiquement ») que comme on l'a aimé (« libidinalement »).

L'« amour de soi » (*Selbstliebe* de Freud, 1915) dans un régime de repli sur soi-même peut impliquer du plaisir de ses propres zones érogènes : ces plaisirs auto-érotiques ne sont cependant pas confondus avec le concept du narcissisme, plus large et d'une autre dimension que l'auto-érotisme, qui n'en couvre qu'un secteur.

NARCISSISME ET PULSION DE MORT

Pour le Moi du début de la vie, alors que la réalité ne comporte pas encore les deux pôles *intérieur* et *extérieur,* sujet-objet, « soi »-« les autres », le narcissisme est l'investissement de vagues perceptions non structurées. Faute d'intervention des processus secondaires, il implique une méconnaissance de la réalité qui peut entraîner des conséquences allant jusqu'à l'autodestruction. La « pulsion de mort » peut être comprise comme une tendance à revenir au régime narcissique, avec cette non-structuration qui la caractérise; peut-être également un représentant psychique de la loi d'entropie, luttant contre cette anti-entropie qu'est la vie. Si l'agression contenue dans l'instinct de mort met le Soi en danger, c'est également parce que la distinction entre soi et les autres est ignorée.

« L'aspiration à un état d'inexcitabilité totale... est une constante de la pensée de Freud », fait remarquer André Green. Cette idée implique que tout stimulus extérieur, mais aussi tout changement pose un problème. Quel est donc le « poids » de ce concept : le narcissisme est-il donc l'allié de ce que Freud appellera plus tard la pulsion de mort (*Todestrieb*), poussant l'individu à se refermer sur lui-même pour atteindre le degré zéro d'excitation, la mort ? ou est-il aussi, dans un autre contexte, en tant que « provisions narcissiques », l'accompagnateur nécessaire de tous nos actes, comme nous le disions au sujet du narcissisme secondaire ?

Notons cette remarque de Béla Grunberger : « Pour ne pas être déprimé en considérant la brièveté et la précarité de l'existence, il faut être délirant » — nous dirions plutôt *narcissique,* au sens de narcissisme protecteur de la vie.

Cette prépondérance du narcissisme au tout début de la vie a été rapprochée de l'égocentrisme cognitif mis en évidence par les recherches de Jean Piaget : ainsi, la décentration cognitive ferait pendant à une « décentration » affective, et l'éclosion d'un monde symbiotique à charge narcissique ouvre un mouvement perpétuel de quête d'un équilibre toujours à reconquérir entre l'investissement de soi-même et celui des relations avec les autres.

NARCISSISME ET ÉROTISME

Parallèlement à l'importance donnée par Freud à la sexualité existe un investissement *narcissique* primordial des organes sexuels et particulièrement de l'organe sexuel visible, le phallus (idée déjà examinée en son temps par Jenö Harnik); d'autres pionniers de la psychanalyse ont également souligné celui des fonctions parentales (Reik).

En retraçant le modèle antagonistique de Freud, Grunberger, dans son œuvre, réélabore la dynamique de cet antagonisme majeur, celle des apports narcissiques et libidinaux (pulsions comme l'analité et l'oralité) qui se rejoindront dans l'Œdipe. Partant du narcissisme originaire, Pasche postule même l'attrait des objets nous arrachant à une vie en régime narcissique (un *principe anti-narcissique*).

Ferenczi, probablement le premier psychanalyste à avoir conçu une « ligne de développement » en 1911 pour un domaine spécifique du

fonctionnement psychique, écrivit à propos de notre sujet : « L'auto-
érotisme et le narcissisme sont donc *les stades de la toute-puissance
de l'érotisme*; et comme *le narcissisme ne cesse jamais mais subsiste
toujours à côté de l'érotisme objectal,* on peut dire — dans la mesure
où l'on se borne à s'aimer soi-même — qu'en matière d'amour on
peut conserver toute la vie l'illusion de toute-puissance ... »

Sans aucun doute sous l'influence de Sandor Ferenczi, Grunberger
localise les racines du narcissisme dans la vie prénatale. Les souvenirs
ou les reconstructions d'un état de félicité exempt de conflits et
d'excitations (« paradis perdu », « Age d'or ») seraient responsables
du rêve d'y retourner que caressent les hommes. Grunberger interprète
le désir incestueux comme lié à la nostalgie de ce retour dans le sein
de la mère. Ainsi l'Œdipe serait-il l'aboutissement aussi bien des désirs
narcissiques que des désirs pulsionnels. De même, le tabou d'inceste
— considéré d'ailleurs par Lévi-Strauss comme le noyau de la
civilisation — jouerait avant tout le rôle de protection contre la
blessure narcissique : l'interdiction parentale masquerait en effet
l'impuissance de l'enfant; c'est son incapacité physiologique, son
immaturité, qui en réalité l'empêcheraient de retrouver par le biais
de l'inceste le bonheur de la vie prénatale, alors qu'il l'attribue à un
interdit parental.

La perte de la toute-puissance a très profondément marqué l'homme
— idée qui n'est pas sans analogie avec celles de l'école de Ferenczi :
par exemple, G. Roheim se réfère à la néoténie de l'homme (l'enfant,
dans son impuissance totale, devient l'enfant-roi grâce à la sollicitude
de sa mère). Grunberger considère en outre toutes les manifestations
de la civilisation comme une gamme de différentes tentatives de
l'homme pour opérer un rétablissement narcissique.

Lorsque nous disons que l'équilibre entre narcissisme et relation
objectale est toujours à reconquérir, nous faisons implicitement aussi
allusion aux déséquilibres du narcissisme, sujet de préoccupation de
Freud.

La pathologie narcissique comporterait, dans une première approxi-
mation, un narcissisme gonflé aux dépens de la relation d'objet. Même
si la nomenclature, les façons de parler changent, le problème reste
le même : quel rôle le narcissisme va-t-il y jouer ? Freud parlait de
« névrose narcissique » dans un sens différent de celui utilisé
aujourd'hui : pour lui, ce terme correspondait à ce que les psychiatres
et les psychanalystes actuels appellent « psychose ». Par contre, pour
les auteurs contemporains, notamment H. Kohut et O. Kernberg, les
« névroses narcissiques » se situent entre les psychoses et les névroses
dites classiques, et ils les assimilent plus ou moins aux « états-
limites ».

LES TROUBLES DU NARCISSISME

Pour Kernberg, et aussi pour les tenants de l'école kleinienne, l'envie et les rages sadiques-orales sont des déterminants cruciaux des troubles de caractère proches des états-limites, dont ils se différencient principalement par le recours à des mécanismes primitifs tels que le clivage, le déni, l'identification projective, l'idéalisation pathologique et le régime de toute-puissance. Pour Kohut, par contre, le narcissisme suit une ligne d'évolution et sa pathologie découlerait d'un arrêt dans ce développement au niveau du Soi grandiose, des imagos parentales idéalisées, de phénomènes cliniques tels que le transfert en jumeau, etc. Les travaux de ces deux écoles aux États-Unis (d'ailleurs bien après ceux de Grunberger en France) ont mis en valeur l'importance des *troubles du narcissisme* que les psychanalystes d'aujourd'hui rencontreraient plus fréquemment qu'auparavant. Nous reviendrons encore, plus loin, sur la problématique impliquée par cette assertion.

Mais, comme nous l'avons déjà dit, ce concept est destiné à un certain moment à expliquer des phénomènes auxquels Freud se heurte, sensibilisé par les travaux de C.G. Jung et de K. Abraham à la clinique Burghölzli à Zürich. Jung était préoccupé par le problème des psychoses, et c'est à sa demande que Freud commenta le livre du Président Schreber. En 1908, Abraham , de son côté, pose ce jalon pour la compréhension de la psychose : « La caractéristique psycho-sexuelle de la démence précoce est le retour du patient à l'auto-érotisme ».

Ainsi le sens donné à « narcissisme » suit-il son parcours historique : d'abord, pour Havelock Ellis et Näcke, une perversion pour laquelle l'objet sexuel du sujet est son propre corps : l'amour de soi-même, jusqu'à l'oubli total du monde dans la psychose, aboutissant d'ailleurs à l'élaboration des concepts de narcissisme primaire et secondaire (ce dernier englobant tout apport par introjection de l'« objet ») dont nous avons déjà fait mention. À côté du narcissisme « sain », narcissisme quotidien, il existe donc le narcissisme défensif, qui peut aboutir à la dénégation de l'objet perdu, au risque pour le sujet de quitter le monde du réel et d'être précipité dans la folie. Supposant que le sujet narcissique est seulement préoccupé de lui-même, Freud pensait qu'il n'était pas susceptible de faire un transfert. Cette hypothèse est discutable pour la plupart des psychanalystes d'aujourd'hui, puisqu'on parle de « transfert narcissi-que » (cf. Kohut), ou au moins d'éléments narcissiques du transfert.

L'amour de soi-même, narcissique, à travers une relation spéculaire, dans le miroir d'une autre personne identique à nous (notre jumeau) ou supposée être comme nous, ainsi que la mère à une certaine époque de la vie (l'enfant s'aime dans la lueur de ses yeux), ou bien amour de quelqu'un de semblable à soi, chez qui l'on retrouve les traits de caractère qui sont les nôtres, d'où l'idée de Freud (1910) que certains attachements homosexuels sont enracinés dans cette forme d'amour narcissique.

UNE BÉANCE JAMAIS COMBLÉE

Dans la ligne freudienne, P. Federn s'est attaché à examiner l'investissement narcissique des *frontières du Moi*. Celles-ci seraient perturbées dans les états de dépersonnalisation de différentes nuances et dans les psychoses où, suivant en cela Nunberg, l'auteur insiste sur l'importance de la *perte* d'objet. Les sentiments d'*étrangeté* et de dépersonnalisation traduisent des troubles de l'expérience du monde extérieur, et en même temps de l'image du Moi corporel, le sentiment de la réalité des objets dépendant des investissements libidinaux narcissiques du « Selbstgefühl » de Freud (1914). On peut dire que, selon Federn, la connaissance de l'objet, de ses limites et de sa permanence dépend des investissements libidinaux du Moi : « Ici le narcissisme fonde l'objet », comme le dit S. Lebovici : préséance théorique en tout cas, et peut-être factuelle dans les premiers temps de la vie humaine.

Le narcissisme accompagne notre vie comme une ombre. Il renvoie au concept de Paradis originaire (peut-être intra-utérin), puis au stade narcissique où l'enfant croit à la toute-puissance de ses pensées (Freud, 1912-13), alors qu'il n'a pas à se préoccuper de la satisfaction de ses besoins et qu'il ignore le désir, faute d'exister en tant qu'individu; ensuite, c'est le passage de ce premier état de béatitude à une réalité où le petit homme se sent fragile et démuni. Freud parle alors de la « Hilflosigkeit » de l'enfant (démunissement, déréliction du tout petit enfant) qui marque la vulnérabilité narcissique humaine et les points de réminiscence, de fixation narcissique ultérieure. Cette blessure peut être suffisamment pansée par des *approvisionnements* narcissiques dans la relation avec la mère et l'évolution ultérieure; sinon, elle laissera une béance jamais comblée, une vulnérabilité constante et une soif perpétuelle d'être reconnu et confirmé dans son narcissisme.

LE STADE DU MIROIR

Pour faire un pont entre toutes ces conceptions, on pourrait imaginer, dans une perspective diachronique, des transformations du narcissisme à chaque étape évolutive, marquées par l'organisation de la représentation de soi : le moment où cette dernière est « investie » avec la libido narcissique dans l'expérience fondamentale que J. Lacan a désignée sous le nom de *« stade du miroir »* (« l'assomption jubilatoire devant le miroir étant l'expression de l'affect devant l'image narcissique du corps », A. Green). Winnicott a insisté, pour cet investissement, sur le rôle de la mère, ses réactions, l'introjection de son attitude profonde.

Le stade du miroir est en quelque sorte le paradigme d'une relation duelle, pour Lacan l'institution du monde de l'imaginaire se voyant comme si l'image de soi était un autre dans le miroir. L'importance du nom ne s'y ajoute qu'à un niveau triangulaire, par la Loi. Il ne s'agit donc pas, selon Lacan, du problème de l'existence réelle, ni d'une existence symbolique. Il s'agit de l'image : se voir dans l'Autre. Ainsi, le Moi serait une construction, une statue imaginaire, un moule dans lequel on jette son identité aliénée.

Pour Lacan, qui a montré en 1936 l'importance de la découverte du corps perçu non plus comme un corps morcelé, mais comme une unité, la fascination de l'enfant pour l'image de l'Autre constitue une anticipation, par identification à cette image, d'une unité corporelle qui ne sera atteinte qu'ultérieurement. L'idée centrale est que cette expérience primordiale fait du *Moi* une structure imaginaire. Le stade du miroir constitue la source des identifications ultérieures.

Lacan rejoint là beaucoup d'auteurs qui pensent que l'investissement narcissique des objets et l'investissement par la libido objectale ne sont pas deux identités séparées, mais des modes coexistants. L'idée que l'Autre, dans le transfert, soit ressenti comme pareil — non identique —, comme maître absolu (dans le sens du maître et de l'esclave de Hegel), ou comme esclave absolu jouant le mort par son silence, rejoint l'idée de Rank (1914) selon laquelle l'expérience du double est une confrontation avec l'Autre, avec sa contrepartie, avec le jumeau, et finalement également une rencontre avec sa propre mort. En quelque sorte, dans cette perspective, la relation duelle n'est pas si différente de la relation avec soi-même; elles ont des liens étroits, fait fondamental pour la compréhension de la dimension narcissique.

Néanmoins, on assiste à une certaine convergence dans l'appréhension de cette notion si difficile, dont la psychanalyse ne pourrait certainement pas se passer. Le fait, d'ailleurs, que de nombreux auteurs s'y attachent, essaient de la cerner, de la récupérer dans leur système conceptuel, montre bien à quel point elle est nécessaire. Même si les accents sont différemment placés, on remarque de surprenantes concordances. Par exemple, Lacan rejoint Grunberger lorsqu'il suppose l'existence d'un point « pivotal » important entre le narcissisme et la structure œdipienne. Cela se situe d'ailleurs dans la ligne de Freud selon qui l'Œdipe échouerait par son impossibilité et, à ce moment, c'est la libido narcissique qui triomphe sur la libido objectale, et le sujet renonce à l'objet pour survivre.

NARCISSISME ET SUBLIMATION

On ne peut pas parler de narcissisme sans parler d'*idéal.* Comme, dans un autre tome de cette même série, il a été déjà question de l'Idéal (du Moi), nous nous contenterons de souligner que le Moi est toujours à situer par rapport à son idéal, ce qui signifie qu'il a pris parti pour certains objets contre d'autres, pour certaines caractéristiques de l'objet au détriment d'autres, qu'il inclut aussi l'idéal qu'il s'est assigné (Freud, 1916-17), celui-ci étant toujours narcissique. Le sujet est toujours menacé dans son équilibre s'il a le sentiment de ne pas être à la hauteur de l'idéal. Pourtant, il s'agit d'un rapprochement asymptotique, les idéaux étant les buts qu'on tend à atteindre mais qu'on n'atteindra jamais parfaitement. Tout se passe

Certains attachements homosexuels sont enracinés
dans une forme d'amour narcissique.
(Scène du film le Droit du plus fort, *par R.W. Fassbinder, 1965.)*

dans la conception topologique freudienne à l'*intérieur* du Moi, le Surmoi n'étant qu'une « *Stufe im Ich* », une « marche d'escalier », un « degré ».

Nous n'avons fait que de brèves allusions au sujet des liens combien importants entre narcissisme et créativité, de même qu'à ceux entre narcissisme et *sublimation.* Le tome sur la sublimation, dans cette même série, en donne une idée ; il s'agit là, plus que d'une question théorique, de savoir si la sublimation ne « s'effectue pas par l'intermédiaire du Moi, transformant la libido sexuelle dirigée vers l'objet en une libido narcissique et posant ainsi des buts différents » (Freud, 1923). À quel point, dans l'activité culturelle, nos idéaux narcissiques sont-ils impliqués comme un moteur capital, à quel point y a-t-il un lien entre la culture et les idéaux narcissiques de notre enfance, et cela suppose-t-il un mécanisme important dans la transmission de la culture ? Freud pose, dans *Malaise dans la civilisation,* la question du sort de la civilisation et de la culture dans les termes — empruntés à la mythologie — d'Eros et de Thanatos. Il me semble là, au moyen de nouvelles conceptions, chercher à opposer les buts qu'Eros nous propose en tant qu'idéaux historiques à travers la civilisation (idéaux civilisatoires consacrés) à l'*ananké,* la nécessité, et aussi à Thanatos, qui tend vers zéro, vers la destruction. Les problèmes du narcissisme et de la sublimation peuvent, à travers des notions élaborées par Freud plus tardivement (après 1920), nous éclairer sur les conditions de notre civilisation.

UN PHÉNOMÈNE CULTUREL

Le narcissisme est devenu une sorte de concept « à la mode » dans la littérature psychanalytique. Comme si, après une certaine « libération » sexuelle, on s'était rendu compte que tout problème n'est pas pour autant résolu, et comme si l'interrogation s'était déplacée de la libido sexuelle ou de la pulsion agressive au narcissisme. S'agit-il là vraiment du réaménagement des conflits selon des données culturelles, éducatives, socio-économiques — un déplacement inté-rieur des éternelles forces conflictuelles de l'homme —, ou d'un changement de la perspective dans laquelle on les voit, et dans ce cas pourquoi ? La réponse est certes difficile. Il y a de nombreux indices qu'une éducation accentuant les interdictions de la sexualité favorise l'éclosion chez l'enfant devenu adulte de conflits psychiques liés au Surmoi, alors que d'autres modèles éducationnels et culturels entraînent d'autres traumatismes, comme la surgratification (dans le sens de la « frustration de la frustration »), l'abandon, le désintérêt, la non-rencontre...

On a également supposé qu'une certaine déception par rapport aux idéaux culturels partagés, un plus grand isolement, un repli sur soi-même favoriseraient la création d'une « culture narcissique » (Lasch, 1978). Le sociologue Richard Sennett voit ainsi un lien entre « la chute de l'homme public » et « l'ascension de l'homme privé », comme, après la mort d'Auguste, le déclin de la vie publique a débouché sur une quête de transcendance religieuse sans précédent; de même, chez nous, le désintérêt pour la chose publique provoquerait la tendance à se pencher sur soi-même.

Peut-être certains moments de la culture favorisent-ils en effet l'interrogation de l'homme sur lui-même. D'aucuns pensent cependant que la pathologie reste toujours la même, de même que les configurations de la personnalité, et que c'est le style d'interrogation qui change, cherchant à cerner à travers de multiples déplacements ce qui reste en fin de compte d'insaisissable, d'inexpliqué; l'inconscient ne dévoile que peu à peu ses secrets, même si, sans doute, certains mouvements de les appréhender peuvent aboutir à des points d'éclaircissement plus ou moins limité. Il ne s'agit pas de remettre en question les grandes découvertes de la psychanalyse, mais de souligner qu'assurément on ne pourra pas donner une réponse définitive à toutes les questions de l'existence. Mais le narcissisme est sans doute l'un des concepts importants qui nous aident à nous comprendre, à comprendre l'homme dans sa quête éternelle du bonheur, et le voisinage de ce bonheur avec la mort.

Narcisse, amoureux de lui-même, fut détruit par cet amour : un mythe dont le sens profond est inépuisable et toujours à reméditer.

PROFESSEUR ANDRÉ HAYNAL

PREMIÈRE PARTIE

Éclosion
de Narcisse

Narcisse, amoureux de son reflet.
(Gravure allemande du XVIIe siècle. Bibl. des Arts décoratifs.)

Chapitre I

Introduction au narcissisme

C'est dans une note de 1910 ajoutée aux Trois essais sur la théorie de la sexualité *que Freud semble utiliser pour la première fois le terme de narcissisme et cela en relation avec l'homosexualité :*

« *Si la psychanalyse, jusqu'ici, n'a pu éclaircir complètement les origines de l'inversion, elle a du moins pu découvrir le mécanisme psychique de sa genèse, et présenter la question sous de nouveaux aspects. Dans tous les cas observés, nous avons pu constater que ceux qui seront plus tard des invertis passent pendant les premières années de l'enfance par une phase de courte durée où la pulsion sexuelle se fixe d'une façon intense sur la femme (la plupart du temps sur la mère) et qu'après avoir dépassé ce stade, ils s'identifient à la femme et deviennent leur propre objet sexuel, c'est-à-dire que, partant du narcissisme, ils recherchent des adolescents qui leur ressemblent et qu'ils veulent aimer comme leur mère les a aimés eux-mêmes.* »

Freud insiste dans la suite de cette note sur le fait que les invertis transfèrent sur l'homme l'excitation produite en fait sur eux par la femme. Il existe ainsi en eux une compulsion les poussant vers l'homosexualité, liée à leur fuite devant la femme.

Dans un texte contemporain, peut-être même antérieur à l'ajout des Trois essais, Un souvenir d'enfance de Léonard de Vinci, *il met également en relation narcissisme et homosexualité. L'une des étiologies possibles de l'inversion serait en rapport avec l'absence du père, l'enfant se trouvant alors* « *abandonné à l'influence féminine;* « *il semblerait presque que la présence d'un père énergique assurât au fils le juste choix pour l'objet de sexe opposé* ».

Intervient alors un mécanisme au cours duquel « *le petit garçon refoule son amour pour sa mère en se mettant lui-même à sa place, en s'identifiant à elle, et il prend alors sa propre personne comme l'idéal à la ressemblance duquel il choisit ses nouveaux objets d'amour ». Telle serait donc l'origine de l'homosexualité. Il s'agirait en fait d'un retour à l'amour de soi, les objets homosexuels n'étant que les substituts du sujet lui-même, « des éditions nouvelles de sa propre personne enfantine ». L'homosexuel — et l'on voit que Freud définit ici la relation pédophile — aime ses objets comme sa mère l'aimait enfant. Freud ajoute « qu'il choisit l'objet de ses amours suivant le mode du narcissisme », à la manière dont Narcisse était amoureux de son propre reflet. Rappelons ici que selon la légende grecque, dont il existe plusieurs versions, Narcisse dédaignait l'amour des nymphes — dont celui de la nymphe Echo —, pour se consacrer au culte de sa propre image que lui renvoyait le miroir d'un étang; à sa place pousse la fleur qui porte son nom. On peut noter ici que c'est tout d'abord à propos d'une perversion que Freud évoque pour la première fois le narcissisme.*

Dans Le Président Schreber *(1911), Freud, à propos de l'étiologie de la paranoïa, relie à nouveau homosexualité et narcissisme. Nous nous souvenons*[1] *du rôle tout particulier des humiliations et de ce que Freud appelle les « rebuffades sociales » dans le déclenchement de la paranoïa, lesquelles sont à considérer comme des blessures d'amour-propre, c'est-à-dire des blessures narcissiques. À cette occasion Freud décrit l'évolution de la libido, de l'auto-érotisme à l'amour objectal. Entre les deux se situe le stade du narcissisme « Ce stade consiste en ceci: l'individu en voie de développement rassemble en une unité ses instincts sexuels, qui jusque-là agissaient sur le mode auto-érotique, afin de conquérir un objet d'amour, et il se prend d'abord lui-même, il prend son propre corps pour objet d'amour avant de passer au choix objectal d'une personne étrangère. »*

Selon lui, le stade narcissique est sans doute « inévitable » au cours du développement, mais certaines personnes s'y fixeraient de façon prolongée. Toutefois, des traces de ce stade existent normalement chez tout le monde. C'est là, en effet, la thèse qu'il affirmera en 1914, dans son article consacré au narcissisme, et qu'il n'abandonnera jamais.

Se prendre soi-même comme objet d'amour entraîne un attrait particulier pour ses propres organes génitaux. La phase suivante du développement conduira le sujet à aimer une personne du même sexe, c'est-à-dire possédant des organes génitaux analogues aux siens. Le choix d'objet homosexuel est donc directement issu du stade narcissique dont il constitue un avatar plus évolué.

---

1. Voir Les Psychoses : la perte de la réalité, dans la même collection.

Ce n'est qu'un relatif détachement du narcissisme qui permet un choix hétérosexuel, bien que la psyché humaine reste à jamais marquée par son exigence antérieure que l'objet d'amour soit sexué à l'image du sujet. Les aspirations homosexuelles viennent constituer les « instincts sociaux[2] », l'amitié, la camaraderie, l'esprit de corps et contribuent à la capacité de l'homme à vivre en société.

En 1913, dans Totem et Tabou, *Freud reprend l'idée d'une phase qui vient s'intercaler entre l'auto-érotisme et le choix d'un objet externe. Cette phase, c'est le narcissisme où le Moi, constitué en tant qu'unité, est le lieu où se focalisent les désirs libidinaux. C'est peut-être le moment de rappeler que l'auto-érotisme, dans les* Trois essais, *comporte les tendances dont se compose la sexualité, travaillant chacune pour son propre compte, cherchant le plaisir et trouvant leur satisfaction sur le corps propre. L'auto-érotisme est donc conçu comme une phase anarchique diffuse, où le Moi, en tant qu'unité, n'est pas encore formé. Dans* Totem et Tabou, *Freud insiste à nouveau sur le fait que l'homme reste toujours, dans une certaine mesure, narcissique, « après même qu'il a trouvé pour sa libido des objets extérieurs ».*

C'est en rapport avec cette discussion sur le narcissisme, que Freud, dans Totem et Tabou, *définit les trois phases que traverse l'humanité : la toute-puissance des idées des primitifs, l'animisme, correspond au narcissisme; la phase religieuse liée à un choix d'objet extérieur, mais conservant des traits narcissiques, serait caractérisée par la fixation de la libido aux parents, supports de la toute-puissance que le sujet n'a abandonnée que pour la leur confier en dépôt; la phase scientifique, enfin, serait un pendant de l'état de maturité de l'individu se pliant aux exigences de la réalité. Freud reste très pessimiste quant à l'accès et au maintien de l'humanité à cette phase.*

En 1914, Freud introduit le concept de narcissisme dans la théorie psychanalytique. Les idées contenues dans ce texte constituent une étape fondamentale de la théorie des pulsions[3]. Plus encore que dans les textes antérieurs, il pose le narcissisme comme étant présent de façon permanente dans l'individu. Cela, non seulement à un moment de son évolution, mais à travers toute son existence. Le narcissisme est avant tout l'investissement libidinal du Moi. Freud distingue dans cet article la libido du Moi et la libido d'objet. Il y aurait une sorte de rapport inverse entre la quantité de libido investissant le Moi et la quantité de libido investissant les objets : plus l'une s'accroît, plus l'autre

---

2. Voir *La Sublimation : les sentiers de la création,* dans la même collection.
3. Voir le volume suivant, *Les Pulsions : amour et faim, vie et mort.*

s'appauvrit. Nous verrons que ce point de vue économique tout à fait fondamental pour Freud et essentiel pour la conception des psychoses sera discuté par Federn dont nous parlerons au chapitre IV.

Nous avons vu dans un précédent volume[4]*, qu'en 1908, dans un article consacré aux « Différences psychosexuelles entre hystérie et démence précoce », Karl Abraham avait décrit avant Freud un processus de désinvestissement des objets au profit du Moi comme caractéristique de la démence précoce. Dans l'article de 1914, il apparaît clairement qu'il y a pour Freud une différence fondamentale entre l'auto-érotisme anarchique et anobjectal et le narcissisme qui entraîne la constitution du Moi comme unité. Disons en passant que, pour Jacques Lacan, le stade du miroir représente un moment privilégié dans la constitution du Moi en tant que totalité.*

À l'incoordination motrice propre à la prématuration humaine va succéder une maîtrise du corps en tant qu'unité lors de l'expérience de la perception par l'enfant de son image dans le miroir (selon Lacan entre six et dix-huit mois). Il serait juste cependant de rendre à Henri Wallon la paternité d'une part de ces vues.

Soulignons que Freud, dans l'article de 1914, donne des définitions du narcissisme primaire et du narcissisme secondaire. Le narcissisme primaire serait précisément cet état survenant au cours du développement, où l'enfant investit sa libido sur son Moi. Le narcissisme secondaire désignerait un retour *de la libido sur le Moi, libido soustraite aux investissements objectaux. C'est par exemple ce qui se produit dans la psychose, où le sujet retire sa libido des objets pour la réinvestir dans le Moi. Le Moi est, dans la conception de 1914, « le grand réservoir de la libido ». Celle-ci va du Moi aux objets ou des objets vers le Moi. La théorie de la libido proposée par Freud en 1914 peut être considérée comme une théorie « moniste » : il n'y aurait qu'une seule libido, qui ne se distinguerait que par son lieu d'investissement (les objets ou le Moi). Le narcissisme primaire sera, après l'introduction de la seconde topique (Ça, Moi, Surmoi), plutôt réservé par Freud à la désignation d'un tout premier état précédant l'unification du Moi tel qu'il existe au cours de la vie fœtale et, vraisemblablement, à l'aube de la vie, quand le sujet n'est pas encore différencié de l'objet. À ce moment-là, Freud ne parle plus d'auto-érotisme. Dans les travaux psychanalytiques contemporains, le narcissisme primaire désigne habituellement un état anobjectal d'indifférenciation entre le Moi et le Non-Moi.*

Nous verrons par la suite qu'un certain nombre d'auteurs, Melanie Klein en particulier, n'admettent pas la présence d'un tel stade: le Moi

---

4. *Les Psychoses : la perte de la réalité.*

et les relations objectales existeraient d'emblée, au moins à l'état d'ébauche.

*Lorsque Freud introduit la seconde topique, il considère que le narcissisme du Moi est un narcissisme secondaire (*Le Moi et le Ça, *1923). En effet, dans cette nouvelle conception, « toute la libido se trouve accumulée dans le Ça alors que le Moi est encore en voie de formation ou à peine formé. Le Ça utilise une partie de sa libido en fixations érotiques sur des objets, tandis que le Moi, à mesure qu'il se développe et se fortifie, cherche à attirer vers lui cette libido orientée vers les objets et à l'imposer au Ça comme seul lieu d'attachement érotique. C'est ainsi que le narcissisme du Moi est un narcissisme secondaire, dérobé aux objets ».*

C'est la majeure partie du texte de 1914, « Pour introduire le narcissisme », dont le lecteur va à présent prendre connaissance[5].

Le terme de narcissisme provient de la description clinique, et a été choisi en 1899 par P. Näcke pour désigner le comportement par lequel un individu traite son propre corps de façon semblable à celle dont on traite d'ordinaire le corps d'un objet sexuel : il le contemple donc en y prenant un plaisir sexuel, le caresse, le cajole, jusqu'à ce qu'il parvienne par ces pratiques à la satisfaction [6] complète. Développé à ce point, le narcissisme a la signification d'une perversion qui a absorbé la totalité de la vie sexuelle de la personne, et où nous devons par conséquent nous attendre à rencontrer les mêmes phénomènes que dans l'étude de toutes les perversions.

L'observation psychanalytique s'est ensuite aperçue que des traits particuliers du comportement narcissique se retrouvent chez de nombreuses personnes qui souffrent d'autres troubles, par exemple, d'après Sadger, chez les homosexuels ; enfin l'on est arrivé à supposer qu'un certain placement de la libido, qui doit être désigné comme narcissisme, peut entrer en considération dans un champ beaucoup plus vaste et revendiquer sa place dans le développement sexuel régulier de l'être humain [7]. Les difficultés du travail psychanalytique chez les névrosés amenèrent à la même supposition : il semblait en

---

5. S. Freud, « Pour introduire le narcissisme » (1914) in *La Vie sexuelle,* Presses Universitaires de France, coll. « Bibliothèque de psychanalyse », p. 81-105. Les fragments de ce texte fondamental non inclus ici figurent dans les volumes antérieurs.

6. *Befriedigung.* — Satisfaction est le terme courant, correspondant à cet « apaisement » d'une pulsion. Nous avons finalement rejeté le terme de « gratification » qui induit trop infailliblement le couple frustration-gratification des psychologues post-freudiens (*N. d. T.*).

7. O. Rank, « Ein Beitrag zum Narzissmus » (Contribution au narcissisme), *Jahrbuch für psa. Forsch.,* III, 1911.

effet qu'un comportement narcissique du même genre constituait l'une des limites de l'influence qu'on pouvait exercer sur ces malades. Le narcissisme, dans ce sens, ne serait pas une perversion, mais le complément libidinal à l'égoïsme de la pulsion d'autoconservation dont une part est, à juste titre, attribuée à tout être vivant.

Dans le passage qui suit, Freud s'interroge sur le destin de la libido dans les cas de schizophrénie. Retirée du monde extérieur, la libido serait reportée sur le Moi [8].

OPPOSITION ENTRE LA LIBIDO DU MOI ET LA LIBIDO D'OBJET

Je fais encore une fois remarquer que je veux ici ni élucider ni approfondir le problème de la schizophrénie ; je ne fais que rassembler ce qui a déjà été dit d'autre part, afin de justifier une introduction au narcissisme.

Ce développement, légitime à mon avis, de la théorie de la libido, reçoit un troisième apport de nos observations et de nos conceptions concernant la vie psychique des enfants et des peuples primitifs. Nous trouvons, chez ces derniers, des traits que l'on pourrait attribuer, s'ils étaient isolés, au délire des grandeurs : surestimation de la puissance de leurs désirs et de leurs actes psychiques, « toute-puissance de la pensée », croyance à la force magique des mots, et une technique envers le monde extérieur, la « magie », qui apparaît comme l'application conséquente de ces présuppositions mégalomaniaques [9]. De nos jours, chez l'enfant, dont le développement nous est bien plus impénétrable, nous nous attendons à trouver une attitude tout à fait analogue envers le monde extérieur [10]. Nous nous formons ainsi la représentation d'un investissement libidinal originaire du Moi ; plus tard une partie en est cédée aux objets, mais, fondamentalement, l'investissement du Moi persiste et se comporte envers les investissements d'objet comme le corps d'un animalcule protoplasmique envers les pseudopodes qu'il a émis. Dans notre recherche qui se développait à partir des symptômes névrotiques, la part de libido ainsi placée devait tout d'abord nous rester cachée. Seules nous frappaient les émanations de cette libido, les investissements d'objet qui peuvent être émis, et de nouveau retirés. Nous voyons également, en gros, une

8. Extrait reproduit dans le volume : *Les Psychoses : la perte de la réalité.*
9. Voir les passages correspondants dans mon *Totem et Tabou*, 1913 (*G.W.*, IX).
10. S. Ferenczi, « Entwicklungsstufen des Wirklichkeitssinnes » (Stades de développement du sens de la réalité), *Int. Zschr. Psa.*, I, 1913.

opposition entre la libido du Moi et la libido d'objet. Plus l'une absorbe, plus l'autre s'appauvrit. La plus haute phase de développement que peut atteindre la libido d'objet, nous la voyons dans l'état de passion amoureuse [11], qui nous apparaît comme un dessaisissement de la personnalité propre, au profit de l'investissement d'objet ; son opposé se trouve dans le fantasme (ou l'autoperception) de fin du monde, chez le paranoïaque [12]. Enfin, concernant la distinction des sortes d'énergie psychique, nous concluons que tout d'abord, dans l'état du narcissisme, elles se trouvent réunies, indiscernables pour notre analyse grossière ; c'est seulement avec l'investissement d'objet qu'il devient possible de distinguer une énergie sexuelle, la libido, d'une énergie des pulsions du Moi.

AUTO-EROTISME ET NARCISSISME

Avant de m'avancer plus loin, je dois toucher à deux questions qui conduisent au cœur des difficultés de notre sujet. Premièrement : quelle est la relation du narcissisme, dont nous traitons ici, avec l'auto-érotisme que nous avons décrit comme un état de la libido à son début ? Deuxièmement : si nous attribuons au Moi un investissement primaire de libido, pourquoi est-il, somme toute, nécessaire de distinguer encore une libido sexuelle d'une énergie non sexuelle des pulsions du Moi ? Si nous posions, au fondement, une énergie psychique d'un seul type, cela n'épargnerait-il pas toutes les difficultés qu'il y a à distinguer énergie des pulsions du Moi et libido du Moi, libido du Moi et libido d'objet ? Sur le premier point, je fais cette remarque : il est nécessaire d'admettre qu'il n'existe pas dès le début, dans l'individu, une unité comparable au Moi ; le Moi doit subir un développement. Mais les pulsions auto-érotiques existent dès l'origine ; quelque chose, une nouvelle action psychique, doit donc venir s'ajouter à l'auto-érotisme pour donner forme au narcissisme.

PULSIONS SEXUELLES ET PULSIONS DU MOI

Mis en demeure de répondre de façon décisive à la deuxième question, tout psychanalyste ressentira un malaise évident. L'on se trouve aux prises avec le sentiment que c'est abandonner l'observation

---

11. *Verliebtheit* — passion amoureuse. L'usage est aussi fréquent, et les résonances comparables dans les deux langues. *(N. d. T.).*

12. Il existe deux mécanismes de cette fin du monde, soit que tout l'investissement en libido reflue sur l'objet aimé, soit qu'il fasse retour dans le Moi.

pour de stériles débats théoriques ; et pourtant l'on ne peut se dérober à une tentative d'élucidation. Assurément des représentations telles que celle d'une libido du Moi, d'une énergie des pulsions du Moi, etc., ne sont ni particulièrement claires à saisir, ni suffisamment riches en contenu ; une théorie spéculative des relations en cause se proposerait avant tout de se fonder sur un concept défini avec rigueur. Pourtant voilà précisément, à mon avis, la différence entre une théorie spéculative et une science bâtie sur l'interprétation de l'empirie. La dernière n'enviera pas à la spéculation le privilège d'un fondement tiré au cordeau, logiquement irréprochable, mais se contentera volontiers de conceptions fondamentales nébuleuses, évanescentes, à peine représentables, qu'elle espère pouvoir saisir plus clairement au cours de son développement, et qu'elle est prête aussi à échanger éventuellement contre d'autres. C'est que ces idées ne sont pas le fondement de la science, sur lequel tout repose : ce fondement, au contraire, c'est l'observation seule. Ces idées ne constituent pas les fondations mais le faîte de tout l'édifice, et elles peuvent sans dommage être remplacées et enlevées. Nous faisons encore, de nos jours, la même expérience pour la physique : ses intuitions fondamentales sur la matière, les centres de force, l'attraction, etc., sont à peine moins discutables que les conceptions correspondantes en psychanalyse.

Les concepts de libido du Moi et de libido d'objet tirent leur valeur de leur origine : une élaboration à partir des caractères intimes des processus névrotiques et psychotiques. La distinction dans la libido d'une part qui est propre au Moi, et d'une autre qui s'attache aux objets, est la suite inévitable d'une première hypothèse qui séparait les unes des autres des pulsions sexuelles et des pulsions du Moi. Cette séparation me fut imposée au moins par l'analyse des pures névroses de transfert (hystérie et névrose obsessionnelle), et tout ce que je sais, c'est que toutes les tentatives pour rendre compte de ces phénomènes par d'autres moyens ont radicalement échoué.

En l'absence complète d'une théorie des pulsions, quelle que soit son orientation, il nous est permis ou plutôt commandé de faire d'abord l'épreuve de n'importe quelle hypothèse, en la soutenant avec conséquence jusqu'à ce qu'elle se dérobe ou se vérifie. En fait, beaucoup d'arguments viennent plaider en faveur d'une séparation originaire entre les pulsions sexuelles et d'autres, les pulsions du Moi, en dehors de l'utilité de cette hypothèse pour l'analyse des névroses de transfert. Je veux bien que cette considération à elle seule ne soit pas sans équivoque, car il pourrait s'agir d'une énergie psychique indifférente qui ne deviendrait libido que par l'acte de l'investissement d'objet. Mais cette distinction conceptuelle correspond premièrement à la différence populaire si courante entre la faim et l'amour.

Deuxièmement, des considérations *biologiques* viennent peser en sa faveur. L'individu, effectivement, mène une double existence : en tant qu'il est à lui-même sa propre fin, et en tant que maillon d'une chaîne à laquelle il est assujetti contre sa volonté ou du moins sans l'intervention de celle-ci. Lui-même tient la sexualité pour une de ses fins, tandis qu'une autre perspective nous montre qu'il est un simple appendice de son plasma germinatif, à la disposition duquel il met ses forces en échange d'une prime de plaisir, qu'il est le porteur mortel d'une substance — peut-être — immortelle, comme l'aîné d'une famille ne détient que temporairement un majorat qui lui survivra. La distinction des pulsions sexuelles et des pulsions du Moi ne ferait que refléter cette double fonction de l'individu. Troisièmement, l'on doit se rappeler que toutes nos conceptions provisoires, en psychologie, devront un jour être placées sur la base de supports organiques. Il semble alors vraisemblable qu'il y ait des substances déterminées et des processus chimiques qui produisent les effets de la sexualité et permettent la continuation de la vie de l'individu dans celle de l'espèce. Nous tenons compte de cette vraisemblance en remplaçant ces substances chimiques déterminées par des forces psychiques déterminées.

Comme précisément je me suis en général efforcé de maintenir à distance de la psychologie tout ce qui lui est hétérogène, et même la pensée biologique, je veux avouer ici expressément que l'hypothèse de pulsions du Moi et de pulsions sexuelles séparées, et donc la théorie de la libido, repose pour une très petite part sur un fondement psychologique et s'appuie essentiellement sur la biologie. Je serai donc assez conséquent aussi pour laisser tomber cette hypothèse, si émanant du travail psychanalytique lui-même, une autre présupposition se donnait comme mieux utilisable. Jusqu'à présent ce n'a pas été le cas. Il peut bien se faire que l'énergie sexuelle, la libido — au fin fond des choses — ne soit qu'un produit de différenciation de l'énergie qui est à l'œuvre par ailleurs dans la psyché. Mais une telle affirmation ne tire pas à conséquence. Elle concerne des choses qui sont déjà si éloignées des problèmes que pose notre observation, des choses qui ont si peu de contenu scientifique qu'il est tout aussi vain de la combattre que de l'utiliser. Il est bien possible que cette identité originaire ait aussi peu à faire avec nos intérêts psychanalytiques que la parenté originaire de toutes les races humaines avec la preuve, qu'on doit fournir aux autorités successorales, de sa parenté avec un testateur. Toutes ces spéculations ne nous mènent à rien ; comme nous ne pouvons attendre qu'une autre science nous fasse cadeau des arguments décisifs pour la théorie des pulsions, il est bien plus opportun de tenter de voir quelle lumière peut être jetée sur ces énigmes fondamentales de la biologie par une synthèse des phénomènes psychologiques. Familiarisons-nous avec la possibilité de l'erreur, mais ne nous laissons pas détourner de pousser dans ses conséquences l'hypothèse, mentionnée plus haut, d'une opposition : pulsions du Moi – pulsions sexuelles. Cette hypothèse s'est imposée à nous par l'analyse des névroses de transfert ; voyons si son développement sera libre de contradictions et fécond, et s'il est possible de l'appliquer aussi à d'autres affections, la schizophrénie par exemple.

REFUTATION DES AFFIRMATIONS DE JUNG QUANT A L'ECHEC DE LA THEORIE DE LA LIBIDO

Naturellement il n'en irait pas de même si la preuve était apportée que la théorie de la libido a déjà échoué à vouloir expliquer cette dernière maladie. C'est ce que C. G. Jung a affirmé [13], m'obligeant ainsi à faire ces derniers développements dont je me serais volontiers dispensé. J'aurais préféré suivre jusqu'au bout le chemin où je me suis avancé avec l'analyse du cas Schreber, en gardant le silence sur les présuppositions de départ. Mais l'affirmation de Jung est, pour le moins, un jugement hâtif. Ses fondements sont insuffisants. Tout d'abord il s'en rapporte à mon propre témoignage selon lequel je me suis vu moi-même obligé, eu égard aux difficultés de l'analyse de Schreber, à élargir le concept de libido, c'est-à-dire à abandonner son contenu sexuel, à faire coïncider libido et intérêt psychique en général. Ferenczi, dans une critique radicale du travail de Jung [14], a déjà dit ce qu'il convient pour redresser cette fausse interprétation. Je ne puis qu'adhérer à sa critique, et répéter que je n'ai jamais formulé une renonciation de ce genre à la théorie de la libido. Un autre argument de Jung, selon lequel on ne pourrait admettre que le seul retrait de la libido puisse être cause de la perte de la fonction de réalité normale, n'est pas un argument, c'est un décret ; *it begs the question*, il anticipe la décision et épargne la discussion car, justement, ce qu'on devrait examiner, c'est si cela est possible et comment. Dans son grand travail ultérieur [15], Jung a manqué de peu la solution que j'avais depuis longtemps indiquée : « A ce sujet il faut assurément prendre encore

13. « Wandlungen und Symbole der Libido » (Métamorphoses et symboles de la libido), *Jahrbuch Psa. Forsch.,* IV, 1912.
14. *Int. Zschr. Psa.,* I, 1913.
15. « Versuch einer Darstellung der psychoanalytischer Theorie » (Tentative de présentation de la théorie psychanalytique), *Jahrbuch,* V, 1913.

*L'état de sommeil représente un retrait narcissique des positions de
la libido sur la personne propre. Le rêve constitue une rupture relative de cet état
de narcissisme absolu. (Le Rêve, par Puvis de Chavannes, 1882. Musée du Louvre.)*

en considération ce point — auquel Freud se réfère du reste dans
son travail sur le cas Schreber — que l'introversion de la libido *sexualis*
conduit à un investissement du « Moi » et il se pourrait que notre
perte de la réalité en soit l'effet. En fait, c'est une possibilité séduisante
que d'expliquer de cette façon la psychologie de la perte de la réalité. »
Pourtant Jung ne s'engage pas beaucoup plus avant dans la voie de
cette possibilité. Quelques lignes plus loin, il s'en débarrasse par la
remarque que, de cette condition, « pourrait résulter la psychologie
d'un anachorète ascétique mais non une démence précoce ». A quel
point cette comparaison impropre est incapable d'apporter une
décision, la remarque suivante peut nous le montrer : un tel anachorète
qui « s'est efforcé d'extirper toute trace d'intérêt sexuel » (mais
seulement au sens populaire du mot « sexuel ») ne présente pas même
forcément une façon pathogène de placer la libido. Il peut bien avoir
totalement détourné des êtres humains son intérêt sexuel et pourtant
l'avoir sublimé sous forme d'un intérêt accru pour le domaine divin,
naturel, animal, sans que sa libido ait subi une introversion dirigée

sur ses fantasmes, ou un retour à son Moi. Il semble que cette comparaison néglige d'emblée la distinction possible entre l'intérêt d'origine érotique et celui provenant d'autres sources. Rappelons-nous en outre que les recherches de l'école suisse, malgré tout leur mérite, n'ont élucidé que deux points du tableau de la démence précoce : l'existence des complexes déjà reconnus chez les sujets sains et les névrosés, et l'analogie de leurs formations fantasmatiques avec les mythes des peuples ; mais ces recherches n'ont pu jeter aucune lumière sur le mécanisme d'entrée dans la maladie. Cette constatation nous permettra de rejeter l'affirmation de Jung selon laquelle la théorie de la libido aurait échoué à venir à bout de la démence précoce et serait de ce fait également disqualifiée en ce qui concerne les autres névroses.

LA DISTRIBUTION DE LA LIBIDO

Des difficultés particulières me semblent empêcher une étude directe du narcissisme. Sa voie d'accès principale restera sans doute l'analyse des paraphrénies. Comme les névroses de transfert nous ont permis de suivre à la trace les motions pulsionnelles libidinales, de même démence précoce et paranoïa nous fourniront l'accès à l'intelligence de la psychologie du Moi. Une fois de plus, il nous faudra retrouver l'apparente simplicité du normal par conjecture à partir des distorsions et exagérations du pathologique. Par ailleurs, quelques autres voies nous demeurent ouvertes dans notre approche du narcissisme et je vais maintenant les décrire dans l'ordre : l'étude de la maladie organique, de l'hypocondrie, et de la vie amoureuse des deux sexes.

LA MALADIE ORGANIQUE

Pour estimer l'influence de la maladie organique sur la distribution de la libido, je prends la suite d'une indication donnée verbalement par S. Ferenczi. Il est universellement connu, et il nous semble aller de soi que celui qui est affligé de douleur organique et de malaises abandonne son intérêt pour les choses du monde extérieur, pour autant qu'elles n'ont pas de rapport avec sa souffrance. Une observation plus précise nous apprend qu'il retire aussi son intérêt libidinal de ses objets d'amour, qu'il cesse d'aimer aussi longtemps qu'il souffre. La banalité de ce fait ne doit pas nous empêcher de lui donner une traduction dans les termes de la théorie de la libido. Nous dirions alors : le malade retire ses investissements de libido sur son Moi, pour les émettre à nouveau après la guérison. « Son âme se resserre au trou étroit de la molaire », nous dit W. Busch à propos de la rage de dents du poète [16]. Libido et intérêt du Moi ont ici le même destin, et sont à nouveau impossibles à distinguer l'un de l'autre. L'égoïsme bien connu du malade recouvre les deux. Si nous trouvons qu'il va tellement de soi, c'est que nous sommes certains de nous conduire exactement ainsi dans la même situation. Que des troubles corporels viennent dissiper les dispositions amoureuses les plus intenses et leur substituer brusquement une indifférence complète, c'est un thème qui a été exploité comme il convient dans la comédie.

De même que la maladie, l'état de sommeil représente un retrait narcissique des positions de la libido sur la personne propre, ou, plus exactement, sur le seul désir de dormir. L'égoïsme des rêves vient bien s'insérer dans ce contexte. Dans ces deux cas nous voyons, à défaut d'autre chose, des exemples de modifications dans la distribution de la libido par suite d'une modification du Moi [17].

L'HYPOCONDRIE

L'hypocondrie, comme la maladie organique, se traduit par des sensations corporelles pénibles et douloureuses et se rencontre aussi avec elle dans son action sur la distribution de la libido. L'hypocondriaque retire intérêt et libido — celle-ci avec une évidence particulière — des objets du monde extérieur et concentre les deux sur l'organe qui l'occupe. Pourtant une différence entre hypocondrie et maladie organique apparaît au premier plan : dans le dernier cas les sensations pénibles sont fondées sur des modifications démontrables, et non dans le premier cas. Mais nous resterions parfaitement dans le cadre de notre conception générale des processus névrotiques en avançant la proposition suivante : l'hypocondrie doit avoir raison, les modifications organiques ne peuvent pas non plus manquer dans son cas. En quoi peuvent-elles donc consister ?

Nous nous laisserons guider ici par l'expérience qui nous montre que des sensations corporelles de nature déplaisante, comparables à celles des hypocondriaques, ne manquent pas non plus dans les autres névroses. J'ai déjà dit une fois que j'inclinais à ranger l'hypocondrie à côté de la neurasthénie et de la névrose d'angoisse, comme troisième

---

16. *Einzig in der engen Höhle.*
   Des Backenzahnes weilt die Seele, in : *Balduin Bühlamm.* (*N. d. T.*)

17. *Ichveränderung.* Le mot *Veränderung* revient à plusieurs reprises dans le présent texte et il était impossible pour lui conserver une traduction unique, de recourir à un autre terme que celui de *modification*. Signalons cependant que l'expression *Ichveränderung* se retrouve fréquemment chez Freud avec un sens plus spécifique, celui de modification retentissant défavorablement sur les capacités du Moi, ce qui justifie de lui choisir comme équivalent français *altération du Moi.* (*N. d. T.*)

névrose actuelle. L'on ne va vraisemblablement pas trop loin en se représentant qu'un petit élément d'hypocondrie participe régulièrement aussi à la formation des autres névroses. Le plus bel exemple en est bien la névrose d'angoisse et l'hystérie qui se construit sur elle. Eh bien, nous connaissons le modèle d'un organe douloureusement sensible, modifié en quelque façon sans être pourtant malade au sens habituel : c'est l'organe génital en état d'excitation. Il est alors congestionné, turgescent, humide, et le siège de sensations diverses. Si nous nommons *érogénéité* d'une partie du corps cette activité qui consiste à envoyer dans la vie psychique des excitations qui l'excitent sexuellement, et si nous songeons que les considérations tirées de la théorie sexuelle nous ont depuis longtemps habitués à cette conception que certaines autres parties du corps — les zones *érogènes* — pourraient remplacer les organes génitaux et se comporter de façon analogue à eux, il ne nous reste maintenant qu'un pas de plus à tenter. Nous pouvons nous décider à tenir l'érogénéité pour une propriété générale de tous les organes, ce qui nous autorise à parler de l'augmentation ou de la diminution de celle-ci dans une partie déterminée du corps. A chacune de ces modifications de l'érogénéité dans les organes pourrait correspondre une modification parallèle de l'investissement de libido dans le Moi. C'est là qu'il faudrait chercher les facteurs que nous mettons à la base de l'hypocondrie et qui peuvent avoir la même influence sur la distribution de la libido que l'atteinte [18] matérielle des organes.

NEURASTHÉNIE ET NÉVROSE D'ANGOISSE

En poursuivant notre réflexion dans cette voie, nous remarquons que nous rencontrons non seulement le problème de l'hypocondrie mais encore celui des autres névroses actuelles : neurasthénie et névrose d'angoisse. C'est pourquoi nous nous arrêterons à ce point. Il n'est pas dans l'intention d'une investigation purement psychologique de transgresser si avant les frontières de la recherche physiologique. Mentionnons seulement qu'on peut supposer, à partir d'ici, que l'hypocondrie est dans une relation à la paraphrénie semblable à celle des autres névroses actuelles par rapport à l'hystérie et à la névrose obsessionnelle ; elle dépendrait donc de la libido du Moi de même que les autres dépendent de la libido d'objet ; l'angoisse hypocondriaque serait, de la part de la libido du Moi, le pendant de

---

18. *Erkrankung. (N. d. T.)*

l'angoisse névrotique. De plus, c'est une idée qui nous est déjà familière que le mécanisme de l'entrée dans la maladie et de la formation de symptôme dans les névroses de transfert, le progrès de l'introversion à la régression, est lié à une stase [19] de la libido [20] ; il nous est donc permis d'approcher l'idée d'une stase de la libido du Moi et de la mettre en rapport avec les phénomènes de l'hypocondrie et de la paraphrénie.

Naturellement notre curiosité va soulever ici cette question : pourquoi une telle stase de libido dans le Moi doit-elle être ressentie comme déplaisante ? Je me contenterai volontiers de la réponse que le déplaisir en général est l'expression de l'augmentation de la tension, et que c'est donc une quantité du phénomène matériel qui se transpose, ici comme ailleurs, dans la qualité psychique du déplaisir ; pour le développement de déplaisir, il se peut du reste que ne soit pas déterminante la grandeur absolue de ce processus matériel, mais plutôt une certaine fonction de cette grandeur absolue. En partant de ce point, on peut même tenter d'aborder cette question : d'où provient donc en fin de compte dans la vie psychique cette contrainte de sortir des frontières du narcissisme et de placer la libido sur les objets ? La réponse conforme à notre ligne de pensée pourrait être que cette contrainte apparaît lorsque l'investissement du Moi en libido a dépassé une certaine mesure. Un solide égoïsme préserve de la maladie, mais à la fin l'on doit se mettre à aimer pour ne pas tomber malade, et l'on doit tomber malade lorsqu'on ne peut aimer, par suite de frustration [21]. C'est un peu sur ce modèle que H. Heine se représente la psychogenèse de la création du monde :

> *C'est bien la maladie qui fut l'ultime fond*
> *de toute la poussée créatrice ;*
> *en créant je pouvais guérir,*
> *en créant je trouvai la santé* [22].

Freud précise ensuite le mécanisme de la paraphrénie : le détache-

---

19. *Stauung. Stase* est le terme médical correspondant. *(N. d. T.)*
20. Cf. *Les types d'entrée dans la névrose,* 1913. *G. W.,* VIII.
21. *Infolge von Versagung.* A la suite notamment des recherches contemporaines sur la psychologie de l'apprentissage, le terme *frustration* tend à désigner la condition d'un organisme soumis à l'absence objective d'un stimulus agréable. Le terme *Versagung,* aussi bien dans la langue allemande en général que chez Freud, a bien d'autres implications : nuance de refus (comme l'indique la racine *sagen* qui signifie dire), indétermination quant à l'agent de la frustration qui est parfois le sujet lui-même, celui-ci pouvant « déclarer forfait », se « refuser à ». Plus bas, nous avons traduit *das Versagen* par l'*échec.* Ces réserves étant faites, nous conservons, faute d'une autre traduction valable dans tous les cas, le vocable français *frustration* en lui donnant le sens plus général que *Versagung* prend chez Freud : *la condition du sujet qui se voit refuser ou se refuse la satisfaction d'une revendication pulsionnelle. (N. d. T.)*
22. *Neue Gedichte, Schöpfungslieder,* VII. *(N. d. T.)*

ment de la libido des objets qui la caractérise est le plus souvent partiel.
Dans certaines manifestations se produit même une restitution de la
libido aux objets [23].

La différence entre les névroses de transfert qui se créent lors de
ce nouvel investissement et les formations correspondantes du Moi
normal devrait nous permettre de pénétrer au plus profond dans
la structure de notre appareil psychique.

CHOIX D'OBJET NARCISSIQUE, CHOIX D'OBJET PAR ÉTAYAGE

La vie amoureuse des êtres humains, avec la diversité de sa
différenciation chez l'homme et la femme, nous fournit un troisième
accès à l'étude du narcissisme. De même que la libido d'objet a d'abord
caché à notre observation la libido du Moi, de même, en étudiant
le choix d'objet des enfants (et des adolescents), avons-nous tout
d'abord remarqué qu'ils tirent leurs objets sexuels de leurs premières
expériences de satisfaction. Les premières satisfactions sexuelles
auto-érotiques sont vécues en conjonction avec l'exercice de fonctions
vitales qui servent à la conservation de l'individu. Les pulsions
sexuelles s'étayent d'abord sur la satisfaction des pulsions du Moi,
dont elles ne se rendent indépendantes que plus tard ; mais cet étayage
continue à se révéler dans le fait que les personnes qui ont affaire
avec l'alimentation, les soins, la protection de l'enfant deviennent les
premiers objets sexuels ; c'est en premier lieu la mère ou son substitut.
Mais à côté de ce type et de cette source de choix d'objet, que l'on
peut nommer type *par étayage*, la recherche psychanalytique nous
en a fait connaître un second que nous ne nous attendions pas à
rencontrer. Nous avons trouvé avec une particulière évidence chez
des personnes dont le développement libidinal est perturbé, comme
les pervers et les homosexuels, qu'ils ne choisissent pas leur objet
d'amour ultérieur sur le modèle de la mère, mais bien sur celui de
leur propre personne. De toute évidence, ils se cherchent eux-mêmes
comme objet d'amour, en présentant le type de choix d'objet qu'on
peut nommer *narcissique*. C'est dans cette observation qu'il faut
trouver le plus puissant motif qui nous contraint à l'hypothèse du
narcissisme.
En fait nous n'avons pas conclu que les êtres humains se divisaient
en deux groupes rigoureusement distincts selon leur type de choix

---

23. Extrait reproduit dans le volume *Les Psychoses : La perte de la réalité.*

d'objet, par étayage ou narcissique ; au contraire, nous préférons faire l'hypothèse que les deux voies menant au choix d'objet sont ouvertes à chaque être humain, de sorte que l'une ou l'autre peut avoir la préférence. Nous disons que l'être humain a deux objets sexuels originaires : lui-même et la femme qui lui donne ses soins ; en cela nous présupposons le narcissisme primaire de tout être humain, narcissisme qui peut éventuellement venir s'exprimer de façon dominante dans son choix d'objet.

La comparaison de l'homme et de la femme montre alors qu'il existe dans leur rapport au type de choix d'objet des différences fondamentales, bien qu'elles ne soient naturellement pas d'une régularité absolue. Le plein amour d'objet selon le type par étayage est particulièrement caractéristique de l'homme. Il présente la surestimation sexuelle frappante qui a bien son origine dans le narcissisme originaire de l'enfant et répond donc à un transfert de ce narcissisme sur l'objet sexuel. Cette surestimation sexuelle permet l'apparition de l'état bien particulier de la passion amoureuse qui fait penser à une compulsion névrotique, et qui se ramène ainsi à un appauvrissement du Moi en libido au profit de l'objet. Différent est le développement du type féminin le plus fréquent et vraisemblablement le plus pur et le plus authentique. Dans ce cas, il semble que, lors du développement pubertaire, la formation des organes sexuels féminins, qui étaient jusqu'ici à l'état de latence, provoque une augmentation du narcissisme originaire, défavorable à un amour d'objet régulier s'accompagnant de surestimation sexuelle. Il s'installe, en particulier dans le cas d'un développement vers la beauté, un état où la femme se suffit à elle-même, ce qui la dédommage de la liberté de choix d'objet que lui conteste la société. De telles femmes n'aiment, à strictement parler, qu'elles-mêmes, à peu près aussi intensément que l'homme les aime. Leur besoin ne les fait pas tendre à aimer, mais à être aimées, et leur plaît l'homme qui remplit cette condition. On ne saurait surestimer l'importance de ce type de femmes pour la vie amoureuse de l'être humain. De telles femmes exercent le plus grand charme sur les hommes, non seulement pour des raisons esthétiques, car elles sont habituellement les plus belles, mais aussi en raison de constellations psychologiques intéressantes. Il apparaît en effet avec évidence que le narcissisme d'une personne déploie un grand attrait sur ceux qui se sont dessaisis de toute la mesure de leur propre narcissisme et sont en quête de l'amour d'objet ; le charme de l'enfant repose en bonne partie sur son narcissisme, le fait qu'il se suffit à lui-même, son inaccessibilité ; de même le charme de certains animaux qui semblent ne pas se soucier de nous, comme les chats et les grands animaux de proie ; et même le grand criminel et l'humoriste forcent notre intérêt, lorsque la poésie nous les représente, par ce narcissisme conséquent qu'ils savent montrer en tenant à distance de leur Moi tout ce qui le diminuerait. C'est comme si nous les envions pour l'état psychique bienheureux qu'ils maintiennent, pour une position de libido inattaquable que nous avons nous-même abandonnée par la suite. Mais le grand charme de la femme narcissique ne manque pas d'avoir son revers ; l'insatisfaction de l'homme amoureux, le doute sur l'amour de la femme, les plaintes sur sa nature énigmatique ont pour une bonne part leur racine dans cette incongruence des types de choix d'objet.

Peut-être n'est-il pas superflu de donner l'assurance que, dans cette description de la vie amoureuse féminine, tout parti pris de rabaisser la femme m'est étranger. En dehors du fait que tout parti pris en général m'est étranger, je sais aussi que ces différentes voies d'accomplissement correspondent, dans un rapport biologique extrêmement compliqué, à la différenciation des fonctions ; de plus, je suis prêt à admettre qu'il existe quantité de femmes qui aiment selon le type masculin et développent également la surestimation sexuelle propre à ce type.

Et même pour les femmes narcissiques qui restent froides envers l'homme, il est une voie qui les mène au plein amour d'objet. Dans l'enfant qu'elles mettent au monde, c'est une partie de leur propre corps qui se présente à elles comme un objet étranger, auquel elles peuvent maintenant, en partant du narcissisme, vouer le plein amour d'objet. D'autres femmes encore n'ont pas besoin d'attendre la venue d'un enfant pour s'engager dans le développement qui va du narcissisme (secondaire) à l'amour d'objet. Avant la puberté, elles se sont senties masculines et ont fait un bout de développement dans le sens masculin ; après que la survenue de la maturité féminine a coupé court à ces tendances, il leur reste la faculté d'aspirer à un idéal masculin qui est précisément la continuation de cet être garçonnier qu'elles étaient elles-mêmes autrefois.

Nous pouvons conclure ces remarques par un résumé des voies menant au choix d'objet. On aime :
1) *Selon le type narcissique :*
   a) Ce que l'on est soi-même ;
   b) Ce que l'on a été soi-même .
   c) Ce que l'on voudrait être soi-même ;
   d) La personne qui a été une partie du propre soi.
2) *Selon le type par étayage :*
   a) La femme qui nourrit ;
   b) L'homme qui protège ;

et les lignées de personnes substitutives qui en partent. Le cas *c)* du premier type ne pourra être justifié que par des développements qu'on trouvera plus loin.

Il restera, dans un autre contexte, à apprécier l'importance du choix d'objet narcissique pour l'homosexualité masculine.

L'AMOUR DES PARENTS POUR L'ENFANT : RENAISSANCE DE LEUR NARCISSISME

Le narcissisme primaire de l'enfant, dont nous avons supposé l'existence et qui constitue l'une des présuppositions de nos théories sur la libido, est moins facile à saisir par l'observation directe qu'à confirmer par un raisonnement récurrent à partir d'un autre point. Si l'on considère l'attitude de parents tendres envers leurs enfants, l'on est obligé d'y reconnaître la reviviscence et la reproduction de leur propre narcissisme qu'ils ont depuis longtemps abandonné. Un bon indice que nous avons déjà apprécié, dans le choix d'objet, comme stigmate narcissique, la surestimation, domine, c'est bien connu, cette relation affective. Il existe ainsi une compulsion à attribuer à l'enfant toutes les perfections, ce que ne permettrait pas la froide observation, et à cacher et oublier tous ses défauts ; le déni de la sexualité infantile est bien en rapport avec cette attitude. Mais il existe aussi devant l'enfant une tendance à suspendre toutes les acquisitions culturelles dont on a extorqué la reconnaissance à son propre narcissisme, et à renouveler à son sujet la revendication de privilèges depuis longtemps abandonnés. L'enfant aura la vie meilleure que ses parents, il ne sera pas soumis aux nécessités dont on a fait l'expérience qu'elles dominaient la vie. Maladie, mort, renonciation de jouissance, restrictions à sa propre volonté ne vaudront pas pour l'enfant, les lois de la nature comme celles de la société s'arrêteront devant lui, il sera réellement à nouveau le centre et le cœur de la création. *His Majesty the Baby*, comme on s'imaginait être jadis. Il accomplira les rêves de désir que les parents n'ont pas mis à exécution, il sera un grand homme, un héros, à la place du père ; elle épousera un prince, dédommagement tardif pour la mère. Le point le plus épineux du système narcissique, cette immortalité du Moi que la réalité bat en brèche, a retrouvé un lieu sûr en se réfugiant chez l'enfant. L'amour des parents, si touchant et, au fond, si enfantin, n'est rien d'autre que leur narcissisme qui vient de renaître et qui, malgré sa métamorphose en amour d'objet, manifeste à ne pas s'y tromper son ancienne nature.

LA « PROTESTATION VIRILE » DE A. ADLER

Les perturbations auxquelles est exposé le narcissisme originaire de l'enfant, ses réactions de défense contre ces perturbations, les voies dans lesquelles il est de ce fait forcé de s'engager, voilà ce que je voudrais laisser de côté, comme une matière importante qui attend encore qu'on s'occupe de la travailler ; l'on peut cependant en extraire la pièce la plus importante, le « complexe de castration » (angoisse concernant le pénis chez le garçon, envie du pénis chez la fille) et en traiter en relation avec l'influence de l'intimidation sexuelle des premières années. La recherche psychanalytique nous permet de suivre dans d'autres cas les destins des pulsions libidinales, lorsque celles-ci, isolées des pulsions du Moi, se trouvent en opposition avec elles ; mais, dans le domaine du complexe de castration, elle nous permet de remonter par le raisonnement à une époque et à une situation psychique où les deux sortes de pulsions agissent encore à l'unisson et se présentent comme intérêts narcissiques dans un mélange indissociable. A. Adler a tiré de ce contexte sa « protestation virile » qu'il érige presque en l'unique force de pulsion qui agisse dans la formation des névroses et aussi du caractère ; il ne la fonde pas sur une tendance narcissique, qui serait donc encore libidinale, mais sur une valorisation sociale. Du point de vue de la recherche psychanalytique, l'existence et l'importance de la « protestation virile » ont été reconnues dès le début, mais la thèse de sa nature narcissique et de son origine dans le complexe de castration a été défendue contre Adler. La « protestation virile » appartient à la formation du caractère dans la genèse duquel elle entre, à côté de nombreux autres facteurs, et elle est rigoureusement inapte à éclaircir les problèmes des névroses dans lesquelles Adler ne veut rien considérer d'autre que la manière dont elles servent l'intérêt du Moi. Je trouve tout à fait impossible de fonder la genèse de la névrose sur la base étroite du complexe de castration, quelle que soit, chez les sujets masculins, sa puissance lorsqu'il entre en jeu parmi les résistances à la guérison de la névrose. Enfin je connais même des cas de névrose où la « protestation virile », ou bien à notre sens le complexe de castration, ne joue pas de rôle pathogène, voire n'apparaît pas du tout.

L'observation de l'adulte normal montre que son délire des grandeurs d'autrefois s'est amorti et que les caractères psychiques se sont effacés qui nous avaient fait conclure à son narcissisme infantile. Qu'est-il devenu de sa libido du Moi ? Devons-nous admettre que tout son quantum est passé dans des investissements d'objet ? Une telle possibilité vient manifestement en contradiction avec toute la ligne du présent développement ; mais nous pouvons aussi aller chercher dans la psychologie du refoulement l'indication d'une autre réponse à cette question.

LA FORMATION DE L'IDÉAL DU MOI

Nous avons appris que des motions pulsionnelles subissent le destin du refoulement pathogène, lorsqu'elles viennent en conflit avec les représentations culturelles et éthiques de l'individu. Par cette condition, nous n'entendons jamais que la personne a de l'existence de ces représentations une simple connaissance intellectuelle, mais toujours qu'elle les reconnaît comme faisant autorité pour elle, qu'elle se soumet aux exigences qui en découlent. Le refoulement, avons-nous dit, provient du Moi ; nous pourrions préciser : de l'estime de soi [24] qu'a le Moi. Les mêmes impressions, expériences, impulsions, motions de désir auxquelles tel homme laisse libre cours en lui ou que du moins il élabore consciemment, sont repoussées par tel autre avec la plus grande indignation, ou sont déjà étouffées avant d'avoir pu devenir conscientes. Mais la différence entre ces deux sujets, qui contient la condition du refoulement, peut s'exprimer facilement en des termes qui permettent de la soumettre à la théorie de la libido. Nous pouvons dire que l'un a établi en lui un *idéal* auquel il mesure son Moi actuel, tandis que chez l'autre une telle formation d'idéal est absente. La formation d'idéal serait du côté du Moi la condition du refoulement.

C'est à ce Moi idéal [25] que s'adresse maintenant l'amour de soi dont jouissait dans l'enfance le Moi réel [26]. Il apparaît que le narcissisme est déplacé sur ce nouveau Moi idéal [27] qui se trouve, comme le Moi infantile, en possession de toutes les perfections. Comme c'est chaque fois le cas dans le domaine de la libido, l'homme s'est ici montré incapable de renoncer à la satisfaction dont il a joui une fois. Il ne veut pas se passer de la perfection narcissique de son enfance ; s'il n'a pas pu la maintenir, car, pendant son développement, les réprimandes des autres l'ont troublé et son propre jugement s'est éveillé, il cherche à la regagner sous la nouvelle forme de l'idéal du Moi [28]. Ce qu'il projette devant lui comme son idéal est le substitut du narcissisme perdu de son enfance ; en ce temps-là, il était lui-même son propre idéal.

24. *Selbstachtung.* (N. d. T.)
25. *Idealich.* (N. d. T.)
26. *Das wirkliche Ich.* (N. d. T.)
27. *Dieses neue ideale Ich.* (N. d. T.)
28. *Ichideal.* (N. d. T.)

Le narcissisme : l'amour de soi

Freud examine ensuite les rapports entre la formation d'idéal et la sublimation — concepts qu'il différencie ainsi : la formation d'idéal agit en faveur du refoulement alors que la sublimation représente une issue pour l'éviter. L'idéal concerne l'objet (on « idéalise » les objets), la sublimation est un destin de la pulsion.

La tâche de veiller à la satisfaction narcissique provenant de l'idéal du Moi serait accomplie par l'instance — que nous nommons conscience morale — *qui observe sans cesse le Moi actuel pour le mesurer à l'idéal. L'activité de cette instance se manifeste aussi bien dans les doléances de la paranoïa que dans l'introspection* [29].

LA CONTRIBUTION DU CENSEUR AU CONTENU DU RÊVE

Il sera certainement important de pouvoir reconnaître dans d'autres domaines encore les indices de l'activité de cette instance qui observe, critique, et s'est haussée à la dignité de conscience morale et d'introspection philosophique. Je me réfère ici à ce que H. Silberer a décrit comme « phénomène fonctionnel », l'un des rares additifs à la doctrine des rêves dont la valeur soit incontestable. Silberer a montré, on le sait, que l'on peut observer directement, dans les états situés entre le sommeil et la veille, la transposition des pensées en images visuelles, mais qu'en de telles circonstances l'image qui apparaît ne représente pas en général le contenu de pensée, mais l'état (bonne disposition, fatigue, etc.) dans lequel se trouve la personne qui lutte contre le sommeil. De même il a montré que, plus d'une fois, la terminaison du rêve ou certains passages du contenu du rêve ne signifiaient rien d'autre que l'autoperception du sommeil et de l'éveil. Il a ainsi prouvé la participation de l'auto-observation — au sens du délire d'observation paranoïaque — à la formation du rêve. Cette participation est inconstante ; je l'avais négligée vraisemblablement parce qu'elle ne jouait pas un grand rôle dans mes propres rêves ; chez les personnes douées pour la philosophie et habituées à l'introspection, cette participation peut devenir très évidente.

Nous avons découvert, souvenons-nous-en, que la formation du rêve se produit sous la domination d'une censure qui contraint les pensées du rêve à subir une déformation. Sous cette censure nous ne nous représentons pourtant pas une puissance spéciale, mais nous choisissons cette expression pour désigner un aspect particulier des

---

29. Extraits reproduits dans les volumes *La Sublimation : les sentiers de la création* et *Le Ça, le Moi, le Surmoi : la personnalité et ses instances.*

« *Tout reste du sentiment primitif d'omnipotence
contribue à augmenter le sentiment d'estime de soi.* »
(Le Paon, par Salvador Dali. Musée d'art moderne de la ville de Paris.)

tendances qui dominent le Moi et qui refoulent leur face qui est tournée vers les pensées du rêve. Si nous pénétrons plus avant dans la structure du Moi, nous pouvons reconnaître encore le *censeur du rêve* dans l'idéal du Moi et dans les manifestations dynamiques de la conscience morale. Si ce censeur est un peu en état d'alerte même pendant le sommeil, nous comprendrons que l'auto-observation et l'autocritique, que présuppose son activité, apportent leur contribution au contenu du rêve dans des contenus tels que : maintenant, il est trop endormi pour penser — maintenant, il s'éveille [30].

Nous pouvons, à partir d'ici, tenter de discuter le problème du sentiment d'estime de soi [31] chez le normal et chez le névrosé.

30. Je ne puis ici décider si la distinction entre cette instance de censure et le reste du Moi est capable de fonder psychologiquement la séparation qu'établit la philosophie entre conscience et conscience de soi.

31. *Selbstgefühl.* C'est l'estime de soi, ou ce qu'on nomme communément en français : « amour-propre ». Nous préférons la première traduction, le mouvement de ce passage consistant à rapporter finalement à la libido une estime de soi non érotique en apparence (« sentiment de supériorité » ou « d'infériorité »). *(N. d. T.)*

Le sentiment d'estime de soi nous apparaît tout d'abord comme expression de la grandeur du Moi, sans qu'entrent en considération les éléments dont cette grandeur se compose. Tout ce qu'on possède ou qu'on atteint, tout reste du sentiment primitif d'omnipotence que l'expérience a confirmé, contribue à augmenter le sentiment d'estime de soi.

Si nous introduisons ici notre distinction entre pulsions sexuelles et pulsions du Moi, nous devons reconnaître que le sentiment d'estime de soi dépend, de façon tout à fait intime, de la libido narcissique. Nous nous appuyons ici sur ces deux faits fondamentaux : le sentiment d'estime de soi est augmenté dans les paraphrénies, abaissé dans les névroses de transfert ; dans la vie amoureuse, ne pas être aimé rabaisse le sentiment d'estime de soi, être aimé l'élève. Nous avons indiqué qu'être aimé représente le but et la satisfaction dans le choix d'objet narcissique.

De plus il est facile d'observer que l'investissement de libido sur les objets n'élève pas le sentiment d'estime de soi. La dépendance par rapport à l'objet aimé a pour effet d'abaisser ce sentiment ; l'amoureux est humble et soumis. Celui qui aime a, pour ainsi dire, payé amende d'une partie de son narcissisme, et il ne peut en obtenir le remplacement qu'en étant aimé. Sous tous ces rapports le sentiment d'estime de soi semble rester en relation avec l'élément narcissique de la vie amoureuse.

La perception de son impuissance, de sa propre incapacité d'aimer par suite de troubles psychiques ou somatiques, agit au plus haut degré pour abaisser le sentiment d'estime de soi. C'est ici qu'il faut chercher, à mon avis, l'une des sources de ces sentiments d'infériorité que les malades souffrant d'une névrose de transfert font si volontiers connaître. Mais la source principale de ces sentiments est l'appauvrissement du Moi résultant du fait que des investissements libidinaux extraordinairement grands sont retirés au Moi, donc la blessure infligée au Moi par les tendances sexuelles qui ne sont plus soumises à contrôle.

INFÉRIORITÉ ET SURCOMPENSATION

A. Adler a eu raison de faire valoir que la perception par quelqu'un de ses propres infériorités d'organe éperonne la vie psychique, lorsqu'elle a de la ressource, et accroît son rendement par la voie de la surcompensation. Mais ce serait une complète exagération que de rapporter, à l'exemple d'Adler, toute production d'un bon rendement à cette condition d'une infériorité d'organe originaire. Tous les peintres ne sont pas affligés de troubles visuels, tous les orateurs n'ont pas commencé par bégayer. Chez une foule de personnes un rendement excellent se fonde sur des dons organiques de premier ordre. L'infériorité d'organe et les atropies jouent dans l'étiologie des névroses un rôle insignifiant, du même ordre que, dans la formation du rêve, le matériel perceptif actuel. La névrose s'en sert comme prétexte, comme elle se sert de tout autre facteur disponible. Au moment où l'on vient d'accorder crédit à une névrosée qui affirme qu'elle devait inévitablement tomber malade parce qu'elle est laide, mal faite et sans charme si bien que personne ne peut l'aimer, la patiente suivante nous détrompe : elle persévère en effet dans sa névrose et son aversion pour la sexualité, bien qu'elle semble désirable et soit en fait désirée plus que la moyenne des femmes. La majorité des femmes hystériques comptent parmi les représentantes de leur sexe qui sont attirantes et même belles, et à l'inverse les laideurs, atrophies d'organe, infirmités que l'on trouve en quantité dans les classes inférieures de notre société n'accroissent en rien la fréquence des affections névrotiques parmi elles.

LE SENTIMENT D'ESTIME DE SOI ET L'ÉROTISME

Les relations du sentiment d'estime de soi avec l'érotisme (c'est-à-dire avec les investissements libidinaux d'objet) se laissent exprimer dans les formules suivantes : il faut distinguer deux cas, selon que les investissements d'amour sont *conformes au Moi* ou au contraire ont subi un refoulement. Dans le premier cas (utilisation conforme au Moi de la libido) aimer est valorisé comme toute autre activité du Moi. Aimer, en soi, comme désir ardent [32] et privation, abaisse le sentiment d'estime de soi ; être aimé, aimer de retour, posséder l'objet aimé relève ce sentiment. Quand la libido est refoulée, l'investissement d'amour est ressenti comme un sévère amoindrissement du Moi, la satisfaction amoureuse est impossible, le réenrichissement du Moi n'est possible qu'en retirant la libido des objets. Le retour au Moi de la libido d'objet, sa transformation en narcissisme, représente en quelque sorte le rétablissement d'un amour heureux, et inversement un amour réel heureux répond à l'état originaire où libido d'objet et libido du Moi ne peuvent être distinguées l'une de l'autre.

32. *Sehnen.* *(N. d. T.)*

L'importance de notre objet d'étude et l'impossibilité d'en prendre une vue d'ensemble justifiera peut-être que j'ajoute quelques autres propositions dans un ordre plus décousu.

Le développement du Moi consiste à s'éloigner du narcissisme primaire, et engendre une aspiration intense à recouvrer ce narcissisme. Cet éloignement se produit par le moyen du déplacement de la libido sur un idéal du Moi imposé de l'extérieur, la satisfaction par l'accomplissement de cet idéal.

En même temps le Moi a émis les investissements libidinaux d'objet. Il se trouve appauvri au bénéfice de ces investissements ainsi que de l'idéal du Moi, et il s'enrichit à nouveau par les satisfactions objectales ainsi que par l'accomplissement de l'idéal.

Une part du sentiment d'estime de soi est primaire, c'est le reste du narcissisme infantile, une autre partie a son origine dans ce que l'expérience confirme de notre toute-puissance (accomplissement de l'idéal du Moi), une troisième partie provient de la satisfaction de la libido d'objet.

L'idéal du Moi a soumis à des conditions sévères la satisfaction libidinale en rapport avec les objets, en faisant refuser par son censeur une partie de cette satisfaction, comme inconciliable. Quand un tel idéal ne s'est pas développé, la tendance sexuelle en question pénètre telle quelle, comme perversion, dans la personnalité. Etre à nouveau, comme dans l'enfance, et également en ce qui concerne les tendances sexuelles, son propre idéal, voilà le bonheur que veut atteindre l'homme.

IDÉAL SEXUEL ET IDÉAL DU MOI

La passion amoureuse consiste en un débordement de la libido du Moi sur l'objet. Elle a la force de supprimer les refoulements et de rétablir les perversions. Elle élève l'objet sexuel au rang d'idéal sexuel. Elle se produit, dans le type objectal ou par étayage, sur la base de l'accomplissement de conditions déterminant l'amour infantile, ce qui nous autorise à dire : ce qui accomplit cette condition déterminant l'amour est idéalisé.

L'idéal sexuel peut entrer dans une relation d'assistance intéressante avec l'idéal du Moi. Lorsque la satisfaction narcissique se heurte à des obstacles réels l'idéal sexuel peut servir à une satisfaction substitutive. L'on aime alors, selon le type de choix narcissique, ce que l'on a été et qu'on a perdu, ou bien ce qui possède les perfections que l'on n'a pas du tout (voir plus haut & *c*). La formule parallèle à la précédente s'énonce ainsi : ce qui possède la qualité éminente qui manque au Moi pour atteindre l'idéal, est aimé. Un tel expédient a une importance particulière pour le névrosé, qui, par le fait de ses investissements d'objet excessifs, s'appauvrit dans son Moi, et est hors d'état d'accomplir son idéal du Moi. Après avoir dissipé sa libido sur les objets, il cherche alors une voie pour revenir au narcissisme, en se choisissant, selon le type narcissique, un idéal sexuel qui possède les perfections qu'il ne peut atteindre. En effet, il ne peut croire à un autre mécanisme de guérison, apporte la plupart du temps dans la cure son attente de ce mécanisme-là, et dirige cette attente sur la personne du médecin qui le traite. Ce plan de guérison se heurte naturellement à l'incapacité d'aimer du malade, conséquence de ses refoulements étendus. Lorsque à l'aide du traitement on l'a, dans une certaine mesure, débarrassé de ceux-ci, on voit en général se produire cette conséquence qu'on n'avait pas visée : le malade se dérobe maintenant à la poursuite du traitement pour faire un choix amoureux, laissant à sa vie commune avec la personne aimée le soin d'achever son rétablissement. L'on pourrait se satisfaire de cette issue, si elle ne comportait tous les dangers d'une dépendance accablante envers ce sauveur.

IDÉAL DU MOI ET PSYCHOLOGIE COLLECTIVE

De l'idéal du Moi une voie importante conduit à la compréhension de la psychologie collective. Outre son côté individuel, cet idéal a un côté social, c'est également l'idéal commun d'une famille, d'une classe, d'une nation. Outre la libido narcissique, il a lié un grand quantum de la libido homosexuelle d'une personne, libido qui, par cette voie, est retournée dans le Moi. L'insatisfaction qui résulte du non-accomplissement de cet idéal, libère de la libido homosexuelle, qui se transforme en conscience de culpabilité (angoisse sociale). La conscience de culpabilité était originellement l'angoisse d'être châtié par les parents, ou, plus exactement, de perdre leur amour ; aux parents est venue plus tard se substituer la foule indéterminée de nos compagnons. On comprend mieux ainsi pourquoi la paranoïa est souvent causée par une atteinte du Moi, par une frustration de la satisfaction dans le domaine de l'idéal du Moi ; on comprend mieux aussi la conjonction de la formation d'idéal et de la sublimation dans l'idéal du Moi, la rétrogradation des sublimations et l'éventuel remaniementdes idéaux dans les affections paraphréniques.

SIGMUND FREUD [33]

33. « Pour introduire le narcissisme » (1914), in *La Vie sexuelle*, P.U.F., coll. « Bibliothèque de psychanalyse », p. 81-105.

*La schizophrénie s'inaugure souvent
par une contemplation répétée et prolongée du sujet dans un miroir.
(Dessin de Michel-Ange. Chantilly, Musée Condé.)*

Chapitre II

Narcissisme et psychose chez Freud

Dans le volume consacré aux psychoses, nous avons pu constater que Freud opérait une distinction entre les névroses de transfert, c'est-à-dire les névroses proprement dites (hystérie, phobie, névrose obsessionnelle) et les névroses narcissiques, terme qui jusqu'en 1924 recouvrira l'ensemble des psychoses (schizophrénie, paranoïa, manie-mélancolie). Les névroses de transfert sont ainsi appelées parce que la libido du sujet (névrosé) va investir les objets ; dans la cure analytique, le sujet répète ses expériences passées, vécues avec ses objets parentaux, et cherche à obtenir de l'analyste la satisfaction dont il a été autrefois frustré par ses premiers objets. A l'inverse, les psychotiques seraient incapables d'opérer un transfert, c'est-à-dire d'investir de libido les objets du monde extérieur et en particulier le psychanalyste dans la cure. Lorsque la maladie se déclenche, leur libido se retire pour venir investir le Moi lui-même. La libido objectale devient ainsi une libido narcissique, retournant à son lieu d'origine, le Moi, selon le modèle d'une boule protoplasmique, pouvant émettre des pseudopodes vers les objets et les retirer ensuite pour les fondre à nouveau dans la boule originaire.

*Dans le texte qui va suivre, tiré de l'*Introduction à la psychanalyse [1]*, Freud détaille les mécanismes propres à la psychose en différenciant la libido du Moi de la libido objectale. Il prend pour point de départ l'article de Karl Abraham, « Les différences psycho-sexuelles existant entre l'hystérie et la démence précoce [2] », qu'il considère comme*

---

1. S. Freud, *Introduction à la psychanalyse* (1917), Payot, coll. « Petite Bibliothèque Payot », p. 391-407.
2. *Œuvres complètes*, Payot, 1965, t. I, A, chap. III (1908). Ce texte est reproduit dans *Les Psychoses : la perte de la réalité.*

fondamental pour la compréhension des psychoses et le rôle du retrait narcissique de la libido vers le Moi. Le texte de Freud permet en même temps de comprendre ce mécanisme essentiel de la psychose et son lien avec un grand nombre d'états psychiques faisant partie de la vie normale : l'état amoureux, le vécu du patient atteint d'une maladie organique, le sommeil dans lequel nous plongeons chaque nuit et où nous retrouvons la situation narcissique absolue de la vie intra-utérine.

Dans la dernière partie de l'extrait reproduit, Freud étudie la forme de retrait narcissique présente dans les différentes psychoses, en particulier dans la paranoïa et la mégalomanie qui lui est inhérente, mégalomanie qui se retrouve dans la force persécutrice de celle-ci. Il réaffirme le lien qui existe entre la paranoïa et l'homosexualité, celle-ci n'est qu'un degré d'évolution du narcissisme, « le Moi du sujet étant remplacé par un autre Moi qui lui ressemble autant que possible », c'est-à-dire sexué comme lui. Dans la mélancolie, le sujet a retiré sa libido de l'objet et l'objet est introjecté dans le Moi. Cette identification totale du Moi et de l'objet qui a lieu dans la mélancolie est appelée par Freud identification narcissique. *La haine contre l'objet se dirige contre le Moi confondu avec lui, le suicide est alors le meurtre de l'objet représenté par le Moi lui-même.*

Nous avons conduit jusqu'à présent notre travail en postulant la possibilité de distinguer les tendances du Moi des tendances sexuelles d'après les manifestations des unes et des autres. Pour ce qui est des névroses de transfert, nous avons pu faire cette distinction sans difficulté. Nous avons appelé « libido » les dépenses d'énergie que le Moi affecte aux objets de ses tendances sexuelles, et « intérêt », toutes les autres dépenses d'énergie ayant leur source dans les instincts de conservation ; en suivant toutes ces fixations de la libido, leurs transformations et leur sort final, nous avons pu acquérir une première notion du mécanisme qui préside aux forces psychiques. Les névroses de transfert nous avaient fourni sous ce rapport la matière la plus favorable. Mais le Moi lui-même, les différentes organisations dont il se compose, leur structure et leur mode de fonctionnement, tout cela nous restait encore caché et nous pouvions seulement supposer que l'analyse d'autres troubles névrotiques nous apporterait quelques lumières sur ces questions.

LE RETOURNEMENT DE LA LIBIDO VERS LE MOI

Nous avons commencé de bonne heure à étendre les conceptions psychanalytiques à ces autres affections. C'est ainsi que, dès 1908, K. Abraham, à la suite d'un échange d'idées entre lui et moi, avait émis la proposition que le principal caractère de la *démence précoce* (rangée parmi les névroses) consiste en ce que la *fixation de la libido aux objets fait défaut dans cette affection. (Les différences psycho-sexuelles existant entre l'hystérie et la démence précoce.)* Mais que devient la libido des déments, du moment qu'elle se détourne des objets ? A cette question, Abraham n'hésita pas à répondre que la libido se retourne vers le Moi et que *c'est ce retour réfléchi, ce rebondissement de la libido vers le Moi qui constitue la source de la manie des grandeurs* de la démence précoce. La manie des grandeurs peut d'ailleurs être comparée à l'exagération de la valeur sexuelle de l'objet qu'on observe dans la vie amoureuse. C'est ainsi que pour la première fois un trait d'une affection psychotique nous est révélé par sa confrontation avec la vie amoureuse normale.

Je vous le dis sans plus tarder : les premières conceptions d'Abraham se sont maintenues dans la psychanalyse et sont devenues la base de notre attitude à l'égard des psychoses. On s'est ainsi peu à peu familiarisé avec l'idée que la libido que nous trouvons fixée aux objets, la libido qui est l'expression d'une tendance à obtenir une satisfaction par le moyen de ces objets, peut aussi se détourner de ceux-ci et les remplacer par le Moi. On s'est alors attaché à donner à cette représentation une forme de plus en plus achevée, en établissant des liens logiques entre ses éléments constitutifs. Le mot *narcissisme* que nous employons pour désigner ce déplacement de la libido, est emprunté à une perversion décrite par P. Näcke et dans laquelle l'individu adulte a pour son propre corps la tendresse dont on entoure généralement un objet sexuel extérieur.

On s'était dit alors que du moment que la libido est ainsi capable de se fixer au propre corps et à la propre personne du sujet au lieu de s'attacher à un objet, il ne peut certainement pas s'agir d'un événement exceptionnel et insignifiant ; qu'il est plutôt probable que le narcissisme constitue l'état général et primitif d'où l'amour des objets n'est sorti qu'ultérieurement, sans amener par son apparition la disparition du narcissisme. Et d'après ce qu'on savait du développement de la libido objectale, on s'est rappelé que beaucoup de tendances sexuelles reçoivent au début une satisfaction que nous appelons *auto-érotique,* c'est-à-dire une satisfaction ayant pour source le corps même du sujet, et que c'est l'aptitude de l'auto-érotisme qui explique le retard que met la sexualité à s'adapter au principe de réalité inculqué par l'éducation. C'est ainsi que l'auto-érotisme fut l'activité sexuelle de la phase narcissique de la fixation de la libido.

En résumé, nous nous sommes fait des rapports entre la libido du Moi et la libido objectale une représentation que je puis vous rendre concrète à l'aide d'une comparaison empruntée à la zoologie. Vous connaissez ces êtres vivants élémentaires composés d'une boule de substance protoplasmique à peine différenciée. Ces êtres émettent des prolongements, appelés pseudopodes, dans lesquels ils font écouler leur substance vitale. Mais ils peuvent également retirer ces prolongements et se rouler de nouveau en boule. Or, nous assimilons l'émission des prolongements à l'émanation de la libido vers les objets, sa principale masse pouvant rester dans le Moi, et nous admettons que dans des circonstances normales la libido du Moi se transforme facilement en libido objectale, celle-ci pouvant d'ailleurs retourner au Moi.

A l'aide de ces représentations, nous sommes à même d'expliquer, ou, pour nous exprimer d'une manière plus modeste, de décrire dans le langage de la théorie de la libido un grand nombre d'états psychiques qui doivent être considérés comme faisant partie de la vie normale : attitude psychique dans l'amour, au cours de maladies organiques, dans le sommeil. En ce qui concerne l'état de sommeil, nous avons admis qu'il repose sur un isolement par rapport au monde extérieur et sur la subordination au désir qu'implique le sommeil. Et nous disions que toutes les activités psychiques nocturnes qui se manifestent dans le rêve se trouvent au service de ce désir et sont déterminées et dominées par des mobiles égoïstes. Nous plaçant cette fois au point de vue de la théorie de la libido, nous déduisons que le sommeil est un état dans lequel toutes les énergies, libidinales aussi bien qu'égoïstes, attachées aux objets, se retirent de ceux-ci et rentrent dans le Moi. Ne voyez-vous pas que cette manière de voir éclaire d'un jour nouveau le fait du délassement procuré par le sommeil et la nature de la fatigue ? Le tableau du bienheureux isolement au cours de la vie intra-utérine, tableau que le dormeur évoque devant nos yeux chaque nuit, se trouve ainsi complété au point de vue psychique. Chez le dormeur se trouve reproduit l'état de répartition primitif de la libido : il présente notamment le narcissisme absolu, état dans lequel la libido et l'intérêt du Moi vivent unis et inséparables dans le Moi se suffisant à lui-même.

NARCISSISME ET EGOÏSME

Ici il y a lieu de faire deux remarques. En premier lieu, comment distinguerait-on théoriquement le narcissisme de l'égoïsme ? A mon avis, celui-là est le complément libidinal de celui-ci. En parlant d'égoïsme, on ne pense qu'à ce qui est utile pour l'individu ; mais en parlant de narcissisme, on tient compte de sa satisfaction libidinale. Au point de vue pratique, cette distinction entre le narcissisme et l'égoïsme peut être poussée assez loin. On peut être absolument égoïste sans cesser pour cela d'attacher de grandes quantités d'énergie libidinale à certains objets, dans la mesure où la satisfaction libidinale procurée par ces objets correspond aux besoins du Moi. L'égoïsme veillera alors à ce que la poursuite de ces objets ne nuise pas au Moi. On peut être égoïste et présenter en même temps un degré très prononcé de narcissisme, c'est-à-dire pouvoir se passer facilement d'objets sexuels, soit au point de vue de la satisfaction sexuelle directe, soit en ce qui concerne ces tendances dérivées du besoin sexuel que nous avons l'habitude d'opposer, en tant qu'« amour », à la « sensualité » pure. Dans toutes ces conjonctures, l'égoïsme apparaît comme l'élément placé au-dessus de toute contestation, comme l'élément constant, le narcissisme étant, au contraire, l'élément variable. Le contraire de l'égoïsme, *l'altruisme,* loin de coïncider avec la subordination des objets à la libido, s'en distingue par l'absence de la poursuite de satisfactions sexuelles. C'est seulement dans l'état amoureux absolu que l'altruisme coïncide avec la concentration de la libido sur l'objet. L'objet sexuel attire généralement vers lui une partie du narcissisme, d'où il résulte ce qu'on peut appeler l'« exagération de la valeur sexuelle de l'objet ». Qu'à cela s'ajoute encore la transfusion altruiste de l'égoïsme à l'objet sexuel, celui-ci devient tout-puissant : on peut dire alors qu'il a absorbé le Moi. (...).

LA LIBIDO DU MOI DANS LA VIE NORMALE

Ma deuxième remarque vient compléter la théorie du rêve. Nous ne pouvons pas nous expliquer la production du rêve si nous n'admettons pas, à titre additionnel, que l'inconscient refoulé est devenu dans une certaine mesure indépendant du Moi, de sorte qu'il ne se plie pas au désir contenu dans le sommeil et maintient ses attaches, alors même que toutes les autres énergies qui dépendent du Moi sont accaparées au profit du sommeil, dans la mesure où elles sont attachées à des objets. Alors seulement on parvient à comprendre comment cet inconscient peut profiter de la suppression ou de la diminution nocturne de la censure et s'emparer des restes diurnes pour former, avec les matériaux qu'ils fournissent, un désir de rêve défendu. D'autre part, il se peut que les restes diurnes tirent, en partie du moins, leur pouvoir de résistance à la libido accaparée par le sommeil, du fait qu'ils se trouvent déjà d'avance en rapport avec l'inconscient refoulé. Il y a là un important caractère dynamique que nous devons introduire après coup dans notre conception relative à la formation de rêves.

Une affection organique, une irritation douloureuse, une inflammation d'un organe créent un état qui a nettement pour conséquence un détachement de la libido de ses objets. La libido retirée des objets rentre dans le Moi pour s'attacher avec force à la partie du corps malade. On peut même oser l'affirmation que, dans ces conditions, le détachement de la libido de ses objets est encore plus frappant que le détachement dont l'intérêt égoïste fait preuve par rapport au monde extérieur. Ceci semble nous ouvrir la voie à l'intelligence de l'hypocondrie, dans laquelle un organe préoccupe de même le Moi, sans que nous le percevions comme malade. Mais je résiste à la tentation de m'engager plus avant dans cette voie ou d'analyser d'autres situations que l'hypothèse de la rentrée de la libido objective dans le Moi nous rendrait intelligibles ou concrètes : c'est que j'ai hâte de répondre à deux objections qui, je le sais, se présentent à votre esprit. Vous voulez savoir, en premier lieu, pourquoi en parlant de sommeil, de maladie et d'autres situations analogues, je fais une distinction entre libido et intérêt, entre tendances sexuelles et tendances du Moi, alors que les observations peuvent généralement être interprétées en admettant l'existence d'une seule et unique énergie qui, libre dans ses déplacements, s'attache tantôt à l'objet, tantôt au Moi, se met au service tantôt d'une tendance, tantôt d'une autre. Et, en deuxième lieu, vous êtes sans doute étonnés de me voir traiter comme source d'un état pathologique le détachement de la libido de l'objet, alors que ces transformations de la libido objective en libido du Moi, plus généralement en énergie du Moi, font partie des processus normaux de la dynamique psychique qui se reproduisent tous les jours et toutes les nuits.

LA LIBIDO DU MOI ET LA DÉMENCE PRÉCOCE [3]

Ma réponse sera la suivante. Votre première objection sonne bien. L'examen de l'état de sommeil, de maladie, de l'état amoureux ne nous aurait probablement jamais conduits, comme tel, à la distinction entre une libido du Moi et un libido objectale, entre la libido et l'intérêt. Mais vous oubliez les recherches qui nous avaient servi de point de départ et à la lumière desquelles nous envisageons maintenant les situations psychiques dont il s'agit. C'est en assistant au conflit d'où naissent les névroses de transfert que nous avons appris à distinguer entre la libido et l'intérêt, par conséquent entre les instincts

---

3. La démence précoce est une forme précoce de la schizophrénie (voir *Les Psychoses : la perte de la réalité*, dans la même collection).

sexuels et les instincts de conservation. A cette distinction il ne nous est plus possible de renoncer. La possibilité de transformation de la libido des objets en libido du Moi, donc la nécessité de compter avec une libido du Moi, nous est apparue comme la seule explication vraisemblable de l'énigme des névroses dites narcissiques, comme, par exemple, la démence précoce, ainsi que des ressemblances et des différences qui existent entre celle-ci d'un côté, l'hystérie et l'obsession de l'autre. Nous appliquons maintenant à la maladie, au sommeil et à l'état amoureux ce dont nous avons trouvé ailleurs une confirmation irréfutable. Nous devons poursuivre ces applications, afin de voir jusqu'où elles nous mèneront. La seule proposition qui ne découle pas directement de notre expérience analytique est que la libido reste la libido, qu'elle s'applique à des objets ou au propre Moi du sujet, et qu'elle ne se transforme jamais en intérêt égoïste ; on peut en dire autant de ce dernier. Mais cette proposition équivaut à la distinction, déjà soumise par nous à une appréciation critique, entre les tendances sexuelles et les tendances du Moi, distinction que, pour des raisons heuristiques nous sommes décidés à maintenir, jusqu'à sa réfutation possible.

Votre deuxième objection est également justifiée, mais elle est engagée dans une fausse direction. Sans doute, le retour vers le Moi de la libido détachée des objets n'est-il pas directement pathogène ; ne voyons-nous pas ce phénomène se produire chaque fois avant le sommeil, et suivre une marche inverse après le réveil ? L'animalcule protoplasmique rentre ses prolongements, pour les émettre de nouveau à la première occasion. Mais c'est tout autre chose lorsqu'un processus déterminé, très énergique, force la libido à se détacher des objets. La libido devenue narcissique ne peut plus alors retrouver le chemin qui conduit aux objets, et c'est cette diminution de la mobilité de la libido qui devient pathogène. On dirait qu'au-delà d'une certaine mesure l'accumulation de la libido ne peut être supportée. Il est permis de supposer que si la libido vient s'attacher à des objets, c'est parce que le Moi y voit un moyen d'éviter les effets morbides que produirait une libido accumulée chez lui à l'excès. S'il entrait dans nos intentions de nous occuper plus en détail de la démence précoce, je vous montrerais que le processus à la suite duquel la libido, une fois détachée des objets, trouve la route barrée lorsqu'elle veut y retourner, — que ce processus, dis-je, se rapproche de celui du refoulement et doit être considéré comme son pendant. Mais vous auriez surtout la sensation que vos pieds foulent un sol familier, si je vous disais que les conditions de ce processus sont presque identiques, d'après ce que nous en savons actuellement, à celles du refoulement. Le conflit semble être le même et se dérouler entre les mêmes forces. Si l'issue en est différente de celle que nous observons dans l'hystérie, par exemple, cela ne peut tenir qu'à une différence de disposition. Chez les malades dont nous nous occupons ici, la partie faible du développement de la libido qui, si vous vous en souvenez, rend possible la formation de symptômes, se trouve ailleurs, correspond probablement à la phase du narcissisme primitif auquel la démence précoce retourne dans sa phase finale. Il est tout à fait remarquable que nous soyons obligés d'admettre, pour la libido de toutes les névroses narcissiques, des points de fixation correspondant à des phases de développement beaucoup plus précoces que dans l'hystérie ou la névrose obsessionnelle. Mais vous savez déjà que les notions que nous avons acquises à la suite de l'étude des névroses de transfert permettent également de s'orienter dans les névroses narcissiques, beaucoup plus difficiles au point de vue pratique. Les traits communs sont très nombreux, et il s'agit au fond d'une seule et même phénoménologie. Aussi vous rendrez-vous facilement compte des difficultés, sinon des impossibilités, auxquelles doivent se heurter ceux qui entreprennent l'explication de ces affections ressortissant à la psychiatrie, sans apporter dans ce travail une connaissance analytique des névroses de transfert.

Le tableau symptomatique, d'ailleurs très variable, de la démence précoce ne se compose pas uniquement des symptômes découlant du détachement de la libido des objets et de son accumulation dans le Moi, en qualité de libido narcissique. Une grande place revient plutôt à d'autres phénomènes se rattachant aux efforts de la libido pour retourner aux objets, donc correspondant à une tentative de restitution ou de guérison. Ces derniers symptômes sont même les plus frappants, les plus bruyants. Ils présentent une ressemblance incontestable avec ceux de l'hystérie, plus rarement avec ceux de la névrose obsessionnelle, et cependant diffèrent des uns et des autres sur tous les points. Il semble que dans ses efforts pour retourner aux objets, c'est-à-dire aux représentations des objets, la libido réussisse vraiment, dans la démence précoce, à s'y accrocher, mais ce qu'elle saisit des objets ne sont que leurs ombres, je veux dire les représentations verbales qui leur correspondent. Je ne puis en dire davantage ici, mais j'estime que ce comportement de la libido, dans ses aspirations de retour vers l'objet, nous a permis de nous rendre compte de la véritable différence qui existe entre une représentation consciente et une représentation inconsciente.

Je vous ai ainsi introduits dans le domaine où le travail analytique est appelé à réaliser ses prochains progrès. Depuis que nous nous sommes familiarisés avec le maniement de la notion de « libido du Moi », les névroses narcissiques nous sont devenues accessibles ; la tâche qui en découle pour nous consiste à trouver une explication dynamique de ces affections et, en même temps, à compléter notre connaissance de la vie psychique par un approfondissement de ce que nous savons du Moi. La psychologie du Moi, que nous cherchons à édifier, doit être fondée, non sur les données de notre introspection, mais, comme dans la libido, sur l'analyse des troubles et dissociations du Moi. Il est possible que, lorsque nous aurons achevé ce travail, la valeur des connaissances que nous a fournies l'étude des névroses de transfert et relatives au sort de la libido se trouvera diminuée à nos yeux. Mais ce travail est encore très peu avancé. Les névroses narcissiques se prêtent à peine à la technique dont nous nous étions servis dans les névroses de transfert, et je vais vous en dire la raison dans un instant. Chaque fois que nous faisons un pas en avant dans l'étude de celles-là, nous voyons se dresser devant nous comme un mur qui nous commande un temps d'arrêt. Dans les névroses de transfert, vous vous en souvenez, nous nous étions également heurtés à des bornes de résistance, mais là nous avons pu abattre les obstacles morceau par morceau. Dans les névroses narcissiques, la résistance est insurmontable ; nous pouvons tout au plus jeter un coup d'œil de curiosité par-dessus le mur, pour épier ce qui se passe de l'autre côté (...).

LE DÉLIRE DE PERSÉCUTION ET L'HOMOSEXUALITÉ

Mais une observation que j'ai faite dans les cas de manie de persécution m'avait engagé à suivre une certaine trace. J'avais remarqué tout d'abord que dans la grande majorité des cas le persécuteur appartenait au même sexe que le persécuté. Ce fait pouvait bien s'expliquer d'une manière quelconque, mais dans quelques cas bien étudiés on a pu constater que c'était la personne du même sexe la plus aimée avant la maladie qui s'était transformée en persécutrice pendant celle-ci. La situation pouvait se développer par le remplacement, d'après certaines affinités connues, de la personne aimée par une autre, par exemple du père par le précepteur, par le supérieur. De ces expériences dont le nombre allait en augmentant, j'avais tiré la conclusion que la *paranoia persecutoria* est une force morbide dans laquelle l'individu se défend contre une tendance homosexuelle devenue trop forte. La transformation de la tendresse en haine, transformation qui, on le sait, peut devenir une grave menace pour la vie de l'objet à la fois aimé et haï, correspond dans ces cas à la transformation des tendances libidinales en angoisse, cette dernière transformation étant une conséquence régulière du processus de refoulement. Écoutez encore, par exemple, la dernière de mes observations se rapportant à ce sujet. Un jeune médecin a été obligé de quitter sa ville natale, pour avoir adressé des menaces de mort au fils d'un professeur de l'Université de cette ville qui jusqu'alors avait été son meilleur ami. Il attribuait à cet ancien ami des intentions vraiment diaboliques et une puissance démoniaque. Il l'accusait de tous les malheurs qui, au cours des dernières années, avaient frappé sa famille, de toutes les infortunes familiales et sociales. Mais non content de cela, le méchant ami et son père le professeur se seraient encore rendus responsables de la guerre et auraient appelé les Russes dans le pays. Notre malade aurait mille fois risqué sa vie, et il est persuadé que la mort du malfaiteur mettrait fin à tous les malheurs. Et pourtant, son ancienne tendresse pour ce malfaiteur est encore tellement forte que sa main se trouva comme paralysée le jour où il eut l'occasion d'abattre son ennemi d'un coup de revolver. Au cours des brefs entretiens que j'ai eus avec le malade, j'ai appris que les relations amicales entre les deux hommes dataient de leurs premières années de collège. Une fois au moins ces relations avaient dépassé les bornes de l'amitié : une nuit passée ensemble avait abouti à un rapport sexuel complet. Notre malade n'a jamais éprouvé à l'égard des femmes un sentiment en rapport avec son âge et avec le charme de sa personnalité. Il avait été fiancé à une jeune fille jolie et distinguée, mais celle-ci, ayant constaté que son fiancé n'éprouvait pour elle aucune tendresse, rompit les fiançailles. Plusieurs années plus tard, sa maladie s'était déclarée au moment même où il avait réussi pour la première fois à satisfaire complètement une femme. Celle-ci l'ayant embrassé avec reconnaissance et abandon, il éprouva subitement une douleur bizarre, on aurait dit un coup de couteau lui sectionnant le crâne. Il expliqua plus tard cette sensation en disant qu'il ne pouvait la comparer qu'à la sensation qu'on éprouverait si on vous faisait sauter la boîte crânienne, pour mettre à nu le cerveau, ainsi qu'on le fait dans les autopsies ou les vastes trépanations ; et comme son ami s'était spécialisé dans l'anatomie pathologique, il découvrit peu à peu que celui-là avait bien pu lui envoyer cette femme pour le tenter. A partir de ce moment-là, ses yeux s'étaient ouverts, et il comprit que toutes les autres persécutions auxquelles il était en butte étaient le fait de son ancien ami.

Mais comment les choses se passent-elles dans les cas où le persécuteur n'appartient pas au même sexe que le persécuté et qui semblent aller à l'encontre de notre explication par la défense contre une libido homosexuelle ? J'ai eu récemment l'occasion d'examiner un cas de ce genre et de tirer de la contradiction apparente une confirmation de ma manière de voir. La jeune fille, qui se croyait persécutée par l'homme auquel elle avait accordé deux tendres rendez-vous, avait en réalité commencé par diriger sa manie contre une femme qu'on peut considérer comme s'étant substituée dans ses idées à sa mère. C'est seulement après le second rendez-vous qu'elle réussit à détacher sa manie de la femme pour la reporter sur l'homme. La condition du sexe égal se trouvait donc primitivement réalisée dans ce cas, comme dans le premier dont je vous ai parlé. Dans la plainte qu'elle avait formulée devant son avocat et son médecin, la malade n'avait pas mentionné cette phase préliminaire de sa folie, ce qui avait pu fournir une apparence de démenti à notre conception de la paranoïa.

Primitivement, l'homosexualité dans le choix de l'objet présente avec le narcissisme plus de points de contact que l'hétérosexualité. Aussi, lorsqu'il s'agit d'écarter une tendance homosexuelle trop violente, le retour au narcissisme se trouve particulièrement facilité. Je n'ai pas eu l'occasion jusqu'à présent de vous entretenir longuement des fondements de la vie amoureuse, tels que je les conçois, et il m'est impossible de combler ici cette lacune. Tout ce que je puis vous dire, c'est que le choix de l'objet et le progrès dans le développement de la libido après la phase narcissique peuvent s'effectuer selon deux types différents : selon le *type narcissique,* le Moi du sujet étant remplacé par un autre Moi qui lui ressemble autant que possible, et selon le *type par étayage* des personnes qui sont devenues indispensables, parce qu'elles procurent ou assurent la satisfaction d'autres besoins vitaux, étant également choisies comme objets de la libido. Une forte affinité de la libido pour le choix de l'objet selon le type narcissique doit être considérée, selon nous, comme faisant partie de la prédisposition à l'homosexualité manifeste.

Je vous ai parlé, dans une de mes précédentes leçons, d'un cas de manie de la jalousie chez une femme. A présent que mon exposé touche à la fin, vous seriez sans doute curieux de savoir comment j'explique une manie au point de vue psychanalytique. Je regrette d'avoir à vous dire sur ce sujet moins que ce que vous attendez. L'inaccessibilité de la manie à l'action d'arguments logiques et d'expériences réelles s'explique, aussi bien que l'inaccessibilité de l'obsession aux mêmes influences, par ses rapports avec l'inconscient qui est représenté et réprimé par la manie ou par l'idée obsessionnelle. Les deux affections ne diffèrent entre elles qu'au point de vue topique et dynamique.

LA MÉLANCOLIE, RÉSULTAT D'UNE
IDENTIFICATION NARCISSIQUE

Comme dans la paranoïa, nous avons trouvé dans la mélancolie, dont on a d'ailleurs décrit des formes cliniques très diverses, une fissure qui nous permet d'en apercevoir la structure interne. Nous avons constaté que les reproches impitoyables, dont les mélancoliques s'accablent eux-mêmes, s'appliquent en réalité à une autre personne, à l'objet sexuel qu'ils ont perdu ou qui, par sa propre faute, est tombé dans leur estime. Nous avons pu en conclure que si le mélancolique a retiré de l'objet sa libido, cet objet se trouve reporté dans le Moi, comme projeté sur lui, à la suite d'un processus auquel on peut donner le nom d'*identification narcissique.* Je ne puis vous donner ici qu'une image figurée, et non une description topico-dynamique en règle. Le Moi est alors traité comme l'objet abandonné, et il supporte toutes les agressions et manifestations de vengeance qu'il attribue à l'objet. La tendance au suicide qu'on observe chez le mélancolique s'explique, elle aussi, plus facilement à la lumière de cette conception, le malade s'acharnant à supprimer du même coup et lui-même et l'objet à la fois aimé et haï. Dans la mélancolie, comme dans les autres affections narcissiques, se manifeste d'une manière très prononcée un trait de la vie affective auquel nous donnons généralement, depuis Bleuler, le nom d'*ambivalence.* C'est l'existence, chez une même personne, de sentiments opposés, amicaux et hostiles, à l'égard d'une autre personne. Je n'ai malheureusement pas eu l'occasion, au cours de ces entretiens, de vous parler plus longuement de cette ambivalence des sentiments.

A côté de l'identification narcissique, il existe une identification hystérique que nous connaissons depuis bien plus longtemps. Je voudrais déjà être à même de vous montrer les différences qui existent entre l'une et l'autre à l'aide de quelques exemples bien choisis. En ce qui concerne les formes périodiques et cycliques de la mélancolie, je puis vous dire une chose qui vous intéressera sûrement. Il est notamment possible, dans des conditions favorables (et j'en ai fait l'expérience à deux reprises), d'empêcher, grâce au traitement analytique appliqué dans les intervalles libres de toute crise, le retour de l'état mélancolique, soit de la même tonalité affective, soit d'une tonalité opposée. On constate alors qu'il s'agit, dans la mélancolie et dans la manie, de la solution d'un conflit d'un genre particulier, conflit dont les éléments sont exactement les mêmes que ceux des autres névroses. Vous vous rendez facilement compte de la foule de données que la psychanalyse est encore appelée à recueillir dans ce domaine.

La psychologie du Moi doit être fondée
sur l'analyse des troubles et dissociations du Moi.
(*Femme au jardin, par Pablo Picasso, 1938. Coll. Saïdenberg, New York.*)

LA PSYCHANALYSE APPLIQUÉE AUX AFFECTIONS NARCISSIQUES

Je vous ai dit également que nous pouvions, grâce à la psychanalyse, acquérir des connaissances relatives à la composition du Moi, aux éléments qui entrent dans sa structure. Nous avons même déjà commencé à entrevoir cette composition, ces éléments. De l'analyse de la manie d'observation nous avons cru pouvoir conclure qu'il existe réellement dans le Moi une instance qui observe, critique et compare inlassablement et s'oppose ainsi à l'autre partie du Moi. C'est pourquoi j'estime que le malade nous révèle une vérité dont on ne tient généralement pas compte comme elle le mérite, lorsqu'il se plaint que chacun de ses pas est épié et observé, chacune de ses pensées dévoilée et critiquée. Sa seule erreur consiste à situer au-dehors, comme lui étant extérieure, cette force si incommodante. Il sent en lui le pouvoir d'une instance qui mesure son Moi actuel et chacune de ses manifestations d'après un Moi idéal qu'il s'est créé lui-même au cours de son développement. Je pense même que cette création a été effectuée dans l'intention de rétablir ce contentement de soi-même qui était inhérent au narcissisme primaire infantile et qui a depuis éprouvé tant de troubles et de mortifications. Cette instance qui surveille, nous la connaissons : c'est le censeur du Moi, c'est la conscience ; c'est la même qui exerce la nuit la censure de rêves, c'est d'elle que partent les refoulements de désirs inadmissibles. En se désagrégeant sous l'influence de la manie d'observation, elle nous révèle ses origines : influences exercées par les parents, les éducateurs, l'ambiance sociale ; identification avec quelques-unes des personnes dont on a subi le plus l'influence.

Tels seraient quelques-uns des résultats obtenus grâce à l'application de la psychanalyse aux affections narcissiques. Je reconnais qu'ils ne sont pas nombreux et qu'ils manquent souvent de cette netteté qui ne s'obtient que lorsqu'on est bien familiarisé avec un nouveau domaine. Nous sommes redevables de ces résultats à l'utilisation de la notion de libido du Moi ou libido narcissique, qui nous a permis d'étendre aux névroses narcissiques les données que nous avait fournies l'étude des névroses de transfert. Et maintenant, vous vous demandez sans doute s'il ne serait pas possible d'arriver à un résultat qui consisterait à subordonner à la théorie de la libido tous les troubles des affections narcissiques et des psychoses, si ce n'est pas en fin de compte le facteur libidinal de la vie psychique qui serait responsable de la maladie, sans que nous puissions invoquer une altération dans le fonctionnement des instincts de conservation. Or, la réponse à cette question ne me paraît pas urgente et, surtout, elle n'est pas assez mûre pour qu'on se hasarde à la formuler. Laissons se poursuivre le progrès du travail scientifique et attendons patiemment. Je ne serais pas étonné d'apprendre un jour que le pouvoir pathogène constitue effectivement un privilège des tendances libidinales et que la théorie de la libido triomphe sur toute la ligne, depuis les névroses actuelles les plus simples jusqu'à l'aliénation psychotique la plus grave de l'individu. Ne savons-nous pas que ce qui caractérise la libido, c'est son refus de se soumettre à la réalité cosmique, à l'*ananké* ? Mais il me paraît tout à fait vraisemblable que les tendances du Moi, entraînées par les impulsions pathogènes de la libido, éprouvent elles aussi des troubles fonctionnels. Et si j'apprends un jour que dans les psychoses graves les tendances du Moi elles-mêmes peuvent présenter des troubles primaires, je ne verrais nullement dans ce fait un écart de la direction générale de nos recherches. Mais c'est là une question d'avenir, pour vous du moins. Permettez-moi seulement de revenir un moment à l'angoisse, pour dissiper une dernière obscurité que nous avons laissée la concernant. Nous avons dit qu'étant donné les rapports bien connus qui existent entre l'angoisse et la libido, il ne nous paraissait pas admissible, et la chose est pourtant incontestable, que l'angoisse réelle en présence d'un danger soit la manifestation des instincts de conservation. Ne se pourrait-il pas que l'état affectif caractérisé par l'angoisse puisât ses éléments, non dans les instincts égoïstes du Moi, mais dans la libido du Moi ? C'est que l'état d'angoisse est au fond irrationnel, et son irrationalité devient surtout frappante lorsqu'il atteint un degré un peu élevé. Il trouble alors l'action, celle de la fuite ou celle de la défense, qui est seule rationnelle et susceptible d'assurer la conservation. C'est ainsi qu'en attribuant la partie affective de l'angoisse réelle à la libido du Moi, et l'action qui se manifeste à cette occasion à l'instinct de conservation du Moi, nous écartons toutes les difficultés théoriques. Vous ne croyez pas sérieusement, je l'espère, qu'on fuit parce qu'on éprouve de l'angoisse ? Non, on éprouve de l'angoisse et on fuit pour le même motif, qui est fourni par la perception du danger. Des hommes ayant couru de grands dangers racontent qu'ils n'ont pas éprouvé la moindre angoisse, mais ont tout simplement agi, en dirigeant, par exemple, leur armes contre la bête féroce. Voilà certainement une réaction on ne peut plus rationnelle.

SIGMUND FREUD [4]

---

4. *Introduction à la psychanalyse* (1917), Payot, coll. « Petite Bibliothèque Payot », p. 391-407.

Le narcissisme du chef est absolu.

Chapitre III

Narcissisme et psychologie collective

A la fin de l'article fondamental dans lequel Freud introduit le narcissisme en tant que concept dans la théorie psychanalytique, on a pu constater que l'idéal du Moi, « héritier du narcissisme », constituait une charnière entre l'individuel et le collectif. « Outre son côté individuel, écrit Freud, cet idéal a un côté social. C'est également l'idéal commun d'une famille, d'une classe, d'une nation. » Il affirme de plus dans ce même paragraphe que l'idéal du Moi donne accès à la « compréhension de la psychologie collective ». D'une certaine façon son essai de 1921 intitulé Psychologie collective et analyse du Moi, *représente un développement des considérations sur l'idéal du Moi, qu'il avait ébauchées en 1914 à la fin de « Pour introduire le narcissisme »*[1]. *Nous allons découvrir ici deux chapitres de cette étude, l'un intitulé « La foule et la horde primitive », l'autre « Un degré du développement du Moi : l'idéal du Moi ». Le premier texte postule que la foule n'est qu'une résurrection de la horde primitive. Dans la seconde édition de* Totem et Tabou *(la première datant de 1913), Freud avait montré que le meurtre du père, chef de la horde primitive (mythe scientifique), avait eu des conséquences fondamentales sur le développement de l'humanité : la naissance de la morale, de la religion, de l'organisation en société*[2]. *Remarquons que la structure de la foule est calquée sur le modèle œdipien, à l'instar d'ailleurs de la horde primitive. Le chef de la foule est un substitut du père. Nous verrons dans la suite de ce volume que cette hypothèse peut être contestée en ce qui concerne la*

---

1. Voir chapitre I.
2. Voir *L'Œdipe : un complexe universel,* dans la même collection.

foule qui s'organiserait selon un schéma beaucoup plus archaïque.

Dans le second texte, Freud montre comment, dans la foule, l'individu renonce à son idéal du Moi en faveur d'un idéal collectif qu'incarne le chef.

Il explique la structure libidinale de la foule en la réduisant à la distinction entre « Moi » et « idéal du Moi » et à deux sortes de relations libidinales, la première qui est représentée par l'identification des individus constituant la foule les uns aux autres et la seconde par l'attachement à un objet externe, le chef, substitut de l'idéal du Moi. Dans ce texte, Freud montre comment la séparation qui s'est opérée entre le Moi et l'idéal du Moi peut être dans certains cas abolie. C'est dans la fête que Moi et idéal du Moi se retrouvent à nouveau réunis. Freud est amené à comparer la fête à la manie, état psychotique opposé à la mélancolie, dans laquelle il existe une tension extrême entre Moi et idéal du Moi. Dans ce texte il apparaît que Freud en vient à confondre l'idéal du Moi avec l'instance critique qui en était distincte dans le texte de 1914. L'idéal du Moi à cet endroit précis du texte freudien préfigure le Surmoi, qui n'apparaîtra que deux ans plus tard dans Le Moi et le Ça. *Toutefois, les développements qu'il a donnés jusque-là concernant l'idéal du Moi restent bien dans le droit fil du texte de 1914, l'idéal du Moi demeurant avant tout l'héritier du narcissisme.*

En 1917, j'ai adopté l'hypothèse de Ch. Darwin, d'après laquelle la forme primitive de la société humaine aurait été représentée par une horde soumise à la domination absolue d'un mâle puissant. J'ai essayé alors de montrer que les destinées de cette horde ont laissé des traces ineffaçables dans l'histoire héréditaire de l'humanité et, surtout, que l'évolution du totémisme, qui englobe les débuts de la religion, de la morale et de la différenciation sociale, se trouve en rapport avec la suppression violente du chef et avec le remplacement de la horde paternelle par une communauté fraternelle [3]. Il est vrai que ceci n'est qu'une hypothèse, comme tant d'autres par lesquelles les historiens de l'humanité primitive cherchent à éclairer la préhistoire : une *just so story*, selon l'expression d'un de mes aimables critiques anglais (Kroeger). Mais j'estime qu'une hypothèse n'est pas à dédaigner, lorsque, comme celle-ci, elle se prête à l'explication et à la synthèse de faits appartenant à des domaines de plus en plus éloignés.

---

3. *Totem et Tabou,* Trad. française, Payot, Paris.

Or, nous retrouvons dans les foules humaines ce tableau que nous connaissons déjà et qui n'est autre que celui de la horde primitive : un individu doué d'une puissance extraordinaire et dominant une foule de compagnons égaux. La psychologie de cette foule, telle que nous la connaissons d'après les descriptions si souvent mentionnées, à savoir la disparition de la personnalité consciente, l'orientation des idées et des sentiments de tous dans une seule et même direction, la prédominance de l'affectivité et de la vie psychique inconsciente, la tendance à la réalisation immédiate des intentions qui peuvent surgir, cette psychologie, disons-nous, correspond à une régression vers une activité psychique primitive.

LA FOULE, RESURRECTION DE LA HORDE PRIMITIVE

La caractéristique générale des hommes, telle que nous l'avons décrite précédemment, s'applique plus particulièrement à la horde primitive. La volonté de l'individu était trop faible pour se risquer à l'action. Les impulsions collectives étaient alors les seules impulsions possibles ; la volonté individuelle n'existait pas. La représentation n'osait pas se transformer en volonté, lorsqu'elle ne se sentait pas renforcée par la perception de sa diffusion générale. Cette faiblesse des représentations trouve son explication dans la force du lien affectif qui rattachait chacun à tous ses semblables ; mais l'uniformité des conditions de la vie et l'absence de propriété privée ont également contribué à produire ce conformisme des actes psychiques. Même les besoins d'excrétion admettent, comme cela se voit encore aujourd'hui chez les enfants et les soldats, une satisfaction en commun. La seule exception est constituée par l'acte sexuel pendant lequel la présence d'une troisième personne est tout au moins superflue, cette personne étant, dans les cas extrêmes, condamnée à une attente pénible. Pour ce qui est de la réaction du besoin sexuel (de la satisfaction génitale) à la grégarité, voir plus loin.

La foule nous apparaît ainsi comme une résurrection de la horde primitive. De même que l'homme primitif survit virtuellement dans chaque individu, de même toute foule humaine est capable de reconstituer la horde primitive. Nous devons en conclure que la psychologie collective est la plus ancienne psychologie humaine ; les éléments qui, isolés de tout ce qui se rapporte à la foule, nous ont servi à constituer la psychologie individuelle, ne se sont différenciés de la vieille psychologie collective qu'assez tard, progressivement et d'une manière qui, de nos jours encore, est très partielle. Nous allons essayer encore d'indiquer le point de départ de cette évolution.

LE NARCISSISME ABSOLU DU PÈRE DE LA HORDE PRIMITIVE

Une première réflexion qui nous vient à l'esprit montre sur quel point l'affirmation que nous venons de formuler exige une correction. Nous devons notamment admettre que la psychologie individuelle est plutôt aussi ancienne que la psychologie collective, car, d'après ce que nous savons, il a dû y avoir dès le commencement deux psychologies, celle des individus composant la masse et celle du père, du chef, du meneur. Les individus de la foule étaient aussi liés les uns aux autres qu'ils le sont aujourd'hui, mais le père de la horde primitive était libre. Même à l'état isolé, ses actes intellectuels étaient forts et indépendants, sa volonté n'avait pas besoin d'être renforcée par celle des autres. Il semble donc logique de conclure que son Moi n'était pas trop limité par des attaches libidinales, qu'il n'aimait personne en dehors de lui et qu'il n'estimait les autres que pour autant qu'ils servaient à la satisfaction de ses besoins. Son Moi ne s'abandonnait pas outre mesure aux objets.

A l'aube de l'histoire humaine il représentait ce *surhomme* dont Nietzsche n'attendait la venue que dans un avenir éloigné. Aujourd'hui encore, les individus composant une foule ont besoin de savoir que le chef les aime d'un amour juste et égal, mais le chef lui-même n'a besoin d'aimer personne, il est doué d'une nature de maître, son narcissisme est absolu, mais il est plein d'assurance et indépendant. Nous savons que l'amour endigue le narcissisme, et il nous serait facile de montrer que par cette action il contribue au progrès de la civilisation.

LA JALOUSIE SEXUELLE DU PÈRE A L'ORIGINE DE LA PSYCHOLOGIE COLLECTIVE

Le père de la horde primitive n'était pas encore immortel, comme il l'est devenu plus tard, par suite de sa divinisation. Lorsqu'il mourait, il fallait le remplacer, et sa succession était probablement assumée par le plus jeune de ses fils qui était jusqu'alors un simple individu de la foule, comme tous les autres. Il doit être possible de transformer la psychologie collective en psychologie individuelle, de trouver les conditions dans lesquelles cette transformation est susceptible de s'effectuer, de même qu'il est possible, chez les abeilles, de faire produire d'une larve, en cas de besoin, une reine à la place d'une ouvrière. On ne peut ici imaginer la situation suivante : le père primitif empêchait ses fils de satisfaire leurs tendances sexuelles directes ; il leur imposait l'abstinence, ce qui eut pour conséquence, à titre de dérivation, l'établissement de liens affectifs qui les rattachaient à lui-même et les uns aux autres. Il les a, pour ainsi dire, introduits de force dans la psychologie collective. Ce sont sa jalousie sexuelle et son intolérance qui ont, en dernière analyse, créé la psychologie collective [4].

Devant celui qui devenait son successeur s'ouvrait la possibilité de la satisfaction sexuelle, ce qui avait pour effet l'affirmation de sa psychologie individuelle en face de la psychologie collective. La fixation de sa libido sur une femme, la possibilité de satisfaire immédiatement et sans délai ses besoins sexuels diminuaient l'importance des tendances déviées du but sexuel et augmentaient d'autant le degré du narcissisme. Nous reviendrons d'ailleurs, dans le dernier chapitre de cet ouvrage, sur les rapports entre l'amour et la formation du caractère.

Relevons encore les rapports très instructifs qui existent entre la constitution de la horde primitive et l'organisation qui maintient et assure la cohésion d'une foule conventionnelle. Nous avons vu que l'Armée et l'Église reposent sur l'illusion ou, si l'on aime mieux, sur la représentation d'un chef aimant tous ses subordonnés d'un amour juste et égal. Mais ce n'est là qu'une transformation idéaliste des conditions existant dans la horde primitive, dans laquelle tous les fils se savent également persécutés par le père qui leur inspire à tous la même crainte. Déjà la forme suivante de la société humaine, le clan totémique, repose sur cette transformation qui, à son tour, forme la base de tous les devoirs sociaux. La force irrésistible de la famille, comme formation collective naturelle, vient précisément de cette croyance, justifiée par les faits, en un amour égal du père pour tous ses enfants.

LE MAGNÉTISME ANIMAL DE L'HYPNOTISEUR

Mais le rapprochement entre la foule et la horde primitive est de nature à nous fournir des enseignements plus intéressants encore. Il

---

4. On peut également admettre que les fils, chassés et séparés du père, ont franchi l'étape de l'identification et s'étant élevés à l'amour homosexuel ont conquis la liberté qui leur a permis de tuer le père.

Toute foule humaine est capable de reconstituer la horde primitive.

doit projeter une lumière sur ce qui reste encore d'incompris, de mystérieux dans la formation collective, bref sur tous les faits que nous désignons sous les noms mystérieux d'hypnotisme et de suggestion. Rappelons-nous que l'hypnose renferme quelque chose de directement inquiétant ; et cet élément inquiétant ne peut lui venir que du fait de la répression de sentiments, désirs et tendances anciens et familiers [5].Rappelons-nous également que l'hypnose est un état induit. L'hypnotiseur se prétend en possession d'une force mystérieuse ou, ce qui revient au même, le sujet attribue à l'hypnotiseur une force mystérieuse qui paralyse sa volonté. Cette force mystérieuse, à laquelle on donne encore communément le nom de magnétisme animal, doit être la même que celle qui constitue pour les primitifs la source du tabou ; c'est la force même qui émane des rois et des chefs et qui met en danger ceux qui les approchent (*Mana*). Comment l'hypnotiseur, qui possède cette force, la manifeste-t-il ? En ordonnant à la personne de le regarder dans les yeux ; il hypnotise d'une façon typique par le regard. Mais c'est précisément l'aspect du chef qui est pour le primitif plein de dangers et insupportable, de même que plus tard le mortel ne supporte pas sans danger l'aspect de la divinité. Moïse est obligé de servir d'intermédiaire entre son peuple et Jéhova, parce que son peuple ne pouvait pas supporter la vue de Dieu ; et lorsqu'il revient du Sinaï, son visage rayonne, parce que, comme chez le médiateur des primitifs [6], une partie de la *Mana* s'est fixée sur lui.

On peut toutefois provoquer l'hypnose d'une autre manière, en faisant fixer au sujet un objet brillant ou en produisant en sa présence un bruit monotone. Mais c'est un procédé contestable et qui a donné lieu à pas mal de théories physiologiques insuffisantes et même erronées. En réalité, ce procédé ne sert qu'à détourner et à fixer l'attention consciente. C'est comme si l'hypnotiseur disait au sujet : « Maintenant ne vous occupez que de ma personne, le reste du monde est dépourvu de tout intérêt .» Il est certain que ce discours, s'il était réellement prononcé, serait inefficace au point de vue technique, car il ne ferait qu'arracher le sujet à son attitude inconsciente et le pousser à la contradiction consciente. Mais pendant que l'hypnotiseur évite d'attirer sur ses intentions la pensée consciente du sujet et que celui-ci se plonge dans une attitude au cours de laquelle le monde doit lui apparaître comme dépourvu d'intérêt, toute son attention se trouve, sans qu'il s'en rende compte, concentrée sur l'hypnotiseur et il s'établit

---

5. *Das Unheimliche,* « Imago », V. 1919.
6. Voir *Totem et Tabou* et les sources qui y sont citées.

entre celui-ci et le sujet une attitude de rapport, de transfert. Les méthodes d'hypnotisation indirectes ont donc pour effet, comme tant de procédés techniques qui président aux calembours et aux bons mots, d'empêcher certaines dissociations de l'énergie psychique, susceptibles de troubler l'évolution du processus inconscient, et elles aboutissent finalement au même résultat que les influences directes exercées par la fixation d'objets brillants ou par les « passes [7] ».

HYPNOSE PATERNELLE ET HYPNOSE MATERNELLE

Ferenczi a raison de dire qu'en adressant au sujet l'ordre de dormir, qui sert d'introduction à l'hypnose, l'hypnotiseur prend, aux yeux de celui-là, la place des parents. Il croit pouvoir distinguer deux variétés d'hypnose : celle qui résulte d'une suggestion apaisante, comme accompagnée de caresses, et celle qui est produite par un ordre menaçant. La première serait l'hypnose maternelle, la dernière l'hypnose paternelle [8]. D'autre part, l'ordre de dormir, destiné à provoquer l'hypnose, n'est en somme que l'ordre de détacher son intérêt du monde extérieur, pour le concentrer tout entier sur la personne de l'hypnotiseur : c'est d'ailleurs ainsi que le comprend le sujet lui-même, puisque dans ce détachement de l'intérêt des objets et faits du monde extérieur réside la caractéristique psychologique du sommeil, et c'est sur lui que repose l'affinité entre le sommeil véritable et l'état hypnotique.

L'ÉVEIL DE L'HÉRITAGE ARCHAIQUE PAR L'HYPNOSE

C'est ainsi que, par ses procédés, l'hypnotiseur éveille chez le sujet une partie de son héritage archaïque qui s'est déjà manifesté dans l'attitude à l'égard des parents, et surtout dans l'idée qu'on se faisait du père : celle d'une personnalité toute-puissante et dangereuse, à l'égard de laquelle on ne pouvait se comporter que d'une manière passive et masochiste, devant laquelle on devait renoncer complètement à sa volonté propre et dont on ne pouvait aborder le regard sans faire preuve d'une coupable audace. C'est ainsi seulement que nous pouvons nous représenter l'attitude de l'individu de la horde primitive à l'égard du père de la horde. Ainsi que nous le savons par d'autres réactions, l'aptitude à revivre ces situations archaïques varie de degré d'un individu à l'autre. Le sujet est cependant capable de conserver une connaissance vague qu'au fond l'hypnose n'est qu'un jeu, qu'une reviviscence illusoire de ces impressions anciennes, ce qui suffit à l'armer d'une résistance suffisante contre les conséquences trop graves de la suppression hypnotique de la volonté.

L'HYPNOSE : UNE FOULE A DEUX

C'est ainsi que ce qu'il y a d'inquiétant, de troublant, de coercitif dans le caractère des formations collectives, tel qu'il se révèle dans leurs manifestations suggestives, peut être expliqué avec raison par l'affinité qui existe entre la foule et la horde primitive, celle-là ayant sa source dans celle-ci. Le meneur de la foule incarne toujours le père primitif tant redouté, la foule veut toujours être dominée par une puissance illimitée, elle est au plus haut degré avide d'autorité ou, pour nous servir de l'expression de M. Le Bon, elle a soif de soumission. Le père primitif est l'idéal de la foule qui domine l'individu, après avoir pris la place de l'*idéal du Moi*. L'hypnose peut à bon droit être désignée comme une foule à deux ; pour pouvoir s'appliquer à la suggestion, cette définition a besoin d'être complétée : dans cette foule à deux, il faut que le sujet qui subit la suggestion soit animé d'une conviction qui repose, non sur la perception ou sur le raisonnement, mais sur une attache érotique [9].

7. Le fait que la personne a son attention inconsciente concentrée sur l'hypnotiseur, alors que sa conscience est occupée par des perceptions indifférentes ou dépourvues d'intérêt, trouve son pendant dans les constatations faites au cours de traitements psychanalytiques et qui méritent d'être mentionnées ici. Il arrive au moins une fois au cours d'une analyse que le malade affirme avec insistance qu'aucune idée ne lui vient plus à l'esprit. Ses associations libres sont bloquées et les impulsions qui les mettent ordinairement en marche restent inefficaces. Mais si on le presse, le malade finit par avouer qu'il pense au paysage qu'il voit à travers la fenêtre du cabinet de consultation, au tapis qui couvre le mur ou au lustre qui descend du plafond. On constate ainsi qu'il commence à subir le transfert, qu'il est encore absorbé par des idées inconscientes se rapportant au médecin, et ses idées cessent d'être bloquées, dès qu'on lui a donné l'explication de son état.

8. *Introjection und Uebertragung*, « Jahrbuch der Psychoanalyse », I, 1909.

9. Je crois pouvoir attirer l'attention sur le fait que les considérations développées dans ce chapitre nous autorisent à remonter de la conception de l'hypnose, telle qu'elle a été formulée par Bernheim, à la conception ancienne, plus naïve. Bernheim croyait pouvoir déduire tous les phénomènes hypnotiques de la suggestion, considérée elle-même comme irréductible. D'après nous, la suggestion ne serait qu'une des manifestations de l'état hypnotique ayant sa source dans une prédisposition consciente dont les origines remontent à l'histoire primitive de la famille humaine.

L'IDÉAL DU MOI, LE MOI ET LA FOULE

Si, à la lumière des descriptions, se complétant les unes les autres, que les auteurs nous ont données de la psychologie collective, on examine la vie de l'individu de nos jours, on se trouve en présence de complications faites pour décourager toute tentative de synthèse. Chaque individu fait partie de plusieurs foules, présente les identifications les plus variées, est orienté par ses attaches dans des directions multiples et a construit son idéal du Moi d'après les modèles les plus divers. Chaque individu participe ainsi de plusieurs âmes collectives, de celles de sa race, de sa classe, de sa communauté confessionnelle, de son État, etc., et peut, de plus, s'élever à un certain degré d'indépendance et d'originalité. Ces formations collectives permanentes et durables ont des effets uniformes qui s'imposent à l'observateur avec moins de force que les manifestations des foules passagères se formant et se désagrégeant rapidement, qui ont fourni à M. Le Bon les éléments de sa brillante caractéristique de l'âme collective ; et c'est dans ces foules bruyantes, éphémères, superposées pour ainsi dire aux autres, qu'on observe le miracle de la disparition complète, quoique peut-être passagère, de toute particularité individuelle.

Nous avons essayé d'expliquer ce miracle, en supposant qu'il est dû à ce que l'individu renonce à son idéal du Moi en faveur de l'idéal collectif, incarné dans le chef. Ce miracle, devons-nous ajouter à titre de correction, n'est pas également grand dans tous les cas. Quelquefois le divorce entre le Moi et l'idéal du Moi n'est pas complet, les deux peuvent continuer à coexister, le Moi ayant conservé, en partie tout au moins, sa suffisance narcissique antérieure. Le choix du chef se trouve alors facilité dans une grande mesure. Il suffit qu'il possède les propriétés typiques de ces individus à l'état de pureté et de netteté particulières et qu'il leur en impose par sa force et par sa grande liberté libidinale, pour être aussitôt désigné comme chef et revêtu d'une toute-puissance à laquelle il n'aurait peut-être jamais prétendu sans cela. Quant aux autres, c'est-à-dire à ceux dont l'idéal du Moi ne trouverait pas dans le chef une incarnation complète, ils sont entraînés « suggestivement », c'est-à-dire à la faveur de l'identification.

On voit que la contribution que nous apportons à l'explication de la structure libidinale d'une foule se réduit à la distinction entre le Moi et l'idéal du Moi et, consécutivement, à deux variétés d'attaches, l'une représentée par l'identification, l'autre par la substitution d'un objet libidinal extérieur à l'idéal du Moi. L'hypothèse qui postule ce degré dans le Moi et qui, comme telle, constitue le premier pas dans l'analyse du Moi doit peu à peu trouver sa justification dans les domaines les plus divers de la psychologie. Dans mon travail *Zur Einführung des Narzissmus* [10], j'ai essayé de réunir les données pathologiques qui plaident en faveur de cette distinction. Mais tout autorise à espérer qu'une étude psychologique plus approfondie des psychoses fera tout particulièrement ressortir son importance. Pensons seulement au fait qu'à partir de ce moment le Moi établit une relation entre un objet et l'idéal du Moi émané de lui-même, et il est possible que nous assistions ici à la reproduction, à l'intérieur du Moi, des actions et réactions réciproques qui, d'après ce que nous a révélé la théorie des névroses, se déroulent entre l'objet extérieur et le Moi total.

MOI COHÉRENT ET MOI INCONSCIENT

Je me propose d'examiner ici une seule des conséquences possibles de ce point de vue, ce qui me permettra en même temps d'élucider un problème que j'ai été obligé de laisser ailleurs sans solution [11]. Chacune des différenciations psychiques que nous connaissons oppose une difficulté de plus au fonctionnement psychique, augmente sa labilité et peut devenir le point de départ d'un arrêt de fonctionnement, d'une maladie. C'est ainsi que la naissance représente le passage d'un narcissisme se suffisant à lui-même à la perception d'un monde extérieur variable et à la première découverte d'objets ; il résulte de cette transition trop radicale que nous ne sommes pas capables de supporter pendant longtemps le nouvel état créé par la naissance, que nous nous en évadons périodiquement, pour retrouver dans le sommeil notre état antérieur d'impassibilité et d'isolement du monde extérieur. Ce retour à l'état antérieur résulte d'ailleurs aussi d'une adaptation à ce monde extérieur qui, grâce à la succession périodique du jour et de la nuit, supprime pour un certain temps la plus grande partie des excitations que nous subissons pendant notre vie active.

Mais au cours de notre développement, nous avons subi une différenciation psychique, avec formation d'un Moi cohérent, d'une part, et d'un Moi inconscient, refoulé, extérieur à celui-ci, d'autre part ; et nous savons que la stabilité de cette nouvelle acquisition est exposée à des atteintes incessantes. Dans le rêve et dans la névrose, ce Moi, inconscient, exilé, cherche par tous les moyens à s'insinuer, à forcer les portes de la conscience, protégées par des résistances de

---

10. *Jahrbuch der Psychoanalyse*, VI, 1914. — *Sammlung Kleiner Schriften zur Neurosenlehre*, 4ᵉ série.

11. « Trauer und Melancholie », *Internat. Zeitschr. f. Psychoanal*, IV, 1916/18. — *Sammlung Kleiner Schriften zur Neurosenlehre*, 4ᵉ série.

toutes sortes ; et dans l'état de santé éveillée nous avons recours à des artifices particuliers pour laisser entrer provisoirement dans notre Moi, en tournant les difficultés, en trompant les résistances, cette partie refoulée dont nous attendons un certain plaisir. C'est en se plaçant à ce point de vue qu'on doit expliquer le trait d'esprit et l'humour, en partie aussi le comique en général. Tous ceux qui sont familiarisés avec la psychologie des névroses trouveront facilement des exemples analogues, d'une portée peut-être moindre. Je n'insiste pas, car j'ai hâte d'en venir à l'application qui nous intéresse plus particulièrement.

PSYCHOLOGIE DE LA FÊTE

Or, nous pouvons parfaitement admettre que la séparation qui s'est opérée entre le Moi et l'idéal du Moi ne peut pas, elle non plus, être supportée pendant très longtemps et qu'elle doit subir de temps à autre une régression. Malgré toutes les privations et restrictions qui sont imposées à l'individu, la violation périodique des prohibitions constitue partout la règle, et nous en avons la preuve dans l'institution des fêtes qui, au début, n'étaient que des périodes pendant lesquelles les excès étaient autorisés par la loi, ce qui explique la gaieté qui les caractérisait [12]. Les Saturnales des Romains et le carnaval de nos jours se rapprochent, sur ce point essentiel, des fêtes des primitifs, pendant lesquelles on se livrait à des débauches comportant la violation des commandements les plus sacrés. Or, comme l'idéal du Moi comprend la somme de toutes les restrictions auxquelles l'individu doit se plier, la rentrée de l'idéal dans le Moi, sa réconciliation avec le Moi doit équivaloir pour l'individu, qui retrouve ainsi le contentement de soi-même, à une fête magnifique [13].

On sait qu'il y a des individus dont l'état affectif général oscille d'une façon périodique, allant d'une dépression exagérée à une sensation de bien-être élevé et en passant par certains états intermédiaires. Ces oscillations présentent d'ailleurs des amplitudes

---

12. Voir *Totem et Tabou.*

13. La coïncidence du Moi avec l'idéal du Moi produit toujours une sensation de triomphe. Le sentiment de culpabilité (ou d'infériorité) peut être considéré comme l'expression d'un état de tension entre le Moi et l'idéal.

M. Trotter déduit le refoulement de l'instinct grégaire. J'ai, somme toute, dit la même chose, tout en me servant d'un autre mode d'expression, lorsque j'ai assigné le même rôle à l'idéal du Moi *(Einführung des Narzissmus).*

Freud a montré
la motivation profonde de l'institution de la fête.

très variées, depuis les plus insignifiantes, à peine perceptibles, jusqu'aux plus extrêmes, comme dans les cas de mélancolie et de manie, états excessivement pénibles et sources de grandes perturbations dans la vie des personnes qui en sont atteintes.

Dans les cas typiques de ces états affectifs cycliques, les occasions extérieures ne semblent pas jouer un rôle décisif ; en fait de raisons ultérieures, on ne trouve chez ces malades rien de plus et rien d'autre que chez tous les autres malades. Aussi a-t-on pris l'habitude de considérer ces cas comme n'étant pas psychogènes. Mais il est d'autres cas, tout à fait analogues, d'états affectifs cycliques qui, eux, se laissent facilement réduire à des traumatismes psychiques. Il en sera question plus loin.

Les raisons qui déterminent ces oscillations spontanées des états affectifs sont donc inconnues. Nous ne connaissons pas davantage le mécanisme à la faveur duquel une manie vient se substituer à une mélancolie. Aussi bien pouvons-nous, à défaut d'autres explications, appliquer à ces malades l'hypothèse formulée plus haut : l'idéal du Moi, après avoir exercé sur le Moi un contrôle très rigoureux, se trouve momentanément absorbé par lui, fondu avec lui.

Afin d'éviter toute obscurité, retenons bien ceci : au point de vue de notre analyse du Moi, il est incontestable que chez le maniaque le Moi et l'idéal du Moi ne font qu'un, de sorte que la personne dominée par un sentiment de triomphe et de satisfaction qu'aucune critique ne vient troubler, se trouve libre de toute entrave, à l'abri de tout reproche, de tout remords. Il est moins évident, mais tout à fait vraisemblable, que la misère du mélancolique est l'expression d'une opposition aiguë entre les deux instances du Moi, opposition par suite de laquelle l'idéal, sensible à l'excès, exprime sa condamnation impitoyable du Moi par la manie de la petitesse et par l'auto-humiliation. Il s'agit seulement de savoir si la cause de ces rapports modifiés entre le Moi et l'idéal doit être cherchée dans les révoltes périodiques, dont la possibilité a été admise plus haut, contre cette nouvelle instance, c'est-à-dire dans l'idéal, ou dans d'autres circonstances.

LA MÉLANCOLIE : UN MOI MALTRAITÉ PAR L'IDÉAL

La transformation en manie ne constitue pas un trait indispensable du tableau morbide de la dépression mélancolique. Il y a des mélancolies simples, à accès unique, ou périodiques, qui ne subissent jamais ce sort. Mais il y a, d'autre part, des mélancolies dans lesquelles les occasions extérieures jouent un rôle étiologique évident. Ce sont celles qui surviennent soit à la suite de la mort d'un être aimé, soit à la suite de circonstances qui ont déterminé le détachement de la libido d'un objet aimé. Comme les mélancolies spontanées, ces mélancolies psychogènes peuvent subir la transformation en manie, avec retour consécutif à la mélancolie, le cycle recommençant ainsi plusieurs fois. La situation est donc assez obscure, d'autant que rares sont encore les formes et les cas de mélancolie qui aient été jusqu'à

---

14. Voir Abraham : « *Ansätze zur psychoanalytischen Erforschung und Behandlung des manisch-depressiven Irreseins, etc.* », 1912, dans *Klinische Beiträge zur Psychoanalyse*, 1921.

15. Ou plus exactement : ces reproches se dissimulent derrière ceux qu'on adresse à son propre Moi et leur impriment la fermeté, la ténacité et le caractère impérieux et sans appel qui caractérisent les reproches dont s'accablent les mélancoliques.

présent soumis à l'examen psychanalytique [14]. Les seuls cas que nous comprenions bien actuellement sont ceux où l'objet a été abandonné, parce qu'il s'est montré indigne d'amour. Il se trouve alors, par le mécanisme de l'identification, reconstitué dans le Moi et sévèrement jugé par l'idéal du Moi. Les reproches et attaques dirigés contre l'objet se manifestent alors sous la forme de reproches qu'on s'adresse à soi-même [15].

Même une mélancolie de ce dernier genre peut se transformer en manie, de sorte que cette possibilité apparaît comme une particularité indépendante de tous les autres caractères du tableau morbide.

Mais je ne vois aucune difficulté à introduire dans l'explication des deux variétés de mélancolie, de la spontanée et de la psychogène, le facteur que nous avons défini comme étant la révolte périodique du Moi contre l'idéal du Moi. En ce qui concerne les mélancolies spontanées, on peut admettre que l'idéal manifeste une tendance à la sévérité particulière, ce qui a pour conséquence automatique sa suppression momentanée. Dans les mélancolies psychogènes, la révolte du Moi serait provoquée par les rigueurs que le Moi subit de la part de l'idéal, dans le cas de son identification avec un objet réprouvé et repoussé.

SIGMUND FREUD [16]

---

16. « Psychologie collective et analyse du Moi » (1921), in *Essais de psychanalyse,* Payot, coll. « Petite Bibliothèque Payot », p. 149-163.

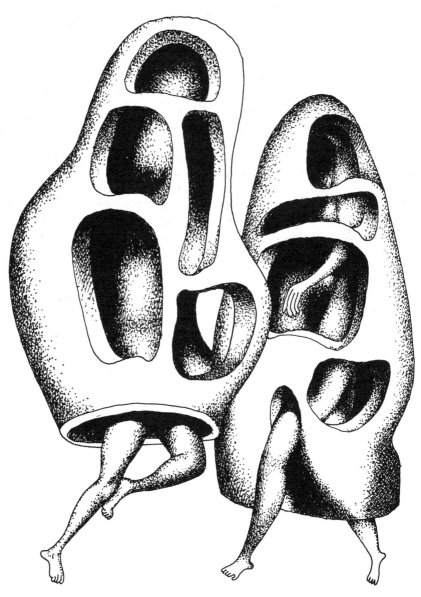

Le retrait de la frontière du Moi empêche l'écoulement de la libido.
(Dessin de Jules Perahim, 1978. Paris, coll. part.)

Chapitre IV

Frontières du Moi et narcissisme

Nous avons déjà fait la connaissance du psychanalyste viennois Paul Federn [1] qui fut président de la Société psychanalytique de Vienne et l'un des premiers disciples de Freud, qu'il avait rejoint dès 1903. Federn s'est tout particulièrement attaché à l'observation et à l'étude de ce qu'il appelle « le sentiment du Moi » (Ichgefühl) et de ses fluctuations dans les phénomènes normaux et pathologiques tels l'endormissement, l'évanouissement, le sentiment d'étrangeté, la dépersonnalisation, etc. Il a appliqué les conceptions psychanalytiques telles qu'il les a développées à la thérapie des schizophrènes. Nous avons parlé précédemment de sa conception du transfert des psychotiques. Pour lui, ces patients possèdent une aptitude au transfert qui, bien que différente de celle des névrosés, les rend à même de bénéficier d'une cure psychanalytique corrigée toutefois par certains paramètres qu'il a cherché à définir. Le texte qui suit [2] insiste sur la différence entre sa conception du narcissisme et la conception classique. C'est essentiellement le concept de frontière du Moi qui est ici en cause. Créé par Federn, ce concept ne désigne « rien d'autre que l'existence d'une perception de l'étendue de notre sentiment du Moi ». Les troubles du sentiment du Moi, tels qu'ils apparaissent dans le sentiment d'étrangeté, impliquent non un accroissement du narcissisme, mais « un appauvrissement en narcissisme de la frontière du Moi ».

Le développement que Federn donne à ses idées est essentiellement d'un ordre économique, *c'est-à-dire qu'il prend avant tout en compte*

---

1. Voir *Les Psychoses : la perte de la réalité,* dans la même collection.
2. Paul Federn, *La Psychologie du Moi et les psychoses* (« Le Moi comme sujet et objet dans le narcissisme », 1928), P.U.F., p. 297-310.

les variations énergétiques qui interviennent dans les investissements du Moi et des objets. En fait, c'est la psychologie du Moi elle-même qui est ici développée et remaniée par rapport aux premières tentatives de Freud. Il sera intéressant de comparer la métaphore de la boule protoplasmique et de ses prolongements pseudopodiques dans les écrits de Freud et dans ce texte de Paul Federn.

Comme nous désignons par narcissisme « l'investissement du Moi par la libido », j'ai mentionné brièvement que le sentiment d'étrangeté est fondé sur « l'appauvrissement en narcissisme de la frontière du Moi ». A mon grand étonnement, les experts en matière de théorie de la libido et en métapsychologie freudienne ont été tout à fait incapables de comprendre mon explication, ce qui les rendit également incapables de la rejeter ou de l'accepter. Pour ces lecteurs le terme d'« investissement narcissique » a toujours signifié *une préoccupation libidinale du Moi,* une concentration *sur* le Moi. Puisque les patients qui connaissent des sentiments d'étrangeté sont tout à fait préoccupés par leurs propres états, ceci tendrait à indiquer une concentration de la libido sur le Moi du patient et ainsi un « accroissement de narcissisme ». Comment Federn pouvait-il donc parler d'une diminution de narcissisme ? (...)

Il me paraît important que nous nous mettions d'accord sur l'utilisation du terme « narcissisme », et en particulier que nous décidions s'il est correct de l'employer d'une manière vague, pour indiquer toute forte réaction affective de la personnalité.

En fait, dans chaque réaction affective il y a aussi un sentiment du Moi plus fort qui investit plus intensément cette frontière du Moi avec laquelle nous appréhendons l'objet en question, et contre laquelle se heurte le stimulus provenant de l'objet. Dans les réactions où l'affectivité est diminuée, cette frontière du Moi est moins investie de libido. Cette affirmation semble évidente, mais elle ne se justifie que par le fait qu'il est possible pour l'objet de ne plus être appréhendé par quelque affect que ce soit lorsque le sentiment d'étrangeté est éprouvé parce que la frontière du Moi a été complètement privée de libido.

LA FRONTIÈRE DU MOI : UNE PERCEPTION DE L'ÉTENDUE DE NOTRE SENTIMENT DU MOI

Le terme de « frontière du Moi » ne désignera rien d'autre que l'existence d'une perception de l'étendue de notre sentiment du Moi.

Certains m'ont mal compris qui croyaient que mes propos impliquaient qu'une frontière entoure le Moi comme une ceinture, et que cette frontière est rigide. C'est le contraire qui est vrai. Ces frontières, c'est-à-dire l'éventail des fonctions du Moi, qui, investies de sentiment du Moi, donc de libido, appartiennent toujours au Moi, sont perpétuellement en changement. Mais un individu sent intuitivement où son Moi finit, et en particulier le moment où la frontière vient de changer.

J'aimerais aller au-devant d'une seconde objection qui proviendrait d'un malentendu évident. Ma recherche conduit à porter une attention particulière à *la frontière* du Moi en commençant par la perception qu'on a soi-même de celle-ci. Cependant, je ne pense pas du tout que le sentiment du Moi n'existe qu'à la périphérie. La sensation de *la frontière* du Moi est éprouvée plus facilement parce que cette dernière change presque continuellement, tandis que la conscience tout entière est emplie simultanément de sentiment du Moi. A mon avis le sentiment du Moi existe depuis le début, bien qu'il soit tout d'abord vague et pauvre en contenu.

Ce n'est pas uniquement pour employer une métaphore que je me réfère ici aux ondulations impressionnantes de l'ovule en division, ou bien encore au changement qui a lieu dans l'amibe pendant qu'elle lance ou rétracte un pseudopode. Au commencement de la vie, la matière vivante réagit comme un tout. Ceci m'est apparu clairement il y a bien des années lors de l'observation de protozoaires hautement organisés. Après qu'un granule d'amidon ait passé le goulet, le grand noyau perd immédiatement sa clarté tandis que le protoplasme tout entier, fibrilles et vacuoles y compris, se met simultanément en mouvement ; aussitôt la nourriture se dissout dans le protoplasme — image primordiale de l'orgasme alimentaire postulé par Radó [3].

Cette unité disparaît au niveau du corps et de l'esprit car, avec une adaptation qui va en progressant, la division du travail procède à la formation d'unités instrumentales. Les organes spécialisés doivent eux-mêmes être protégés dans leur tâche contre les stimuli perturbants, et ils doivent protéger l'organisme tout entier de la perturbation continue par une absorption indépendante desdits stimuli, en fonction de l'utilisation qu'ils peuvent en faire. Mais si Freud attribue au Moi la fonction d'unification des nombreux événements constitutifs, il sous-entend que la réalisation de ceci vise au rétablissement d'un état qui auparavant était permanent. Ceci s'accorde avec le but ultime

3. S. Radó, « Die psychischen Wirkungen der Rauschgifte », *Internat-Zeitschrift f. Psychoanalyse,* 1926, XII, 498.

que Freud postulait pour toutes les pulsions ; à savoir de rétablir, soit directement, soit indirectement, un état de choses antérieur. Les détours constituent la différenciation et l'évolution.

Le terme de « frontière » du Moi devrait par conséquent impliquer que le sentiment du Moi, au contraire, est une totalité. En conséquence, l'investissement libidinal, qui constitue le sentiment du Moi, doit de même être cohérent en son centre [4]. La libido du Moi correspond en réalité à l'amibe que Freud a employée comme image. L'existence d'une frontière du Moi multiforme, dont à tout moment le degré d'investissement des différentes parties varie, ne contredit aucunement la cohésion interne du Moi.

LES FLUCTUATIONS DU SENTIMENT DU MOI

Il est important de conserver les deux concepts car il existe un sentiment d'étrangeté non seulement par rapport au monde extérieur mais aussi par rapport à beaucoup de processus mentaux englobant tous les processus cognitifs, tels le souvenir, la pensée, le raisonnement et le jugement ; les attitudes affectives comme l'espoir, la crainte, le souhait, le tourment, le chagrin ; et les processus de la pensée qui influencent le monde imaginé ou le monde extérieur réel comme la décision, le commencement et l'achèvement d'une action, le commandement et l'obéissance. Les nombreux exemples de sentiment d'étrangeté, c'est-à-dire ceux qui ne sont pas compliqués par une perturbation psychotique ou névrotique plus profonde, prouvent que ces efforts et expériences affectifs peuvent continuer consciemment chez l'individu, sans déborder sur la frontière du Moi qui est investie de libido ou, plus précisément, sans que la frontière de l'investissement de libido de la périphérie du Moi ne les atteigne. (La psychologie non psychanalytique exprime la différence en employant l'expression suivante : les sentiments deviennent des sensations.) Les faits suivants montrent que ceci n'est pas une question de *perte* d'affect : premièrement, un tel patient agit en partie comme s'il avait toujours les affects ; et deuxièmement, ceux-ci lui manquent et il affirme que lui-même (c'est-à-dire son Moi) a changé et que pour cette raison il ne ressent plus ses affects [5].

Nous pouvons nous demander si nous sommes en droit de qualifier

---

4. En termes figurés, le Moi a un centre mental auquel toutes les fonctions mentales du Moi sont reliées ; toutefois le lien entre la fonction du Moi et le Ça ne s'opère pas par le moyen du noyau du Moi ; il se produit en fonction des différents éléments constitutifs de la pulsion de Ça qui fournissent les fonctions du Moi en énergie mentale.

l'investissement libidinal des frontières du Moi de « narcissique ». Le terme d'*érogénéité du Moi* ou simplement celui de « libido du Moi » seraient tout aussi corrects. Le premier de ces termes semble cohérent mais il a l'inconvénient de voiler l'opposition entre le Moi et les « zones *érogènes* ». De plus, nous associons au terme d'*érogène* l'idée de plaisir d'organe très spécifique, tandis que l'érogénéité du Moi, dans la mesure où elle nourrit le sentiment du Moi, apparaît comme particulièrement désexualisée et de nature générale. Nous avons plutôt intérêt à réserver l'expression d'« érogénéité du Moi » au Moi, qui est sexualisé, par opposition au Moi pendant l'affaiblissement de la sexualité. Freud dit : « Il est possible qu'à chacun de ces changements d'érogénéité des organes, corresponde un changement parallèle dans l'investissement libidinal du Moi [6] ».

LA SATISFACTION ÉPROUVÉE PAR LE MOI

Aussi vrai soit-il que le Moi doit avoir un investissement érogène afin d'être ressenti comme Moi, et si attrayant que le terme d'« Eros » soit pour cet usage, je conseille plutôt d'utiliser le terme de « libido du Moi ». Ce terme a été en général employé dans le même sens que narcissisme, mais il ne lui est pas tout à fait identique. Puisque ceci est non seulement une question de terminologie, mais encore de doute fondé sur des faits, je voudrais citer un passage de Freud dans lequel il caractérise ou définit le concept de narcissisme. Dans son article intitulé « Pulsions et destin des pulsions », dans lequel il clarifie ces questions fort complexes qu'il venait de comprendre, Freud dit : « A l'origine, au tout début de la vie mentale, les pulsions du Moi sont dirigées vers lui-même, et le Moi dans une certaine mesure est capable de les satisfaire de lui-même. Cette condition est connue sous le nom de narcissisme et ce pouvoir de satisfaction est appelé auto-érotique... A cette époque donc le Moi sujet coïncide avec ce qui est agréable... [7] ».

Dans cette caractérisation l'accent est mis sur la satisfaction éprouvée dans son propre Moi (esprit, corps, individu) par opposition

---

5. H. Nunberg, « Uber Depersonalisationszustände im Lichte der Libido Theorie », *Internat-Zeitschrift f. Psychoanalyse,* 1924, X, 17, et moi-même (se reporter au chap. 2 : « Le narcissisme dans la structure du Moi ») avons apporté des arguments à l'appui de l'idée que le sentiment du Moi spécifique repose sur l'investissement libidinal et non sur un investissement comportant une autre sorte d'énergie pulsionnelle ; afin de ne pas rompre la continuité de la discussion je ne présenterai pas d'autres arguments ici.

6. S. Freud, « Sur le narcissisme », *Œuvres complètes,* IV, 41.

7. S. Freud, *Œuvres complètes,* IV, 77 s.

au monde extérieur. Le contexte motive cette insistance. Ainsi, bien que « les pulsions du Moi », mentionnées au début du passage, comprennent certainement l'investissement libidinal qui nourrit le sentiment du Moi, il n'est pas certain qu'une définition du sentiment du Moi inclurait la satisfaction auto-érotique qui, selon les mots qui suivent, fait partie du narcissisme. Nous reviendrons là-dessus plus tard.

De toute manière le sentiment du Moi d'un être en bonne santé est un sentiment agréable, mais il ne revêt pas l'aspect d'un état de satisfaction particulière, et pas davantage d'un état de mécontentement particulier. En général, il ne devient un sentiment véritablement agréable que par une intensification qui provient du Ça, ou bien par l'addition d'investissements de libido qui jusque-là ne faisaient pas partie du Moi. Quoi qu'il en soit, l'extrait cité n'est pas en contradiction avec l'emploi du terme de narcissisme pour la fonction de la libido du Moi vers laquelle nous nous tournons maintenant [8]. J'ai déjà mentionné que l'image de l'amibe est particulièrement bien choisie pour le sentiment du Moi ; Freud employa la même image à différentes reprises de manière à rendre le terme de narcissisme compréhensible. Notons également que le commentaire de Freud, selon lequel « le narcissisme est le complément libidinal de l'égoïsme », s'applique aussi bien au sentiment du Moi dont l'absence rend une personne incapable d'apprécier quoi que ce soit à un point tel que les mots de *Und er weiss von allen Schätzen sich nicht in Besitz zu setzen* [9] le caractérisent admirablement.

NARCISSISME ET SENTIMENT DU MOI

Cependant, nous établissons un accord total entre notre conception du sentiment du Moi et la caractérisation du « narcissisme » citée ci-dessus si nous comprenons que le sentiment du Moi est nourri précisément par cette partie de la libido du Moi qui constitue le narcissisme, sans être cependant satisfait auto-érotiquement. Un tel

---

8. Les extraits suivants des *Œuvres complètes* de S. Freud justifient également mon utilisation du terme « narcissisme » : tout d'abord, un extrait de « La théorie de la libido », V, 133 : « La libido des instincts d'autopréservation vient d'être décrite comme « libido narcissi-que... » » (mais non pas ensuite, « ...il a été reconnu qu'une grande proportion de cet amour de soi constitue l'état primaire et normal des choses ») ; ensuite, un extrait de « L'une des difficultés de la psychanalyse », IV, 349 : « Nous appelons « narcissisme » l'état dans lequel la libido est maintenue dans le Moi... » (mais, une fois de plus, la conclusion de la phrase met l'accent sur le rapport objectal du Moi).

9. Goethe, *Faust,* acte V, scène 5. Traduction littérale : « Et il ignore comment prendre possession de tous les trésors. »

état d'absence de satisfaction ne doit pas nécessairement revêtir un aspect de mécontentement, mais il a au contraire la qualité d'*avant-plaisir agréable* parce que, du point de vue économique, il s'agit de quantités qui ont été fragmentées par la distribution ; c'est dire que le terme « d'avant-plaisir agréable » fait pleinement valoir la qualité de l'expérience d'un sentiment du Moi qui est sain.

Cette discussion était indispensable pour montrer que nous avons utilisé le terme de « narcissisme » pour l'investissement en sentiment du Moi sans transgresser le contenu conceptuel voulu par celui à qui nous devons la découverte du narcissisme, bien que ses définitions propres comprennent toujours également la relation à l'objet comme *objet* d'amour, ainsi dans l'exemple le plus marquant, à savoir l'expression *s'aimer soi-même* qui, pour nous, est la caractéristique du narcissisme [10].

INVESTISSEMENT D'OBJET ET INVESTISSEMENT DU MOI

J'ai donc eu raison d'introduire le terme de « sentiment du Moi » *(Ichgefühl)* [11] dans les écrits psychanalytiques, comme je l'ai fait dans mon texte intitulé « Le narcissisme dans la structure du Moi », mais dans ce contexte je pourrais tout aussi bien parler de « libido du Moi » ou de « narcissisme sans objet ». Ce dernier terme désignerait également la dynamique des pulsions dans le sentiment du Moi, à savoir le fait qu'elle constitue l'étape d'avant-plaisir de la libido.

Il peut paraître surprenant de parler de « narcissisme sans objet », étant donné qu'il est de coutume de considérer et de désigner les termes de libido d'objet et de narcissisme comme des antithèses absolues, mais sur le plan conceptuel ils ne sont pas antithétiques, car certains types de narcissisme, abstraction faite du sentiment du Moi, ont toujours pour objet le Moi en totalité ou en partie. Les véritables termes antithétiques sont « l'investissement d'objet » et « l'investissement du Moi » ; le premier de ces termes indique que c'est l'objet qui est investi par la libido et ressenti comme désir agréable, pour le second de ces termes, c'est le Moi. L'objet de la présente discussion est précisément de décrire cette antithèse.

---

10. S. Freud, « Pulsions et destins des pulsions », *Œuvres complètes,* IV, 76.
11. Ce mot (terme originel allemand) apparaît dans « Deuil et mélancolie » de S. Freud, *Œuvres complètes,* IV, 155 : « On trouve chez le mélancolique... une chute extraordinaire de son amour-propre *(Ichgefühl),* un appauvrissement de son Moi dans des proportions importantes. »

C'est en faisant une supposition quelque peu différente de celle de Freud sur l'origine du sentiment du Moi, que nous nous rapprochons de ce que je crois être la conception correcte du matériau observé. Les suppositions auxquelles l'on aboutit par des moyens non psychanalytiques sont permises lorsqu'il s'agit de ces problèmes, étant donné qu'ils n'ont pas encore été examinés par des méthodes psychanalytiques, et peut-être ne pourront-ils jamais l'être par cette méthode.

LE SENTIMENT DU MOI EST PRÉSENT DÈS LE DÉBUT

La supposition de base de Freud est « qu'il est impossible de penser qu'une unité comparable au Moi existe dans l'individu depuis le début ; le Moi doit se développer... [12] ». Cette supposition provient de la nature non unitaire du « Ça ». Quant à moi cependant, je suis de l'avis qu'un sentiment du Moi est présent depuis le début, avant tout autre contenu de la conscience. Cette hypothèse correspond à celle formulée par bien des philosophes et psychologues [13] (et au point de vue que partagent beaucoup de biologistes) selon laquelle un germe de conscience — j'aimerais l'appeler sentiment rudimentaire du Moi — appartient à chaque organisme protoplastique, même le plus inférieur, et donc à chaque être vivant.

J'aimerais invoquer deux observations supplémentaires comme arguments en faveur de l'hypothèse selon laquelle un sentiment du Moi existe depuis le tout début. Il arrive parfois que pendant un court moment nous n'ayons pas de contenu idéationnel conscient, cependant nous sentons notre Moi corporel, et aussi distinctement nous éprouvons un sentiment du Moi psychique. Ce dernier est dénué de fonctions mentales ou émotions. Étant donné que celles-ci s'acquièrent graduellement, il est peu probable que le sentiment psychique du Moi puisse être préservé intact s'il n'avait pas été présent dès le début, quoique non distingué du contenu mental. De plus l'auto-observation montre que dans l'endormissement ou l'évanouissement le sentiment psychique du Moi est le dernier à disparaître. Le fait qu'il disparaisse en dernier plaide en faveur de l'idée qu'il était présent au début. Dans la conscience il était toujours lié à un contenu de sensations et plus tard également de représentations et pendant que celles-ci changeaient,

---

12. S. Freud, « Sur le narcissisme », *Œuvres complètes,* IV, 34
13. T. K. Œsterreich, *Die Phänomenologie des Ich in ihren Grund-problemen — (La phénoménologie du moi dans ses problèmes fondamentaux),* Leipzig, 1910.

un sentiment du Moi psychique devait nécessairement être présent comme trame de continuité de cet état changeant. Ce sentiment du Moi crée d'abord le Moi en englobant toutes les expériences et traces d'expériences et ensuite, en raison de l'investissement libidinal qui est continuellement nourri par les pulsions, il se fond dans le Moi.

En dernier lieu, un argument emprunté à la biologie vient confirmer l'idée que l'érogénéité du Moi est présente dès le début. Nous savons que les influences d'ordre chimique qui plus tard nourrissent les fonctions libidinales en tant qu'hormones, agissent de manière formatrice sur l'organisme dans sa totalité avant la naissance ; il n'y a pas de raison pour qu'ils ne fournissent pas également au psychisme dès son éveil l'élément libidinal qui se manifeste dans le sentiment du Moi.

L'INVESTISSEMENT NARCISSIQUE PRIMAIRE

Le renforcement progressif du Moi se produit par l'acquisition nouvelle de groupes entiers de représentations d'expériences et de leurs traces mnésiques, investis de poussées du Ça ; ils proviennent d'impressions internes ou externes ou encore de réactions à ces dernières — celles-ci sont uniformisées d'une manière en partie héréditaire, et en partie acquise, et le Moi, malgré leur dépendance par rapport aux forces individuelles du Ça, les arrange dans un ordre donné, les intègre et se les attache. Le sentiment du Moi, la libido du Moi primaire englobent chacune de ces nouvelles acquisitions. L'extension des frontières du Moi consiste en ce processus d'annexion et aussi en sentiment du Moi, et il nous suffit de nous rappeler le phénomène familier de régression pour comprendre la façon dont elles rétrécissent pathologiquement plus tard.

Ceci est la phase du développement du Moi où règne le narcissisme primaire. Car, tandis qu'a lieu l'incorporation au Moi, chaque phase du Moi atteint une satisfaction auto-érotique par le moyen de fonctions et de représentations nouvellement acquises. En d'autres termes, tandis que le Moi prend naissance et grandit, du plaisir est tiré des expériences ressenties par le Moi, parmi lesquelles celles qui sont vraiment accentuées auto-érotiquement — tout d'abord toutes celles de son propre corps, mais aussi celles de perceptions visuelles et auditives en accord avec le principe de plaisir, sont investies plus fortement de sentiment du Moi. Dans le sentiment du Moi de l'adulte les zones érogènes continuent de se montrer particulièrement sensibilisées. Cependant, le Moi tout entier aussi est l'objet de cet amour de soi primaire, dans la mesure où le corps tout entier est

*L'observation d'un animal trop gâté
révèlera sans équivoque un comportement narcissique.*

apprécié en son entier, dans les nombreux mouvements exécutés avec un plaisir auto-érotique et dans les plaisirs du regard et du toucher qui commencent très tôt. Il est plus difficile d'avoir une idée de l'investissement narcissique primaire des fonctions mentales, qui pour l'adulte semblent manquer de libido, et que nous appelons « arides » *. Cependant, l'observation du plaisir du Moi avec lequel les enfants font un jeu à partir de ces fonctions, ainsi que le fait que les névrosés et les malades souffrant de psychoses investissent beaucoup de libido dans ces fonctions, ne laisse aucunement douter qu'elles aussi sont investies à la fois de sentiment du Moi et de narcissisme primaire. Les états de dépersonnalisation mentionnés ci-dessus le confirment.

Nous comprenons maintenant pourquoi le « narcissisme primaire » à son degré le plus aigu, avec son fort Ça et son énergie de plaisir, éclipse le simple sentiment du Moi. Notre propre sentiment du Moi en tant que tel ne devient perceptible que lors du refoulement des expériences auto-érotiques et des traces d'expériences, avec un intérêt prédominant pour les objets. Mais même pour l'adulte le sentiment du Moi est à tel point obscurci par des contenus de conscience auto-érotiques et plus encore par des contenus de conscience libidinaux d'objet, que ce n'est que dans le cas de variations et de perturbations qu'il pourrait attirer l'attention des personnes qui pratiquent l'auto-observation et du chercheur.

Dans la mesure où le « narcissisme primaire » chez l'enfant englobe sa propre individualité, nous pouvons — une fois que notre attention s'y est portée — nous convaincre directement de son existence par l'observation du comportement de l'enfant. Le fait que chez les enfants le narcissisme soit plus nettement apparent que chez les animaux et aussi probablement que chez l'homme primitif, est dû à ce que la progéniture humaine est protégée pendant longtemps du danger du monde extérieur et de la crainte continuelle de celui-ci, car l'être humain connaît, de toutes les créatures, la plus longue période de dépendance. L'observation d'un animal domestique trop gâté, cependant, révélera également sans équivoque un comportement narcissique.

Dans la mesure cependant où le narcissisme primaire englobe le monde extérieur, nous ne pouvons pas l'observer mais seulement en déduire la présence. Il est par conséquent plus difficile d'envisager cette partie de la doctrine de la libido comme description de la réalité et il est coutume de la considérer comme pure théorie, car dans la

---

* En anglais *dry* (N.d.T.)

conception adulte du monde extérieur, les investissements d'objet l'emportent de si loin sur le narcissisme primaire que l'on ne peut faire l'expérience de ce dernier que dans des états de dévotion et de ravissement dont nous appelons les degrés extrêmes extase et union mystique [14] là où au dire de certains philosophes « commence le royaume de la liberté » et où semble prendre fin le *principium individuationis* avec les lois de causalité.

Cependant, le texte de Hans Sachs sur le narcissisme, le premier à paraître après la présentation de Freud, traitait de ce type de narcissisme qui se rapporte aux objets du monde extérieur, et dont le refoulement et la projection mènent à une conception animiste du monde telle que nous la trouvons chez l'homme primitif. Au stade du narcissisme primaire, l'enfant et l'homme primitif ont un comportement différent de celui que l'on note plus tard, après l'établissement de la frontière du Moi, lorsque les objets du monde extérieur sont sentis, et non pas seulement reconnus, comme étant extérieurs à l'individu. D'abord, les enfants font l'expérience de certains changements qui se produisent dans les objets extérieurs comme s'ils s'étaient produits en eux, et par conséquent ils réagissent avec colère et angoisse, avec plaisir et affliction, bien que « rien ne leur soit arrivé à eux » selon la conception de l'adulte. Ensuite, cependant, ils sont indépendants par rapport aux événements du monde extérieur parce qu'ils ont la faculté de lui substituer les représentations continuellement investies qu'ils ont de lui, et qui sont ressenties avec un sentiment du Moi complet.

LE SENTIMENT DU MOI PRIMAIRE COMPREND ÉGALEMENT LE MONDE EXTÉRIEUR

C'est pourquoi, au stade du narcissisme primaire prédominant, la frontière du Moi coïncide avec le monde conceptuel tout entier de l'enfant, dans lequel la conscience du moment choisit une petite partie qui dans son contexte ne correspond pas encore à la réalité. Nous pouvons supposer que les processus mentaux de cette période se produisent sous la forme de processus primaire ; l'apparition du déplacement, de la condensation, et de la substitution par le contraire est amplement démontrée plus tard par l'usage individuel des mots et par les néologismes. Mais même à ce premier stade la distribution des intensités d'investissement en libido est fonction de l'intérêt porté

14. Dans son texte « Zufriedenheit, Glück und Ekstase » (Le contentement de soi, le bonheur et l'extase), Hélène Deutsch a signalé le rétablissement d'une unité narcissique et l'expansion du Moi et de ses frontières, *Internat-Zeitschrift f. Psychoanalyse,* 1927, XIII, 410, 19.

au monde extérieur. C'est ce que l'enfant désire le plus fortement et fréquemment, qui obtient une désignation correcte tôt et de façon uniforme ; une telle désignation s'enracine plus solidement quand un besoin est satisfait. Par conséquent, de même qu'avec l'homme primitif, une sorte d'intégration de la réalité peut avoir lieu en dépit de l'investissement narcissique du monde extérieur parce que l'investissement narcissique n'est pas diffusé également sur le monde conceptuel tout entier, mais selon l'intensité de la satisfaction auto-érotique des zones érogènes atteintes par un objet, un investissement plus fort est concentré sur les représentations de cet objet particulier. La répétition et l'investissement plus intensifs des représentations d'objet vitales et désirées sont à ce stade tout à fait en accord avec le principe de plaisir.

Ainsi dès le départ, le sentiment du Moi primaire comprend également le monde extérieur, qui s'étend régulièrement grâce à de nouvelles expériences. Ses différentes parties, c'est-à-dire leurs représentations, sont investies de narcissisme, non pas de façon égale, mais avec une intensité variable, comme c'est le cas des parties du corps. Quoi qu'il en soit l'investissement d'objet est de nature purement narcissique et non encore investissement de libido d'objet. Les choses qui sont investies plus intensivement de narcissisme ne revêtent un caractère d'objet que par l'union du désir libidinal avec la fonction des pulsions autoconservatrices. Mais leurs représentations sont ressenties comme *appartenant au Moi,* bien que les objets soient désirés comme moyen de satisfaction par les pulsions auto-conservatrices et par la libido. Ce n'est que lorsque le jeune enfant ressent *la distance au Moi de l'objet* que le narcissisme primaire a perdu sa validité exclusive pour la fonction en question. Par exemple, aussi longtemps que la représentation du sein de la mère et le délice de sucer sont *investis de sentiment du Moi,* il est vrai que le plaisir de sucer et l'apaisement de la faim sont désirés ardemment et le sein est recherché comme moyen de parvenir à ses fins ; mais, bien que le sein de la mère soit véritablement désiré, il n'est pas encore extérieur au sentiment du Moi. Ce n'est que lorsqu'il est ressenti comme étranger, comme *retiré du sentiment du Moi,* qu'il reçoit un investissement libidinal d'objet. La compréhension du narcissisme primaire tel qu'on l'applique aux représentations du monde extérieur est facilitée par cette conception du sentiment du Moi.

UNE DÉFINITION DU NARCISSISME PRIMAIRE

C'est pourquoi, dans le narcissisme primaire, il n'y a pas investissements d'objet non investis de sentiment du Moi — tout ce qui cherche la satisfaction, tout ce qui la donne — le premier étant le sujet, le second, l'objet de la libido — est corporel et est, au niveau de sa représentation mentale, investi de sentiment du Moi, c'est-à-dire de libido-du-Moi intégrée. Tant que l'enfant n'a pas encore de représentation de son Moi propre, le Moi n'existe que comme sujet, et c'est seulement en tant que sujet qu'il fait l'expérience de lui-même en ses diverses parties. Le narcissisme primaire peut donc être considéré comme le niveau subjectal du Moi.

Le développement des investissements d'objet *en dehors* du Moi met fin à la domination exclusive du narcissisme primaire. Toutefois, il ne faut pas nous représenter cette période du narcissisme comme se terminant sur un événement particulier, ainsi que les manuels d'histoire le sous-entendent par exemple en séparant l'Antiquité du Moyen Age. Le monde extérieur n'est pas découvert tout à coup comme quelque chose qui est différent du Moi et, de ce fait, le Moi comme différent du monde extérieur. Le niveau objectal du Moi doit être délimité par chaque relation. Au début les objets sont acquis comme tels laborieusement l'un après l'autre ; dans le cas d'excitation pulsionnelle très intense — par exemple dans l'affect dû à un manque — l'investissement narcissique primaire peut quantitativement éclipser l'investissement d'objet à un point tel que toute « objectivité » quelle qu'elle soit ne peut que disparaître.

Avant d'aborder et de discuter le rôle du sentiment du Moi de l'individu au niveau objectal, j'aimerais attirer l'attention sur une différence qui existe entre la libido du Moi transformée en sentiment du Moi et le narcissisme primaire, phénomène qui peut être observé très clairement aussi chez l'adulte. Breuer le premier a formulé l'hypothèse que nous devons distinguer entre investissements statiques et investissements mobiles. Otto Gross a proposé la même idée de base dans sa doctrine des fonctions [15] primaires et secondaires. Dans ces écrits métapsychologiques Freud reconnut l'idée de Breuer comme étant d'une très grande perspicacité [16].

LE SENTIMENT DU MOI PRÉSENT DANS LE PLAISIR PRÉLIMINAIRE

Jusqu'à présent nous avons discuté le sentiment du Moi indépendamment de son renforcement auto-érotique au stade du « narcis-

---

15. O. Gross, *Die Cerebrale Sekundärfunktion (La fonction cérébrale secondaire)*, Leipzig, 1902.
16. S. Freud, « L'inconscient », *Œuvres complètes*, IV, 121.

sisme primaire ». La question se pose de savoir si ces deux composantes ne sont pas aussi différentes l'une de l'autre en ce qui concerne les états statiques et mobiles. L'observation de l'adulte nous enseigne que le sentiment du Moi dans la frontière du Moi concernée augmente chaque fois que l'attention ou la volonté sont dirigées sur un objet. Si nous attribuons au sentiment du Moi l'aspect d'avant-plaisir, la mobilité de l'investissement de la libido devient compréhensible, car avec chacun de ces accroissements la tension de plaisir préliminaire augmente et cherche à être satisfaite. D'un autre côté nous avons considéré comme une chose établie le fait que c'est précisément par la satisfaction auto-érotique que de très importantes portions du Moi sont plus fortement investies de narcissisme. Que ce soient un accroissement de la pulsion du Ça ou un stimulus provenant du dehors qui perturbent cet état de satisfaction, directement ou par l'intermédiaire de différents chemins préconscients ou inconscients, cela ne change rien. Dans chaque cas le facteur de plaisir préliminaire dans le narcissisme primaire, et de ce fait le sentiment du Moi de la frontière du Moi, seront accentués. En conséquence, nous pouvons supposer que dans chaque acte mental les investissements mobiles proviennent de la tension de plaisir préliminaire de la libido insatisfaite et que les investissements statiques correspondent aux quantités satisfaites de la libido.

LES INVESTISSEMENTS STATIQUES ET MOBILES

Cependant, cette distinction ne peut être l'explication dynamique correcte de l'opinion de Breuer, car c'est certainement avec satisfaction que la libido perd son énergie. Les investissements parviennent bien à un stade de repos après avoir été satisfaits. Mais ils cessent d'exister, ils ne continuent pas en tant qu'investissements « statiques ». Les satisfactions auto-érotiques — et de même plus tard les satisfactions libidinales d'objet — n'aboutissent ainsi en définitive qu'à des points de repos dans les fluctuations de la libido. En tant que tels, toutefois, ceux-ci ont une signification spéciale : à savoir que, puisqu'une fois obtenue, la satisfaction tirée des mêmes représentations et processus est recherchée à nouveau, ces points de repos seront toujours investis à nouveau de libido qui cherche satisfaction. La libido n'apparaîtra comme « statique » qu'autant qu'elle ne s'écoule pas dans d'autres directions mais au contraire trouve toute gratification en ces points. Ainsi nous pouvons parler en général d'investissement *apparemment* statique chaque fois qu'il ne s'écoule pas davantage de libido d'un élément psychique ou qu'il ne disparaît pas, après satisfaction, une plus grande quantité de libido qu'il ne s'en décharge sur cet élément. (Nous utilisons le terme « d'élément » dans un sens général pour désigner toute sorte d'appareil psychique ou de processus mental investi de libido.)

L'observation de la frontière du Moi permet de tirer d'autres conclusions en ce qui concerne le problème des investissements statiques et mobiles. Nous savons qu'en général, à l'état de veille, la frontière du Moi tout entière est constamment investie de sentiment du Moi. De là nous pouvons conclure que dans l'ensemble une certaine quantité de libido non satisfaite (du type de plaisir préliminaire) reste à l'état statique quoique non satisfaite. Cette quantité varie selon les individus et, chez un même individu, selon les différents éléments et fonctions. C'est seulement si cet investissement durable subit un accroissement qu'il aura tendance à se décharger. Ceci est une supposition très générale sous-jacente à la théorie de la libido et elle est confirmée une fois de plus par l'observation du sentiment du Moi.

De manière à ce que soit maintenu au repos bien plus que cette mesure de libido, il faut en empêcher l'écoulement et la satisfaction. L'examen de la frontière du Moi dans la dépersonnalisation montre que la libido d'objet ne peut pas s'écouler si la frontière du Moi se retire des objets en question ou des fonctions investies de libido. Ainsi nous voyons qu'une des manières de maintenir la libido à l'état de repos, c'est le retrait de l'investissement de libido de rencontre qui dans la dépersonnalisation est reconnaissable par le désinvestissement de la frontière du Moi en sentiment du Moi. Puis-je me permettre de faire remarquer ici que Freud a postulé le même mécanisme à l'origine du refoulement, dans la mesure où, dans ce phénomène, l'investissement est retiré par le préconscient ?

LE RETRAIT DE LA FRONTIÈRE DU MOI

Selon Freud il y a d'autres mécanismes encore qui empêchent la libido de s'écouler ; cependant, ils ne font pas partie de la question traitée ici. La discussion qui précède était importante pour le sujet car elle montrait que le retrait de la frontière du Moi, plus précisément le retrait du sentiment du Moi — empêche l'écoulement de la libido qui avait investi la représentation abandonnée par le Moi. Au cours de mon analyse des états de sentiment d'étrangeté et de dépersonnalisation, j'ai trouvé (ainsi que l'ont fait Reik et Sadger plus tard) que les expériences de terreur et d'angoisse sont la cause des états de sentiment d'étrangeté, c'est-à-dire du retrait de la frontière du Moi. En conséquence nous sommes en droit de supposer que l'homme primitif était obligé de détacher son Moi du monde extérieur et de n'abandonner le narcissisme primaire que laborieusement et sous l'effet de la pression exercée par le monde extérieur inquiétant. L'enfant suit le même développement, mais celui-ci est très nettement facilité par la puissante protection du père et de la mère.

PAUL FEDERN [17]

---

17. « Le Moi comme sujet et objet du narcissisme » (1928), P.U.F., coll. « Bibliothèque de psychanalyse », p. 297-310.

DEUXIÈME PARTIE

Quelques images
de Narcisse

« *L'amour de son corps conditionne
une bonne part de la vanité féminine normale.* »
*(*Vénus au miroir, *École de Fontainebleau. Mâcon, Musée municipal.)*

Chapitre I

Narcissisme féminin et homosexualité

Dans cette deuxième partie, nous allons examiner un certain nombre de textes d'auteurs très différents, à la fois quant à leur situation dans l'histoire du mouvement psychanalytique et à leur cadre de référence théorique. Tous les travaux que nous présentons abordent une ou plusieurs facettes du narcissisme. Le lecteur pourra ainsi se faire une idée de l'ubiquité de ce concept.

Le premier texte proposé est un article d'Otto Rank [1] qui a une valeur historique dans la mesure où il suit les ajouts de 1910 aux Trois essais *et le* Léonard *dans lesquels Freud établit les liens qui existent entre l'homosexualité et le narcissisme, mais précède l'article de 1914 où Freud compare le choix d'objet de l'homme et de la femme.*

Le « plein amour d'objet » serait caractéristique de l'homme. La « surestimation sexuelle » en est une composante essentielle : elle représente un déplacement du narcissisme originaire de l'enfant sur l'objet sexuel et se trouve à l'origine de la passion amoureuse qui, selon Freud, appauvrit le Moi d'une partie de sa libido au profit de l'objet. Freud avait déjà traité de la surestimation sexuelle dans les Trois essais, *sans la rattacher à proprement parler au narcissisme ; il la plaçait entre autres à la base de l'aveuglement que provoque l'amour et à la source de l'autorité.*

Il écrivait déjà que « l'importance de la surestimation sexuelle peut être étudiée particulièrement bien chez l'homme qui, seul, représente

---

1. Otto Rank, « Ein Beitrag zum Narzissismus », *Jahrbuch für psychoanalytische und psychopathologische Forschungen,* III, 1911 (une contribution au narcissisme), traduit de l'allemand par Monique Bydlowski et Christine Lévy-Friesacher, *Topique,* novembre 1974, nᵒ 4, p. 23-49.

une vie érotique accessible aux recherches, tandis que la vie érotique de la femme, en raison d'une atrophie venant de la civilisation, en partie aussi à cause de réserves conventionnelles et d'un certain manque de sincérité, est encore entourée d'un voile épais ». Dans le texte de 1914, on a pu voir que, selon Freud, le type féminin de choix d'objet ne comporte pas de surestimation sexuelle. Il s'agit d'un choix d'objet narcissique : la femme n'aimant « à strictement parler » qu'elle-même, elle ne cherche pas à aimer mais à être aimée. Ce n'est qu'à son enfant qu'elle vouera un « plein amour d'objet ».

Freud distingue ainsi un choix d'objet par étayage qui serait caractéristique du choix d'objet masculin (la mère qui nourrit étant le prototype de ce choix objectal) et un choix d'objet narcissique caractéristique de la femme. Il nous dit que bien des femmes s'écartent du choix d'objet narcissique et connaissent la surestimation sexuelle et nous assure que tout parti pris de rabaisser la femme dans sa description de la vie amoureuse féminine lui est étranger.

En 1920, Freud écrira un article intitulé « Sur la psychogenèse d'un cas d'homosexualité féminine » où il montrera comment une jeune fille, à partir d'une déception œdipienne relative au père, régresse à un choix d'objet homosexuel. Le texte d'Otto Rank préfigure certains éléments relatifs au narcissisme féminin exprimés dans l'article de 1914 de Freud, ainsi que son article de 1920 sur un cas d'homosexualité féminine. Il convient de remarquer que Freud ne cite à aucun moment l'étude de 1911 d'Otto Rank dont nous proposons ci-dessous de larges extraits. Ce texte présente un autre intérêt : l'auteur, dans l'analyse du premier rêve, distingue le cadre, *constitué par les pensées diurnes et les fantasmes, et le* tableau *qui représente la scène narcissique. Il relie aussi la* forme *du rêve à son* contenu. *On peut remarquer que dans le contenu du rêve lui-même apparaissent des photos et des tableaux.*

Dans cette façon d'accorder de l'attention aux relations entre la forme et le contenu est préfigurée une méthode d'analyse littéraire. Otto Rank s'est de fait beaucoup attaché à l'étude de textes littéraires et de mythes.

C'est à H. Ellis qu'il revient d'avoir le premier désigné le fait d'être amoureux de sa propre personne comme un état pathologique et une forme d'auto-érotisme. Depuis, ce phénomène, que Näcke, à la suite de Ellis, a nommé « narcissisme » n'a été que rarement et superficiellement abordé. Notamment, en dépit de quelques indications données par Ellis sur des cas cliniques et des exemples littéraires, rien n'est connu des origines ni du sens profond de cet étrange phénomène.

C'est la recherche psychanalytique qui est venue, ici encore, jeter une première lumière sur la genèse et le caractère psycho-sexuel présumé de cet investissement particulier de la libido. Pourtant, jusqu'ici, sa signification pour la vie psychique et amoureuse de l'être humain n'a pas été pleinement appréciée. De nouvelles expériences psychanalytiques concernant des patients aux tendances homo-sexuelles ont d'abord permis de concevoir le narcissisme, c'est-à-dire l'amour de sa propre personne, comme un stade normal du développement qui prépare la puberté et qui est censé assurer la transition nécessaire entre l'auto-érotisme et l'amour objectal.

NARCISSISME ET HOMOSEXUALITÉ

La psychanalyse d'hommes invertis a montré comment l'arrêt à ce stade narcissique transitoire pouvait orienter l'attrait pour des personnes du même sexe. « Ceux-ci passent pendant les premières années de l'enfance par une phase de courte durée où la pulsion sexuelle se fixe d'une façon intense sur la femme (la plupart du temps sur la mère) ; après avoir dépassé ce stade, ils s'identifient à la femme et deviennent leur propre objet sexuel, c'est-à-dire que partant du narcissisme, ils recherchent des adolescents qui leur ressemblent et qu'ils veulent aimer comme leur mère les a aimés eux-mêmes [2] ».

Même si ce mécanisme de refoulement particulier est difficile à admettre par un sujet hétérosexuel, il n'en est pas moins vrai qu'il est à la base d'un certain type d'homosexualité masculine ; par contre, nous manquons complètement d'expérience psychanalytique et d'explication quant aux tendances à l'inversion manifeste chez la femme. Cela est d'autant plus regrettable que dans la vie psychique et amoureuse de la femme normale, les tendances homosexuelles latentes (inconscientes) semblent se manifester de manière plus intense et moins inhibée que celles qu'on observe dans les amitiés masculines, souvent hautement sublimées.

La communication qui suit ne prétend en aucune façon combler cette lacune de notre compréhension, mais voudrait apporter une modeste contribution au thème du narcissisme féminin et montrer

2. S. Freud, *Trois essais sur la théorie de la sexualité,* G.W., V, 44, n° 1, Fr 167-8, n. 13 (ajout de 1910) ; J. Sadger, « Un cas de perversions multiples avec absences hystériques », *Jahrbuch für psychoanalytische und psychopathologische Forschungen,* II (1910).

comment l'amour de son corps conditionne une bonne part de la vanité féminine normale, comment il est en relation étroite avec la tendance — inconsciente — à l'homosexualité, comment enfin cet amour-là va compter dans la vie amoureuse hétérosexuelle normale.

Il s'agit d'une jeune fille ni particulièrement névrosée ni visiblement invertie, mais dont les tendances homosexuelles latentes ont pu être démontrées par l'analyse détaillée d'un de ses rêves. Elle rapporte ce rêve exquisement narcissique dont je limiterai l'interprétation au complexe narcissique dominant qu'il contient, tandis que je ne ferai qu'effleurer le reste du matériel encadrant ce complexe nucléaire.

UN RÊVE EXQUISEMENT NARCISSIQUE

« On sonne. La servante frappe à ma porte et dit : il y a une lettre pour vous, Mademoiselle, et me l'apporte au lit. C'est une enveloppe bleue, imprimée de noir, comme une enveloppe commerciale. J'ai pensé : de qui est donc cette lettre ? J'ai tout de suite su que c'était de W. J'en étais très contente, je me suis assise et l'ai vite ouverte. Son contenu était fait de trois lettres pliées ensemble comme un livre. La première était une lettre d'amour avec ce texte, à peu près : il se réjouit de m'avoir lue et d'avoir maintenant mon adresse. Il était surpris d'avoir encore de mes nouvelles. Il pensait toujours à moi, regardait chaque jour mon portrait (un grand tableau) et enviait celui qui pouvait me voir en réalité. Il me raconte qu'il est marié et me demande comment je vais. Il croit que je suis aussi mariée et heureuse et que tout va bien pour moi. Bien qu'il ait une femme, il pense donc surtout à moi (j'ai alors pensé qu'il aurait bien aimé m'épouser mais qu'il avait dû prendre une femme riche). D'ailleurs il joint à sa lettre un portrait de sa femme.

Je prends alors la deuxième lettre. Dans sa partie supérieure, figuraient, imprimés en noir, les mots : EN RÊVE. De son contenu qui était beau et poétique, je n'ai rien retenu. J'ai pensé qu'il avait dû l'écrire en rêvant, c'est-à-dire en rêverie diurne (fantasme), couché, étendu et rêvassant. Je me suis dit alors que je devais chercher sa femme ; j'ai pris la troisième lettre qui contenait des portraits reliés ensemble comme un livre. Je l'ai feuilletée dès son début. D'abord il y avait des portraits de buste, flous, qui ne m'intéressaient pas. En feuilletant plus loin, je suis tombée sur un beau portrait et me suis dit : ce ne peut être sa femme ! Se pourrait-il qu'il ait une femme aussi belle ! J'ai tourné la page, mais je suis tout de suite revenue au beau portrait pour lire ce qui était dessous et voir si ce n'était pas quand même sa femme. J'ai vu qu'il n'en était rien, qu'il y avait là un autre nom (il m'était connu mais je l'ai oublié). J'ai continué à feuilleter... de nouveau une femme moins belle... et sous ce portrait j'ai lu le nom de sa femme (c'est-à-dire celui de W.). J'ai alors pensé : avec cette femme-là je veux bien croire qu'il pense toujours à moi.

Alors je suis revenue en arrière au beau portrait et me suis absorbée dans sa contemplation. C'était une silhouette féminine nue (ou comme vêtue d'un collant) et en position assise ; elle avait les bras croisés sur sa poitrine et les jambes tendues, pieds croisés. J'ai surtout vu son visage et la partie inférieure de son corps. Avant tout j'ai remarqué son visage : d'abord ses cheveux et leur coiffure ornée d'un ruban et je me suis dit qu'elle les portait comme moi. Ses yeux m'ont rappelé les miens sur l'un de mes portraits et la forme de son visage était semblable à la mienne. Puis j'ai remarqué ses belles jambes et le bas de son corps qui me rappelait aussi le mien. Ce portrait me plaisait beaucoup et je m'absorbais amoureusement dans sa contemplation. Je l'ai regardé très longuement et je me suis dit qu'il aurait pu être peint par Rubens (peut-être même était-il de Rubens).

J'ai ensuite eu l'impression d'avoir parlé avec W. mais je ne sais pas si c'est vrai ni où cela se passe, si c'est chez lui ou chez moi. Je voyais simplement son visage, sa tête. »

SITUATION DE LA RÊVEUSE

Je voudrais brièvement résumer la situation actuelle de notre rêveuse, qui fournit le contexte dans lequel s'inscrit ce reflet important de sa vie psychique inconsciente. Cette jeune fille se trouve au cœur d'un conflit personnel aux racines psychiques profondes et aggravé par des contraintes extérieures ; il s'agit pour elle, ou bien d'acquérir une situation sociale indépendante ou de trouver un mari ; ou bien de quitter le lieu qu'elle habite et de prendre le risque de se rendre dans une ville d'Allemagne centrale, pour laquelle elle a un faible. Cette impulsion apparemment immotivée s'explique par son désir secret d'y rencontrer un certain jeune homme qui lui a autrefois fait la cour, dont elle a gardé un tendre souvenir mais dont elle n'a pas entendu parler depuis quelques années. Ce jeune homme est la personne désignée par W. dans le rêve et une série de détails s'expliquent comme autant de simples remémorations de l'époque de ses relations avec lui. Ainsi l'enveloppe bleue imprimée de noir est celle qu'il utilisait pour lui écrire aux premiers temps de son absence. Ainsi la partie de la lettre qu'elle lit dans le rêve provient d'une lettre de lui qu'elle a lue si souvent au point de la savoir par cœur. La jeune fille avait envoyé, en souvenir, à son ami, un grand portrait à l'huile la représentant. Et dans cette même lettre il lui disait cette phrase que reprend le rêve : il pense toujours à elle, il contemple quotidiennement le portrait et envie ceux qui la voient réellement. Les éléments qui précèdent cette simple phrase reprise dans la lettre du rêve, et ceux qui la suivent ne proviennent plus de souvenirs de lettres réelles mais sont des fantasmes partiellement manifestes, partiellement dissimulés, d'accomplissement de désir. En fait, avant de partir pour l'Allemagne, au hasard, elle avait pensé lui donner signe de vie pour éventuellement savoir s'il y séjournait encore et s'il n'était pas déjà marié. Elle y avait renoncé, du fait de son indécision habituelle. Le rêve montre donc, réalisé, ce dessein de lui écrire ; la lettre de W. vient en réponse à la sienne et à la communication qu'elle lui a faite de son adresse... La tendance à l'accomplissement du désir avait su s'imposer ; elle recevait une lettre de lui sans avoir à faire les premiers pas ! La fin de la lettre, où il annonce son mariage, exprime la crainte secrète de la rêveuse, et vient en contradiction non seulement avec le début de la lettre mais aussi avec la tendance à l'accomplissement du désir ; c'est aussi le mariage réalisé de notre rêveuse (mais avec un autre homme) qui est indiqué ici.

LA RÊVEUSE S'ADMIRE ELLE-MÊME À TRAVERS LE PORTRAIT

La contradiction apparente entre l'accomplissement du désir et l'annonce du mariage de W. trouve sa solution et son éclaircissement dans la reviviscence d'une situation infantile : cette situation conditionne la vie amoureuse de cette jeune fille et nous conduit à la signification de la scène narcissique dont nous allons maintenant nous occuper.

Ayant en tête la préoccupation du mariage de W., il est compréhensible qu'elle cherche à savoir si le prétendant qu'elle a en vue n'est pas déjà marié, et en ce cas à quoi ressemble la femme qui aurait pu prendre sa place comme elle avait pris sa pose (et sa position) sur la photographie.

Le rêve la rassure : il ne s'est marié avec une autre que pour des raisons matérielles, cette femme est moins belle qu'elle et n'a pas pu la chasser de son souvenir. Ce triomphe sur sa rivale qui a même annulé le projet de mariage avec W. et qui introduit la concurrente représente une des conditions de sa vie amoureuse, provenant de sa situation infantile : le désir de dépasser sa mère en beauté et de la supplanter auprès de son père. Et comme dans « Blanche-Neige »

la Reine, après son triomphe sur sa rivale, se retourne orgueilleuse-
ment vers l'image de son Moi dans le miroir, chez notre rêveuse la
libido déçue dans son attente se retourne sur sa propre personne.

C'est à la contemplation tendre et à la description de ses avantages
qu'est consacrée toute la scène suivante du rêve.

Il est évident, dans le récit du rêve, que la rêveuse s'admire
elle-même à travers le beau portrait. Consciemment, elle se reconnaît
sans hésitation dans ce portrait, et elle ajoute même que le détail des
pieds croisés suffit à l'identifier. C'est là sa position favorite, surtout
lorsque, couchée, elle rêve (elle fantasme)... comme elle le prête à
W. dans son rêve.

ASPECTS HOMOSEXUELS DU MYTHE

Le fait qu'elle ne se reconnaisse pas dans le rêve est d'abord l'œuvre
de la censure qui trouve indécent l'amour conscient pour sa propre
personne ; en outre, ce fait vient discrètement trahir les bases
narcissiques de l'amour homosexuel ; en effet, le contenu manifeste
du rêve vient dire qu'elle tombe amoureuse d'un portrait féminin qui
lui ressemble « à s'y méprendre » justement parce qu'il lui ressemble
tant.

Cet amour pour son image, qu'elle ne reconnaît pas, trahit l'impact
narcissique dans le choix d'objet homosexuel. Cet amour est à la base
de la légende de Narcisse (légende de l'Eubée et de la Béotie). D'après
Ovide (*Metam.* III, 402-510), il s'éprend tellement de son image
reflétée dans l'eau, qu'il prend pour un beau jeune homme, qu'il en
dépérit. Pour le poète latin (et c'est peut-être de son invention), cet
amour de soi torturant vient en punition d'avoir dédaigné l'amour
d'Écho, tandis que pour Wieseler (*Narkissos,* Göttingen, 1856) il s'agit
d'un pur amour de soi.

Mais le mythe révèle aussi des aspects homosexuels : Ameinas se
suicide devant la porte de Narcisse lorsque celui-ci envoie une épée
en réponse à ses avances.

Sur les fresques de Pompéi, Narcisse se dénude pour admirer ses
formes dans l'eau (voir le *Lexique de Mythologie gréco-latine* de
Roscher).

Plus nettement que dans ce qui précède, on trouve la personnifica-
tion de l'image dans le miroir dans une légende voisine contée par
Plutarque (*Moralia,* Quest. conv. V, 7,3). Eutelidas aurait trouvé si
beau son visage reflété par l'eau que ce dernier, le regardant
méchamment, lui aurait fait perdre santé et beauté.

Sur les fresques de Pompéi,
Narcisse se dénude pour admirer ses formes dans l'eau.
(Musée de Naples.)

L'ART DU PORTRAIT : SUBLIMATION DE L'AMOUR NARCISSIQUE

A une question directe, notre rêveuse avoue avoir éprouvé depuis la puberté un certain amour pour sa personne, amour encore renforcé au cours des années par les compliments et l'admiration des hommes et des femmes.

D'abord c'est naturellement son visage qui lui plaît le plus, ensuite la partie inférieure de son corps à partir des hanches et surtout les jambes. Ces mêmes détails qu'elle aime regarder sur les portraits de femmes belles et bien faites, et qu'elle souligne dans le rêve, sont ceux dont elle est fière dans la réalité, au même titre que de sa belle chevelure et de ses yeux hors du commun.

Cette peinture amoureuse de la beauté de son propre corps — en rêve — fait penser aux nombreux autoportraits que presque tous les grands peintres ont laissés derrière eux. Il paraît non douteux qu'à la base de cette étude détaillée et de cette restitution amoureuse des traits de son propre visage, il y a un amour narcissique pour sa propre personne. La série d'autoportraits que le plus grand des portraitistes, Rembrandt, a mis sur toile avec une maîtrise incomparable, fait pressentir un lien profond entre l'art du portrait et une certaine forme de sublimation de l'amour narcissique.

Dans le roman d'Oscar Wilde, *Le Portrait de Dorian Gray,* il s'agit surtout de l'amour pour son portrait qui fait découvrir au héros sa propre beauté ; et le peintre Basil Hallward déclare : « Tout portrait peint avec sentiment est le portrait de l'artiste et non celui du modèle. Ce dernier n'a servi que de prétexte. Ce n'est pas lui que le peintre représente, c'est le peintre lui-même qui se révèle sur la toile. »

Il en est de même lorsqu'un poète parle de lui-même, lorsqu'un acteur écrit son propre rôle ou lorsqu'un auteur joue dans sa propre pièce.

Il est superflu de souligner que notre rêveuse se regarde volontiers dans sa glace et presque chaque matin contemple son corps nu lorsqu'elle est allongée, au lit, les pieds croisés. Mais ce thème de l'admiration narcissique de son image dans le miroir — à l'origine du mythe grec de Narcisse — revient si souvent et de façon tellement identique, qu'il autorise une petite digression sur ce point de détail.

L'IMAGE DANS LE MIROIR

Dans un autre de ses rêves, la jeune fille vit dans un grand miroir (comme sur un chevalet) son image reflétée jusqu'à la taille et cela lui plut beaucoup. Elle ne vit donc que l'image dans le miroir et non sa propre silhouette face à celui-ci. Elle avait vu la veille du rêve chez un marchand de tableaux un tel « portrait dans le portrait » : une jeune fille nue se mirant dans une glace et dont l'observateur ne voyait donc le visage que dans le miroir.

Également dans un rêve antérieur(publié dans le *Jahrbuch* II) les scènes de miroir en relation avec ses traits de vanité jouent un rôle important. Plus tard, elle eut l'occasion de dire qu'il lui arrivait d'avoir une excitation sexuelle lorsqu'elle se coiffait longuement devant son miroir. Parfois, elle en concevait de la mauvaise humeur (...)

LES CHOIX D'OBJET DU SUJET NARCISSIQUE

La jeune fille du rêve regarde volontiers de beaux portraits de femmes (« Rubens »), de préférence même à des femmes vivantes ; mais elle s'intéresse moins aux corps nus qu'à la tête et qu'aux traits du visage qu'elle compare toujours avec les siens, comme dans le rêve, elle compare les deux portraits. Dans ce trait, on voit que les intérêts homosexuels dépendent étroitement des intérêts narcissiques. Ainsi on peut distinguer, d'une part, un narcissisme, prenant place nettement à la puberté, et n'influençant que le choix d'objet futur pour une personne qui lui ressemble ; d'autre part, il existe une homosexualité se dessinant aussi à la puberté de façon décisive et qui va déterminer le sexe de l'objet d'amour à choisir. Ici encore se démontre comment les deux déterminants du choix amoureux se rejoignent en passant par un idéal infantile. On a déjà montré que la rivale « moins belle » du deuxième portrait représente un substitut de la mère à partir de laquelle, en dernier lieu, s'éveille et s'établit la tendance homosexuelle de la fille. A l'origine, cette tendance était bisexuelle, c'est-à-dire indifférenciée ; ensuite, comme nous le savons pour un type d'homosexualité masculine, survient une période intense mais brève de fixation à la mère, fixation qui cependant suffit à conserver une part excessive de sentiments homosexuels inconscients, malgré le refoulement énergique de ce penchant homosexuel et le développement ultérieur normal de sentiments hétérosexuels manifestes (stade de l'inceste). Cette image maternelle peut donc ne pas se répéter exactement dans le choix de l'objet d'amour grâce, d'une part, au refoulement du penchant pour elle et d'autre part, à la différence d'âge (La Beauté) qui est gênante pour le sujet sexuellement mature ; c'est ici que le narcissisme vient introduire une modification en ce sens que le choix d'objet, fonction de sa propre personne, peut se porter sur des sujets plus adéquats en âge et en beauté. Ceux-ci, du fait de la ressemblance qui existe habituellement, d'une manière ou l'autre entre mère et enfant, représentent en réalité des éditions rajeunies des premières personnes aimées, autrement dit un mélange entre le Moi et la mère.

Le désir de se rajeunir et ses racines dans l'amour de soi viennent se trahir dans les vœux, ouvertement exprimés de notre rêveuse, de toujours rester jeune et belle comme maintenant. Une catégorie d'homosexuels masculins réalisent le même souhait ; ils essaient d'éterniser comme objet d'amour leur propre personne telle qu'elle a été, à un certain stade de leur développement, en choisissant répétitivement des jeunes gens qui leur ressemblent. Il y a une dimension semblable, encore plus nettement narcissique dans le roman d'Oscar Wilde lorsque se réalise le désir extrêmement vaniteux de Dorian Gray, sujet incontestablement homosexuel : il souhaite rester toujours beau et intact, tel que le montre son portrait de jeunesse et espère voir les traces de l'âge, du péché et de la déchéance s'inscrire sur les traits du tableau. Au début, Dorian, qui est clairement présenté comme narcissique, aime son portrait et son corps : « Matin après matin, il s'est assis en face du tableau, a admiré sa beauté, et en a souvent éprouvé un véritable ravissement. » « Une fois, il avait même, tel Narcisse, exalté comme un enfant, embrassé les lèvres peintes. » Plus tard, lorsque le portrait a commencé de vieillir et d'enlaidir, et lui a montré ses péchés, tel le miroir de son âge, Dorian a commencé à le haïr et à l'éloigner de ses yeux.

Mais l'auteur, intuitivement, ne connaît pas seulement le caractère défensif du narcissisme et l'amour objectal narcissique, il connaît aussi la névrose qui résulte du narcissisme superficiellement dépassé et incomplètement refoulé. Comme le peintre qui réalise le miracle de faire un portrait dans le portrait, l'auteur fait lire au héros de son roman, un roman dont le héros est l'opposé absolu de Dorian Gray — « Il a une peur grotesque des miroirs, des surfaces métalliques polies et de l'eau qui dort ; cette peur a saisi le jeune Parisien très tôt dans sa vie et a été déterminée par la subite déchéance de son extraordinaire beauté. »

En outre, l'auteur mentionne, apparemment sans y mettre d'intention, la « saisissante ressemblance » de Dorian à sa mère dont il a hérité « la beauté et la passion pour la beauté insolite ». On voit ici que le sujet narcissique a deux façons de réaliser son choix d'objet : ou bien il tombe amoureux, homosexuellement, d'un autre lui-même, ou bien il recommence d'aimer dans son propre corps une autre personne (ici sa mère) jadis aimée.

De façon identique, d'après Pausanias, le Narcisse du mythe grec

L'autoportrait, sublimation de l'amour narcissique.
(Autoportrait, par Rembrandt. Bibl. des Arts décoratifs.)

aime et admire dans son reflet moins sa propre personne que sa sœur jumelle bien, aimée, qui lui était identique par l'apparence et le vêtement, et qui est morte.

ELLE N'AIME QU'ELLE-MÊME EN LUI

Si maintenant, partant de l'homosexualité restée latente de notre cas et d'autres exemples analogues, cliniques ou littéraires, nous essayons de tirer des conclusions, nous arrivons à définir un groupe de sujets caractérisés par une fixation de leur tendance à l'inversion sexuelle du fait du refoulement intense d'une fixation originelle puissante à leur mère, et qui, par identification à celle-ci, choisiraient leurs objets d'amour selon le modèle maternel et dans le sens de la tendance narcissique — tendance au rajeunissement. Ce mécanisme correspond tout à fait à ce que Freud et Sadger ont découvert chez certains homosexuels masculins. Mais notre rêveuse est, au plan manifeste, hétérosexuelle et la part maternelle dans son choix d'objet est par conséquent très réduite. En effet, le refoulement intense de son penchant pour sa mère a affadi cette influence dans sa vie amoureuse et a empêché son homosexualité de devenir manifeste. Par contre, comme le montre clairement le rêve, les composantes narcissiques sont fortement soulignées et se maintiennent dans la vie amoureuse normale de cette jeune fille, de façon bien particulière. Elle affirme ne pas comprendre du tout les femmes capables d'aimer un homme sans retour ou avec une faible réciprocité. Elle exige de l'homme qu'elle aimerait un amour particulièrement romantique, de l'adoration et du respect (cf. la lettre poétique écrite EN RÊVE). Elle dit « je ne peux l'aimer que s'il m'aime, sinon je ne le pourrais pas », et elle trahit ainsi qu'elle ne peut aimer l'homme choisi aussi selon d'autres critères précis, qu'en passant par sa propre personne : elle l'aime parce qu'il l'aime, comme pour le récompenser de reconnaître pleinement sa beauté et sa valeur. En s'exprimant de façon mathématique on peut dire : elle s'aime et il l'aime, par conséquent elle l'aime aussi, mais en réalité elle n'aime qu'elle-même en lui.

Le vrai sens du rêve, sa place et sa signification pour toute la vie psychique, s'éclaire maintenant.

Elle fuit son indécision actuelle quant au mariage, elle refuse la vie amoureuse hétérosexuelle, elle ne se décide pas à choisir un mari et elle régresse au stade antérieur du narcissisme : elle exprime en fait ce qu'on pourrait brièvement formuler ainsi : « Le mieux serait de rester avec moi-même et de m'aimer toute seule . »

Une bonne partie de son égoisme exacerbé prend place dans l'amour qu'elle se porte. Le tableau donné à W. en souvenir, elle l'aurait bien gardé pour elle et aimerait l'avoir encore maintenant. Elle justifie logiquement ce vœu égoiste et narcissique qui symbolise clairement le détachement de sa personne (son portrait) de l'homme (W.) et le repli libidinal sur elle-même, en disant qu'il est déjà marié et que le portrait, par conséquent, n'a plus de valeur pour lui (le rêve montre le contraire : il est bien marié, mais le portrait n'a fait que prendre davantage de valeur) : W. ne mérite plus de le posséder, s'il a cessé de le regarder quotidiennement comme il écrivait qu'il le faisait ; elle voudrait bien savoir s'il le vénère encore autant, et là aussi le rêve la rassure. Elle ne lui accorde pas plus le portrait, que la possession de sa propre personne (il n'est pas possible qu'il ait une aussi belle femme ; ensuite, elle feuillette en arrière pour savoir si ce n'est tout de même pas sa femme ; elle se demande une fois de plus si elle doit l'épouser et arrive de nouveau à une conclusion négative).

Elle s'aime elle-même beaucoup trop pour pouvoir accorder à autrui de la posséder et ne peut aimer un autre qu'en passant par sa propre personne [3]. Il y a résistance aux idées de mariage du fait, d'une part qu'elle s'aime beaucoup trop pour cela et d'autre part, qu'elle a investi une part libidinale excessive dans sa propre personne. C'est pourquoi l'analyse du rêve montre que la partie principale des affects est concentrée sur sa propre image et non comme on le voit sur le prétendant qui n'est là que pour donner du relief à l'admiration et à l'amour qu'elle se porte.

LA FORME ET LE CONTENU DU RÊVE

Pour finir, qu'on me permette de donner quelques indications sur la structure particulière et la forme de ce rêve.

Au début, il y a au premier plan W. et sa lettre qui représentent le conflit entre les désirs et les contraintes extérieures : se marier ou ne pas se marier, W. ou un autre, partir ou rester. Ensuite le rêve passe par le mariage de W. et aboutit à la situation narcissique centrale pour s'achever subitement en revenant à W. qui, entre-temps, avait été mis de côté. A la fin du rêve, elle voit le visage de W., et lui parle, ce qui suppose qu'ils sont réunis. Elle semble avoir une sorte de compréhension de sa propre indécision lorsque, dans le rêve, elle ne sait pas si elle est chez lui ou s'il est chez elle, — ce qui est indiqué dans la lettre. Et ce n'est pas par simple analogie que nous parlons, en transposant le contenu central du rêve, d'un *cadre* constitué par ses pensées diurnes et ses fantasmes, et d'un *tableau* — la scène narcissique — correspondant à la projection de son état intérieur hors de son inconscient. Cette façon de voir perd son caractère (forcé) si l'on reconnaît qu'il n'est pas rare de voir apparaître des parties du contenu du rêve dans certaines bizarreries de sa forme (Freud : *Interprétation des rêves,* pp. 29 et suivantes) et que cette façon de cadrer son rêve dans un contexte revient une deuxième fois. Le début et la fin du rêve, qui sont étroitement liés, sont néanmoins séparés par l'inclusion de la scène narcissique. De la même façon, dans la lettre du rêve, le début et la fin en tant que désir conscient et que crainte sont liés et ici encore séparés, par l'allusion au portrait ; cette allusion se détache du contexte comme une citation mot à mot.

On pourrait trouver étrange cette façon de cadrer le rêve et de recourir à un tableau qui s'exprime dans le caractère essentiellement imagé du rêve, et pourtant on retrouve cette relation dans la condition psychologique de la rêveuse qui est habituée à ne considérer son

---

3. Le professeur Freud m'a aimablement fait remarquer que cette disposition narcissique chez la femme jouait un rôle important et éclairait bien des énigmes de la vie amoureuse humaine.

entourage que comme une pure enveloppe, un cadre pour son Moi admiré et aimé.

Otto Rank rapporte le récit d'un second rêve de la jeune fille qui confirme son analyse du premier. Y figure un homme appelé M.

Nous avons déjà indiqué, dans l'interprétation du premier rêve, que l'intensité avec laquelle la jeune fille revivait ses désirs narcissiques était liée à une déception de ses exigences amoureuses extrêmes ; nous retrouvons la même idée inconsciente dans le second rêve : les hommes sont mauvais et incapables d'amour, pleins d'incompréhension pour la beauté et la valeur des femmes ; elle ferait mieux de revenir à sa position narcissique antérieure et d'aimer sa propre personne indépendamment de l'homme.

Un rêve narcissique ultérieur, de cette même jeune fille (dont nous ne communiquerons le texte et l'interprétation que dans la mesure où ils vérifient ce qui précède) vient montrer de façon convaincante qu'une telle déception amoureuse est capable d'entraîner la régression de la libido sur la voie de l'amour narcissique de soi.

LE TROISIÈME RÊVE

« J'ai rêvé que j'étais dans une prairie, près d'un cours d'eau où je voulais me baigner. A peine avais-je plongé dans l'eau, nue, qu'une amie est arrivée et m'a dérangée dans mon bain ; j'ai dû alors en sortir et cela m'a été désagréable. Nous avons ensuite traversé un chemin pour arriver à une autre prairie fleurie et j'ai vu tout à coup que nous étions trois, deux jeunes filles et moi. Nous nous sommes couchées toutes nues dans l'herbe, moi au milieu ; nous étions ainsi disposées : les pieds réunis et les corps séparés, de façon à former un éventail, et je ne me lassais pas de contempler cette scène.

«Nous avons aperçu au loin une voiture qui arrivait, j'ai dit « vite, levez-vous » et les deux jeunes filles ont disparu.

«Ensuite je me suis brusquement trouvée dans une pièce élégante et à ma grande surprise, il y avait dans un coin, un magnifique tableau avec un cadre doré, appuyé au mur. Il représentait une belle jeune fille grandeur nature. Elle était nue et elle avait simplement autour de la taille une ceinture turque avec un nœud. Elle avait de longs cheveux noirs, ondulés et défaits qui me plaisaient bien, des yeux noirs, des joues rouges, les mains croisées dans le dos, une jolie poitrine... bref, elle me ressemblait. Ses jambes aussi étaient nues. Elle regardait au sol. Le tableau était plus beau que tout ce que j'avais vu auparavant ; je ne pouvais m'en rassasier. Il me semblait la connaître et je me demandais à qui elle ressemblait. Je me suis dit : Si P. pouvait voir ce tableau, il lui plairait sûrement. Le tableau disparut et je me suis trouvée dans une grande salle entourée d'un public. J'étais gênée et je me suis avancée : est alors arrivée une jeune fille vêtue d'une robe de princesse blanche, les cheveux défaits, de la même couleur que ceux du portrait. Elle regardait au sol et avait l'air triste. Arrive ensuite un chevalier en costume rouille, avec un ceinturon, un sabre et un grand chapeau « espagnol » orné d'une plume d'autruche rose. Il était rasé de près. Ils jouèrent à être fâchés. Il lui frappa l'épaule par-derrière, elle se retourna un peu et lui jeta un regard mi-fâché, mi-rieur. Puis il s'éloigna. Je me suis détendue et j'ai regardé autour de moi dans la salle. Entre-temps, je me suis dit que c'était moi qui étais en représentation. Je me suis reconnue aux cernes bleus, romantiques, que j'ai, de naissance, sous les yeux, et j'étais de plus en plus convaincue qu'il s'agissait bien de moi. Je me suis demandé comment je pouvais à la fois être spectateur et acteur de cette scène. J'étais tout le temps à son côté et elle faisait la même chose que moi, comme une poupée (ou comme mon ombre). J'ai bien ri de me retrouver dans cette scène, avec un visage morose et une bouche pointue (un bec) qui me sont habituels lorsque je suis entre le rire et les larmes. Puis le jeune chevalier est revenu et j'ai repris mon rôle. J'avais le sentiment de me donner en spectacle. Il voulait se réconcilier avec la jeune fille, mais elle s'est détournée, lui a jeté un regard amical et est partie en courant. La représentation était finie, les gens s'en allaient et je me suis réveillée. »

LA RÊVEUSE SE REPLIE SUR UNE POSITION D'AMOUR NARCISSIQUE

Je n'ai pas l'intention d'entrer dans le détail de l'interprétation de ce rêve si riche et je veux seulement souligner que, de nouveau, il s'agit de l'admiration de soi-même au sens où nous l'avons déjà vu. Dans la première scène du rêve, elle compare sa belle silhouette à celle des deux autres jeunes filles nues entre lesquelles elle s'est couchée. Dans un commentaire, après coup, de cette scène, elle m'a dit clairement qu'elle avait comparé son corps à ceux des deux autres entre lesquelles elle s'allonge. Elle avait alors trouvé qu'elle était plus grande et qu'elle présentait mieux, ce qui est peut-être indiqué par le fait qu'elle se tient toute droite entre les deux autres.

Cette étrange représentation imagée se révèle, par l'analyse, comme une expression spirituelle et appuyée sur le double sens des mots : elle avait pensé, la veille, dans un mouvement de jalousie : « Je peux

*Otto Rank montre que l'homosexualité
de sa patiente possède un fondement narcissique.
(Les deux Amies, 1912, par Albert Marquet.
Besançon, Musée des Beaux-Arts.)*

me mesurer, de toute confiance, avec n'importe quelle femme .» On peut reconnaître que le matériel utilisé pour cette représentation est un matériel infantile si l'on se rappelle les mensurations auxquelles se livrent les enfants, poussés par leur mégalomanie. Ici notre rêveuse fait de même, pour éviter toute erreur qui serait à son désavantage (les pieds rapprochés, les corps les uns à côté des autres). Mais notre rêveuse triche ; elle l'indique en disant bien qu'elle ne paraît plus grande que parce qu'elle est toute droite entre les deux autres. Le désir infantile d'être réellement la plus grande participe à cette représentation du rêve bien que « mesurer » et « dépasser » réfèrent à d'autres traits corporels.

Dans la deuxième scène, elle admire de nouveau son image sans la reconnaître, comme dans un miroir, et elle en tombe amoureuse. A la fin seulement, elle se reconnaît, à son grand étonnement, dans le personnage de l'actrice qui ressemble au tableau. Cette dernière scène contient en outre des éléments de la réalité qui ont conditionné la régression de la libido sur sa propre personne et qui sont à l'origine du rêve. La rêveuse ajoute d'elle-même au texte du rêve que la veille au soir, elle a fait une scène de jalousie au jeune homme nommé P., un prétendant, et s'est fâchée avec lui. Avant de s'endormir, pour se consoler elle avait pensé à W. (que nous connaissons d'après le premier rêve) pour lequel elle gardait un souvenir tendre et privilégié. « Je me suis demandée s'il avait encore mon portrait et me suis dit : certainement ! il m'aimait tant ; il l'a sûrement accroché au mur et pense souvent à moi. »

Cette fâcherie de la veille apparaît dans la dernière scène du rêve où la jeune fille représente la rêveuse, et le jeune homme est la synthèse de P. (par le costume) et de W. (rasé de près). Il y a de bonnes raisons pour que ces événements ne soient pas seulement racontés, remémorés ou agis, mais soient représentés comme un spectacle. En effet, la rêveuse, la veille au soir, avait eu l'impression nette et exprimée que P., comme le font souvent les amoureux, n'était pas vraiment fâché, mais jouait plutôt « la comédie » ; formule qui est littéralement reprise par le rêve. Dans la réalité, la jeune fille voulait se réconcilier avec P., consciemment coupable de sa jalousie irraisonnée, alors que dans le rêve c'est à elle qu'on demande pardon. Cette inversion vient d'abord combler la tendance à l'accomplissement du désir, en outre elle se réfère moins à P. qu'à W. avec lequel elle désirait renouer. Le rêve vient donc en réaction directe à la déception amoureuse de la veille, déception qu'elle a tenté volontairement de compenser, avant de s'endormir en rafraîchissant les tendres souvenirs d'avec W. et de se consoler en se disant : W. est bien plus tendre et plus aimant, il ne m'aurait jamais traitée ainsi ! Mais le rêve va plus loin, à cause de l'intrication de W. au portrait qu'il possède de la rêveuse : le rêve met en doute son amour (elle se demande, avant de s'endormir, s'il possède encore ce portrait) et oblige la rêveuse à se replier sur une position d'amour narcissique (elle est amoureuse de son propre portrait, de sa propre image).

LA STRUCTURE DU RÊVE

Nous avons ainsi une première idée de la structure du rêve, qui se divise clairement en trois scènes, et nous comprenons le passage d'une scène à l'autre. La veille au soir, elle avait reproché à P. de lui préférer d'autres femmes ; elle avait fait ce même reproche à W. d'après le contenu latent du premier rêve (il avait épousé une autre femme, comme M. l'avait fait en réalité). Dans la première scène elle souligne les avantages de son propre corps par rapport à ceux d'une autre jeune fille (et même de deux, ultérieurement), ce qui ne peut se faire qu'à partir de l'auto-admiration narcissique qui domine la scène suivante. Après s'être rassurée de sa propre beauté, comparée à celle d'autres femmes, elle passe, au cours de la scène suivante, à une intense admiration d'elle-même. La voiture qui passe au loin, et introduit un changement de scène, se réfère sans doute au départ de W. et ramène ses pensées à son portrait. De la même façon, se produit le passage de la scène narcissique du portrait, à la scène jouée. Elle admire son portrait et se dit en rêve : si P. le voyait, il lui plairait beaucoup, il tomberait amoureux de moi. Elle continue ainsi l'idée de la veille, ainsi que celle de la première scène du rêve : on devrait tomber amoureux d'elle du simple fait de la regarder, de savoir l'apprécier.

On voit bien comment le souvenir apparemment superficiel de P. (à la fin de la deuxième scène) fait resurgir toute la scène de la dispute de la veille ; en outre, ce n'est pas par hasard que, dans la première scène, deux jeunes filles se font face l'une à l'autre, et que dans la deuxième, la rêveuse se trouve face à sa propre image ; dans la scène finale, on observe un clivage identique sous la forme de ce jeune homme qui semble faire la cour à une autre femme qui n'est autre que la rêveuse elle-même.

Le rêve dit tout simplement : « Je peux me mesurer à n'importe quelle femme, je dépasse tout mon entourage (en beauté). Les hommes (P., M., W.) sont incapables de m'apprécier et les femmes m'envient trop pour le reconnaître. J'avais bien raison avec P. ; il aurait dû me faire des excuses. Mieux vaut ne pas compter sur eux et ne pas entrer en relation avec eux ; je me trouve bien trop belle et trop bonne. Je pourrais vraiment tomber amoureuse de moi-même lorsque j'ai, face à moi, la représentation de ma beauté. »

OTTO RANK [4]

---

4. Une contribution au narcissisme (1911), *Topique*, novembre 1974, p. 29-42, 46-49.

Un moyen d'éviter le poids de la castration est de la considérer comme déjà réalisée. Le handicap physique peut ici servir de modèle.

Chapitre II

Blessure narcissique et castration

L'article de Pierre Bourdier[1] *rappelle et renouvelle certaines conceptions de Freud développées dans le texte «Quelques types de caractères exprimés par la psychanalyse*[2]*».*

Les très intéressants cas cliniques apportés par P. Bourdier à l'appui de ses conceptions illustrent les incidences qu'un handicap physique peut avoir sur l'estime de soi et, surtout, sur le sentiment (décrit par Freud) que le préjudice subi (la blessure narcissique) *donnait des droits particuliers au sujet, celui de ne pas se soumettre aux grandes nécessités de la vie et de la cure, dans le cadre d'une psychanalyse. L'auteur critique certaines interprétations que Winnicott — auteur que nous avons rencontré maintes fois dans les volumes précédents et que nous allons retrouver au chapitre V — donne des cas cliniques souffrant d'un handicap physique.*

La position de Pierre Bourdier tend à redonner au complexe de castration la place centrale qu'il occupe dans la théorie freudienne classique[3]*. En effet il s'agit de savoir si la* blessure narcissique *qui désigne la signification prise par une déception, une humiliation, une baisse de l'estime de soi, une séparation ou un deuil, peut se ramener ou non à la* castration, *qui, selon l'auteur, est éludée par Winnicott, dans l'interprétation du cas de Jill par exemple.*

De même Pierre Bourdier tend à rendre tout son poids à l'idée de renoncement, *liée en particulier au complexe d'Œdipe.*

---

1. Pierre Bourdier, « Handicap physique, préjudice, exception », *Nouvelle Revue de psychanalyse,* 1976, n° 13, pp. 265-279.
2. *In Essais de psychanalyse appliquée,* Paris, Gallimard.
3. Voir le volume *Le Complexe de castration : un fantasme originaire.*

En bonne théorie freudienne, dans la voie commune de l'Œdipe et le passage de la castration, il est habituel de prévoir un certain renoncement. Mais Freud, sachant que cela est tout à fait contraire au désir de chacun de garder les plaisirs connus, s'est particulièrement intéressé tout au long de son œuvre aux modes d'évitement de cette règle générale.

C'est à partir d'une telle préoccupation qu'il a pu, à la fin de sa vie, proposer — à la fois ultime structure du désir et ultime appareil psychique — son « clivage » de 1938, où la ruse permet à la fois de dénier la perception dangereuse et de reconnaître la menace de castration de l'autorité.

Auparavant, il avait déjà observé qu'un autre moyen d'éviter le poids de la castration, très répandu, était de la considérer comme déjà réalisée. Le handicap physique peut ici servir de modèle et Freud y rattache la féminité... On sait combien cet aspect de l'œuvre de Freud, tant le renoncement que le complexe de castration, ses conséquences et ses modes d'évitement, est contesté et en fait a constitué le point de départ de la plupart des variations notoires de notre corpus théorique. Certains textes clefs comme « Quelques types de caractère dégagés par la psychanalyse » me paraissent avoir subi un oubli spécial. Je souhaiterais ici, d'une part, réhabiliter les notions de préjudice et de statut de l'exception qui constituent le premier chapitre de ce texte, d'autre part, souligner la filiation des trois chapitres [4] qui y sont réunis et qui, sous le couvert d'une étude de la criminalité, s'adressent à tous.

Avant de reprendre les commentaires de Freud sur les figures illustres créées par de grands poètes, regardons d'abord ce que nous enseigne la psychiatrie infantile quotidienne.

SYLVIE, SA PROTHÈSE ET SON ROMAN

Sylvie, dix-sept ans, vient me consulter avec sa mère. Première l'an dernier dans son lycée, elle inquiète actuellement ses parents par son humeur triste, son fléchissement scolaire et une récente confidence : « un jeune homme qu'elle aimait serait mort en voiture ». Elle-même faisait des rallyes, montait à cheval et l'aurait rencontré là.

---

[4]. Rappelons que ces trois chapitres de *Quelques types de caractère dégagés par la psychanalyse* (1916) sont intitulés : I. Les Exceptions. II. Ceux qui échouent devant le succès. III. Les criminels par sentiment de culpabilité. Trad. française in *Essais de psychanalyse appliquée,* Gallimard.

Incidemment, j'apprends qu'il lui manque une main et qu'elle a une prothèse.

Les parents sont intrigués par cette histoire amoureuse dont ils suspectent la réalité, mais ne comprennent pas pourquoi elle inventerait une telle histoire.

Elle a un frère de trente-quatre ans et une sœur de trente-deux et, au retour de la captivité du père, le couple a satisfait au désir d'avoir un enfant... mais elle est née avec une main en moins, « et on ne s'y habitue pas » et, ajoute la mère : « son père, à cause de son infirmité, lui tolère tout ». Cette histoire amoureuse mise à part, qui d'ailleurs s'avérera une rêverie, elle n'aurait aucune raison d'être déprimée.

Comme je demande des précisions sur la date, le contexte, les caractéristiques de ce repli, j'apprends d'abord qu'elle ne va plus en classe depuis plusieurs semaines, ne se maquille plus, se néglige, se plaint d'avoir mal au dos et ensuite que cela coïncide avec la venue à la maison, pour un temps indéterminé, d'une petite nièce de quatre ans dont, ajoute la mère avec un certain sourire, elle paraît très jalouse.

La jeune fille, elle-même, vue seule, met en avant son chagrin d'amour, se plaint que ses parents n'y attachent pas d'importance. Je n'ai pas de difficulté à lui faire convenir que l'intrusion de la petite fille, dont la mère s'occupe beaucoup, est aussi un événement pénible.

Il paraissait bien clair que la mère avait là une petite fille intacte comme elle aurait aimé avoir Sylvie à l'époque, une Sylvie jamais acceptée telle qu'elle était née et pas davantage avec sa prothèse. Au moment où cette jeune fille arrive à l'âge de l'indépendance, s'apprête à faire quelques pas en avant, elle aurait besoin, d'autant plus qu'elle est handicapée, d'être assurée que la voie d'accès à la dépendance reste ouverte, que le retour, même provisoire dans le giron maternel est possible. « On ne peut quitter que ce que l'on possède », dit Winnicott à propos de l'adolescence. Le spectacle de la mère ostensiblement attachée à une petite fille étrangère, mais réussie, lui rend douloureusement sensible que cette place ne lui est pas gardée parce qu'elle ne l'a jamais occupée selon le vœu de sa mère.

Courageusement, dans le sens de son mouvement actuel d'autonomie, elle invente un amoureux pour signifier à ses parents qu'elle les quitte, non démunie, qu'on peut l'aimer ; mais, dans le même temps, elle le fait mourir et se couche pour qu'ainsi revalorisée par ce deuil d'un fiancé, sa mère s'occupe d'elle plus que de l'autre.

Ayant obtenu un minimum de reconnaissance après trois consultations, elle envisagera romanesquement un séjour dans un couvent espagnol...

IIRO, SA SYNDACTYLIE ET SA SOUMISSION

Dans la littérature contemporaine, cette histoire rappelle celle de *Iiro,* l'enfant finlandais, vu en consultation par Winnicott lors d'une visite d'hôpital. Cet enfant faisait un séjour en chirurgie réparatrice pour une syndactylie (ses doigts et ses orteils étaient soudés les uns aux autres). Ce qui frappait le chirurgien de cet hôpital, c'était l'excès même de coopération du garçon devant des opérations itératives — ne permettant même pas, vu l'état anatomique, une récupération fonctionnelle —, en fait son excès de soumission.

Ce qui apparut dans le *squiggle game* qu'il fit avec Winnicott, c'est qu'à un niveau plus profond, ce garçon avait besoin de quelque chose d'autre que d'être rendu normal sur le plan physique. « C'était d'abord d'être certain qu'il était aimé tel qu'il était au moment de sa naissance ou à un quelconque début théorique de son existence [5]. »

Dans le *squiggle game,* avec la complicité de Winnicott, il s'acceptera d'abord canard. Secondairement, il osera revendiquer l'état d'anguille, c'est-à-dire avant que la question de bras et de jambes ou de doigts et d'orteils se fût posée.

Il faut ajouter que si la mère mettait une telle insistance à le faire réopérer, c'est qu'étant elle-même la seule avec lui à souffrir de cette maladie héréditaire, elle se sentait directement responsable de sa difformité ; elle était attachée à lui plus qu'à tout autre de ses enfants, à condition qu'il se soumette à son désir de réparation. Cette collaboration de la mère et du fils, trop exemplaire aux yeux des chirurgiens eux-mêmes, colmatait leurs tendances agressives réciproques.

Dans ces cas, comme dans toutes les *autres atteintes visibles,* l'enfant doit bien finir par s'accepter avec sa difformité, sa disgrâce. Le seul miroir qui lui permette, à terme, de percevoir cette réalité tout en se reconnaissant lui-même dans cette image, c'est le regard de la mère, l'expression de son visage traduisant l'acceptation inconditionnelle de son enfant, ce qu'il est habituel d'appeler l'admiration. On imagine que ce n'est pas toujours possible.

Le problème est ici posé de la signification de l'enfant pour ses géniteurs, son rôle dans leur économie. Il est l'objet d'un double investissement libidinal, objectal et narcissique. Le premier est sans réserve ni garantie, mouvement de dépossession, amour pur ; l'autre

---

5. Cf. D. W. Winnicott, « Le corps et le self », in *Nouvelle Revue de psychanalyse,* n° 3, et *La Consultation thérapeutique et l'enfant,* Gallimard, 1972, où la consultation avec Iiro est rapportée intégralement.

est un véritable pari, placement sur l'avenir, proportionnel à la mégalomanie résiduelle de l'adulte. Depuis que, comparée au Moyen Age, la mortalité infantile a été spectaculairement réduite, l'enfant est devenu une valeur sûre. Mais qu'il naisse avec un quelconque défaut, alors que prime l'investissement narcissique, la déception et la haine surgissent chez les géniteurs, d'autant plus destructrices qu'elles seront plus camouflées.

Quant aux atteintes corporelles qui menacent la vie de l'enfant— cancer du rein laissant à huit ans un quart de rein après la deuxième opération, glycogenèse type 1 dont chaque coma peut être rapidement mortel, malformation cardiaque congénitale opérée sans espoir de dépasser la puberté, pour prendre trois exemples récents —, cela donne des enfants difficilement éducables ; la situation des parents, invivable, suscite des aménagements individuels. Ceux qui s'occupent de ces enfants font de même : le chirurgien m'écrit que son jeune patient, avec son petit bout de rein résiduel, est guéri à 95 %.

Reste la relation de la progéniture et de l'œuvre : Jean-Jacques Rousseau vers la cinquantaine, voulant retrouver son fils aîné, se heurte au rideau de plomb de l'Assistance publique de l'époque... et entreprend d'écrire l'*Émile*. Montaigne, renonçant à ce que sa femme lui donne un fils (et ses filles, sauf une, étant mortes), s'enferme dans sa tour pour faire son premier *Essai* qui serait « un monument à La Boétie, son tombeau [6] ». Saint-Simon se mit à écrire dans des conditions identiques de déception.

Pour revenir à l'enfant et à son développement, ce que Winnicott appelle la personnalisation, à savoir le sentiment qu'il a de sa personne dans son corps, ne peut évoluer favorablement que si la dépersonnalisation est possible sans que l'environnement en soit bouleversé. La régression doit être possible à tout âge.

Il va sans dire que la mère de Sylvie, alternant l'hyperprotection fusionnelle et le criticisme sur les détails, et *a fortiori* la mère d'Iiro livrant son fils à des chirurgiens pour qu'ils le lui réparent, comme un automobiliste maniaque ramène sa voiture sans cesse pour quelque bruit nouveau, sont peu faites pour favoriser l'*indwelling,* cette habitation de la psyché dans le corps. A la limite l'enfant estimera que l'environnement lui doit quelque chose, revendiquant cette dette ou la camouflant par de la soumission.

Il n'est pas besoin d'un handicap quelconque pour que ces processus primaires d'intégration, de personnalisation et de réalisation ne se fassent pas. Ainsi un enfant infirme peut se sentir normal, alors qu'un

---

6. Cf. Michel Butor, *Essais sur les Essais,* Gallimard, 1968.

enfant dit normal peut se sentir à part et, en langage winnicottien, les failles de l'environnement constituent bien le principal préjudice.

A partir d'une expérience de rééducation de l'écriture avec des enfants se trouvant au confluent du fonctionnel et du lésionnel, on a pu même noter que tout se passe comme si le fait d'avoir un déficit, non seulement gênant mais aussi visible, c'est-à-dire indéniable, pouvait parfois donner un élan au développement [7].

JILL, LA CASTRATION ET LE DEUIL

Jill, la petite jeune fille de dix-sept ans, que Winnicott évoque après Iiro, est certes préoccupée par le fait que sa jambe gauche soit plus courte d'un centimètre que sa jambe droite mais il ne s'agit pas ici d'un handicap corporel, plutôt d'un trait dysmorphophobique parmi d'autres symptômes névrotiques qui l'amènent à consulter. Elle a perdu son père toute petite. Sa mère adoptera un petit garçon et fera une grave dépression.

Winnicott, ici, néglige cette adoption du petit garçon par une mère déprimée, ce qui n'a pu être que très mal ressenti par une fillette aussi menacée narcissiquement. Et je dois noter que sur les quatre observations de handicap physique que j'ai choisies, deux, Sylvie et Jill, ont une mère qui avait éprouvé le besoin d'« adopter » un autre enfant.

J'ai pu moi-même observer un nombre important d'enfants maintenus dans un état de revendication affective douloureuse par des mères déprimées et narcissiques qui, sur un mode pseudo-pervers, manifestaient plus d'attachement pour un *enfant « extérieur à la fratrie »* que pour le ou les siens. L'interdiction d'exprimer directement un ressentiment vis-à-vis de ces enfants recueillis, parce que souvent malheureux, ajoutait à la frustration. Il y a là posé le problème de tous les enfants de ceux qui s'occupent d'autres enfants : les nourrices, les enseignants, les maîtres en tout genre... les psychanalystes s'ils ont des disciples. Les fils de Socrate durent avoir quelques difficultés.

Dans le cas de Jill, Winnicott, à tort ou à raison, mais avec beaucoup de brio, n'interprétera pas son symptôme et son incomplétude phallique en termes d'angoisse de castration, ce qui lui paraissait un langage trop grossier (une pierre dans le jardin de Freud, qui, avec Dora, appelait un chat, un chat), mais comme le deuil non fait d'un père disparu alors qu'il était un morceau d'elle-même.

7. A. Covello, E. Mignard, M.A. Du Pasquier. D. L'Hériteau, « Blessure organique et blessure narcissique », in *La Psychiatrie de l'enfant,* P.U.F., 1973, Fasc. 2.

PIERRE, BOITEUX ET INSOUMIS

Avant d'en venir au texte essentiel de Freud, un autre exemple clinique personnel nous fera progresser dans notre sujet : *Pierre* a huit ans ; il est intelligent, il souffre d'un pied bot, a des difficultés, d'une part, d'apprentissage scolaire (orthographe et graphisme) mais surtout des difficultés caractérielles qui en font partout un antisocial précoce : instable, agressif avec les grands ou les petits. La maîtresse, dont Pierre convient qu'elle est gentille, refuse de l'emmener en classe de neige. Il est malheureux, avec le sentiment de n'être aimé par personne. A l'école, les autres « qui sont méchants », dit-il, l'appellent « Jojo les pieds tordus » (Jojo est de surcroît une déformation de son patronyme) mais certains sont fascinés par son inconduite : il tient d'ailleurs à rester dans cette école. Ni soumis comme Iiro ni dépersonnalisé comme Jill, il amorce le *curriculum* de Scarface. Seule plainte de sa part, élective, non encore recouverte par le défi : la jalousie douloureuse du frère, plus jeune de deux ans. Le père paranoïaque paraît ne pas mieux supporter ce puîné. La mère a de funestes prémonitions le concernant. A trois mois, assure-t-elle, les pédiatres ne parvenaient pas à le maîtriser. Elle-même aurait eu à souffrir d'un petit frère impossible.

Notons que, durant les premières années, Pierre eut à supporter pour son pied bot des plâtres douloureux. Sa démarche reste saccadée, très particulière [8]...

Comment ne pas penser ici à Byron qui s'efforçait de dissimuler le défaut de son pied bot par une démarche sautillante ? Tel préfacier détermine ainsi son destin et nous rappelle ses prouesses physiques et ses errances. Tel autre incrimine sa gouvernante qui lui inculque le calvinisme et la prédestination, le délivrant du même coup de la responsabilité de ses fautes, et nous le montre tantôt timide, tantôt indomptable. Il y a aussi cette jeune fille qu'il aimait enfant et qu'il entend dire à sa femme de chambre : « Croyez-vous que je pourrais aimer ce boiteux ? » Et quelle hérédité ou quels modèles ! Son père se suicide ; du côté de sa mère, des féodaux à demi barbares, des détraqués, des criminels... Mais il y a surtout sa mère « qu'il accuse de lui avoir piétiné le cœur », mais est-ce pour l'avoir mis au monde le pied tordu, pour l'avoir traité un jour de « galopin boiteux », à

---

8. Des enfants ayant les antécédents ou les handicaps suivants : des otites douloureuses, des hernies avec bandage, des ectopies, des patraqueries, des retards staturo-pondéraux, des phimosis, des hypospadias, des tympans crevés, des exostoses osseuses, une achondrophasie, des cécités, des surdités, ont présenté des traits communs vis-à-vis de ce que j'appellerai la loi commune, l'autorité et son évitement, mais leur destin dépend en grande partie de l'attitude de l'entourage, sans sous-estimer les aspects spécifiques.

quoi il répondit : « je l'étais de naissance, ma mère », ou encore parce que folle, dit-on, elle alternait, selon ses humeurs, les câlineries excessives et les furieux emportements ?

Si Byron brava toutes les contradictions et toutes les lois, si sa femme le quitte convaincue de son inceste avec sa demi-sœur, il est remarquable qu'avec celle-ci (« ma plus propre parente »), comme avec ses jeunes amis de collège, il se voulait protecteur ; le protecteur qui lui avait fait défaut. Quelle place donner à ce pied dans l'histoire de cet homme qui parcourut le monde, dangereusement, en redresseur de torts, mais aussi écrivit *Don Juan* et en fut le symbole ? Au-delà des défaillances de la nature et de la mère, n'y a-t-il pas là la recherche de quelque Commandeur ?

Toujours est-il que le pied paraît se présenter comme la blessure des grands destins. Talleyrand, bien sûr, politique, s'occupa tant des femmes que ses biographes ne parlent que d'elles ; et pourquoi oublierions-nous Œdipe « Pied enflé », qui fit ensuite tout ce qu'il fallait au moins pour se rendre célèbre, moyen ultime pour être reconnu dans le meilleur ou le pire ?

L'EXCEPTION

Et Richard III ? Encore un boiteux, celui de la chronique historique ou celui plus vrai de Shakespeare, héros de l'Exception (concept de Nietzsche repris par Freud). Son enfance aurait pu être celle du petit Pierre de tout à l'heure, à l'époque et au milieu social près, qui donna une autre dimension à ses crimes, une autre scène. Car à partir de maintenant, dans « Quelques types de caractère dégagés par la psychanalyse », c'est bien de crime qu'il va s'agir mais où percera toujours le défi.

Dès le monologue inaugural, le futur Richard III ne nous dit-il pas :

Mais moi qui ne suis pas formé pour ces jeux folâtres ni pour faire les yeux doux à un miroir amoureux, moi qui suis rudement taillé et qui n'ai pas la majesté de l'amour pour me pavaner devant une nymphe aux coquettes allures, moi que la nature décevante a frustré de ses attraits, moi qu'elle a envoyé avant le temps dans le monde des vivants, difforme, inachevé, tout au plus à moitié, fini tellement estropié et contrefait que les chiens aboient quand je m'arrête près d'eux ! eh bien, moi, dans cette molle et languissante époque de paix, je n'ai d'autre plaisir, pour passer les heures, que d'épier mon ombre au soleil et de décrire ma propre difformité. Aussi, puisque je ne puis être l'amant qui charmera ces temps beaux parleurs, je suis déterminé à être scélérat et à être le trouble-fête de ces jours frivoles [9].

Freud pense qu'il ne peut s'agir du simple discours-programme d'un prince blasé et contrefait qui, par désœuvrement, décide de jouer au scélérat et de faire tout ce qu'il lui plaira. Le poète, qui est tenu d'éveiller notre sympathie pour le héros, ne peut la fonder que « sur le sentiment d'avoir au fond quelque chose de commun avec lui » et Freud donne sa propre « traduction » de la tirade du forcené :

Il semble nous dire alors : La nature m'a fait une grande injustice en me refusant les belles formes qui gagnent l'amour des humains. La vie me doit en échange une compensation que je vais m'octroyer. J'ai le droit d'être une exception et de passer par-dessus les scrupules qui arrêtent les autres gens. Je puis commettre des injustices parce qu'une injustice a été commise à mon égard...

Freud a remarqué quelque chose de semblable dans ses cures où il s'agit d'apprendre à différer la satisfaction et où le médecin se sert dans ce travail d'éducation d'une composante quelconque de l'amour.

Mais, poursuit-il, lorsqu'on exige un tel renoncement on se heurte chez certaines personnes à l'argument suivant : « Elles ont suffisamment souffert et éprouvé de privations pour avoir le droit d'être dispensées de nouvelles exigences. Elles ne veulent plus se soumettre à aucune nécessité déplaisante, car elles sont des exceptions et comptent bien le demeurer. »

Chez ces patients qui se proclamaient et se comportaient réellement comme une exception, Freud nous dit que « leur névrose se rattachait à un événement ou à une souffrance qui les avaient atteints dans leur première enfance, desquels ils se savaient innocents et qu'ils pouvaient considérer comme un préjudice injuste porté à leur personne ». Il donne alors deux exemples cliniques : celui d'une malade qui avait supporté avec patience un mal qu'elle croyait accidentel et qui, dès qu'elle apprit son caractère congénital, c'est-à-dire qu'il faisait partie de son héritage, se révolta et considéra que cette injustice lui donnait des privilèges. L'autre, un jeune homme qui se croyait sous la garde d'une providence spéciale, et avait sa vie durant estimé avoir droit à des dédommagements, avait été victime d'une infection accidentelle par sa nourrice.

Et Freud ajoute : « Pour des raisons faciles à comprendre, je n'en puis dire davantage sur ces histoires de malades ainsi que sur d'autres.

---

9. François Victor-Hugo traduit ici « and that so lamely and unfashionable that dogs bark at me as I halt by them » par « tellement estropié et contrefait que les chiens aboient lorsque je m'arrête près d'eux », alors que Joseph Delcourt (édition bilingue « Les belles lettres ». 1929) écrit « contrefait, monstrueux à ce point que les chiens aboient lorsqu'ils me voient claudiquer devant eux » et souligne l'erreur qui consiste à traduire *halt* par s'arrêter et non par claudiquer.

Je ne veux pas non plus traiter de la si naturelle analogie entre la déformation du caractère survenant à la suite de longues années infantiles de maladie et le comportement de peuples entiers chargés d'un passé lourd de malheurs [10]... » Et il ajoute, à cette liste à la fois exemplaire et interminable, les femmes qui « se considèrent comme ayant subi un grave dommage dans leur petite enfance sans qu'il y ait à cela de leur faute, comme ayant été en partie mutilées et désavantagées ». (C'est à peu près à la même époque qu'il fera sa première conférence sur la féminité, texte célèbre qui sera publié en 1932 dans les *Nouvelles Conférences*.) On voit qu'il y a là réunis les sujets qui lui attireront le plus d'ennuis et qui seront l'occasion d'exclusions persistant encore de nos jours.

Mais comment ne pas comprendre que pour lui, et je le cite : « Nous croyons tous être en droit de garder rancune à la nature et au destin en raison de préjudices congénitaux et infantiles, nous réclamons tous des compensations à de précoces mortifications de notre narcissisme, de notre amour-propre » ?

SYMPATHIE POUR LE CRIMINEL

C'est d'ailleurs paradoxalement sur l'universalité de cette revendication qu'est fondée la fascination, voire la sympathie, qu'inspirent les conduites transgressives. Paradoxalement, car ce processus, pour universel qu'il soit, est précisément vécu comme un destin qui se veut exceptionnel et dans lequel l'autre, tous les autres restent indispensables en tant qu'ils sont différents et du côté de la loi, de la réaction, etc. Le modèle de cet autre est naturellement trouvé dans la fratrie, le responsable de l'injustice est le parent : la mère, indigne, mauvaise, mais aussi le père décevant l'homosexualité plus ou moins sublimée, avec la pathologie du modèle absent, où la mort elle-même est vécue comme une trahison.

Richard III donc, boiteux, bossu, contrefait, nous touche d'emblée, en même temps qu'il nous fait horreur, mais combien plus encore lorsque, par la suite, sa mère lui reproche tous ses méfaits, depuis sa naissance qui fut pour elle un douloureux travail jusqu'à cette heure présente où elle lui lance sa malédiction alors qu'il part au combat

---

10. Lorsqu'il parle de ces peuples chargés d'un passé lourd de malheurs, il est permis de penser que Freud y incluait le peuple juif. Notons seulement qu'en 1918 il écrit à Ferenczi : « Je sais que vous êtes un patriote hongrois et qu'à ce titre vous devez vous attendre à de pénibles épreuves. Il semble que les Hongrois se leurrent en pensant qu'ils seront les seuls à échapper à une diminution de leur territoire à cause de l'amour et du respect qu'ils croient inspirer au monde. Bref, ils s'imaginent être « des exceptions ». »

— il est vrai pour des actions que nous ne saurions approuver mais qu'en quelque endroit de nous-mêmes nous souhaiterions lui voir pardonner par sa mère. Et on aura le cœur serré, comme devant un meurtre qui aurait pu ne pas s'accomplir, lorsque Richard lui répond : « Mais si ma vue est à vos yeux si déplaisante, allons, marchons, je ne veux point vous offenser. Tambours, battez », s'enfonçant un peu plus vers le crime et la mort. Nous sommes bouleversés, d'autant plus que ce désespoir qu'il nous fait éprouver est peut-être celui qu'il ne parvient pas à éprouver lui-même. Joseph Delcourt nous rappelle les injures dont la princesse Anne couvre Richard et plus encore celles de Marguerite : « C'est un avorton, un sanglier destructeur, le rebut de la nature, une loque de l'honneur, une araignée gonflée, un crapaud bossu, un chien qui ne sait que mordre et laisser dans la blessure un poison mortel ; c'est un limier d'enfer que le ventre de sa mère a vomi pour qu'il chasse et qu'il tue. »

On croirait lire les comptes rendus d'assises où le lecteur attend beaucoup plus de renseignements sur l'assassin exécré... et ses malheurs que sur la victime qui n'intéresse personne. Et il est vrai qu'il y a une sympathie naturelle pour cet homme détesté dès qu'il a vu le jour. Mais une sympathie d'un autre ordre, plus réconfortante et avouable, interviendra lorsque sur un fond diabolique de défi commenceront à se profiler durant le sommeil des terreurs qui valent bien des remords. C'est le ballet des fantômes où les onze victimes viennent dire leur mot.

Freud s'est posé la question de l'intérêt du spectateur et, pour lui, c'est en n'exposant pas les mobiles de son héros que Shakespeare tient occupée notre activité mentale, assurant ainsi la persistance de notre identification avec lui.

En relisant ces grands textes, il m'est revenu que Thomas De Quincey, celui des *Confessions d'un mangeur d'opium anglais,* s'était penché sur ce problème de notre sympathie pour le crime considéré comme un des beaux-arts, et je découvris « Du heurt à la porte dans Macbeth [11] ».

Dans ce texte, De Quincey remarque d'abord que dans une tragédie l'intérêt ne peut être soutenu par la seule sympathie portée à la victime, fondée sur le seul instinct de conservation. Il y faut la sympathie pour le meurtrier dont les sentiments, également universels, sont moins avoués en chacun de nous et donc plus fascinants.

Dans *Macbeth* il y a deux meurtriers et, bien que l'homme lui

---

11. Thomas De Quincey, « Du heurt à la porte dans Macbeth » in *De l'assassinat considéré comme un des beaux-arts,* traduit de l'anglais par Pierre Leyris et Marcel Schwob, Gallimard, 1963.

Quel rôle a pu jouer le pied-bot de Byron dans sa destinée ?
*(*Lord Byron, *gravure anglaise du* XIX*e siècle. Bibl. nat.)*

paraisse ici agir plus par contagion, l'esprit de meurtre doit leur être
imputé à tous deux. « Nous sommes tous à même de sentir, écrit
Thomas De Quincey, que la nature humaine, c'est-à-dire la divine
nature d'amour et de merci répandue dans toutes les créatures et dont
il est rare qu'elle fasse complètement défaut chez l'homme, s'était
retirée, évanouie, éteinte et que la nature démoniaque avait pris sa
place. » Shakespeare artiste usait d'un expédient génial, en accord
d'ailleurs avec la nature, à savoir le flux et le reflux des choses, leur
contraste.

De même, poursuit De Quincey, qu'au cœur de l'évanouissement
d'une personne chère le moment le plus touchant est celui où « un
soupir, un tressaillement annonce le retour ou un recommencement
de la vie suspendue », de même lors des funérailles d'un héros national
où, dans le silence, tout autre intérêt que celui qui va vers la tombe
est suspendu, c'est le retour soudain d'un bruit prosaïque de la vie,

un bruit de roues sur le pavé, qui fait le mieux sentir « le sentiment de suspens complet et de pose quant à tout intérêt humain »... « Toute action, en quelque domaine que ce soit, c'est par la réaction qu'elle est le mieux exposée, mesurée et rendue appréhensible ».

Ainsi, dans *Macbeth,* le temps du meurtre et du démoniaque est entre parenthèses : « Il doit nous être rendu sensible que le monde de la vie ordinaire est soudain suspendu, mis en sommeil, en transes [...] le temps doit être annihilé, les liens avec les choses extérieures abolis, et tout doit s'abstraire dans une profonde syncope, dans un suspens des passions terrestres . » Après l'acte criminel, « le monde des ténèbres se dissipe comme un spectacle de nuages : le heurt à la porte se fait entendre et donne à savoir que débute la réaction : l'humain exerce son reflux sur l'infernal ».

L'intérêt que nous éprouvons initialement pour tout scélérat, suspendu durant le temps du crime et du démoniaque, reflue sous forme de sympathie lorsque la culpabilité apparaît chez lui ou quelques signes de trouble, voire de conscience. Ce retour du sentiment humain, qui nous tire vers lui, nous contraint après coup à une identification à l'acte lui-même. L'horrible ne nous est pas étranger.

De Quincey, pour nous tranquilliser, fera la distinction entre sympathie *pour,* qui serait pitié, et dont il ne s'agit pas ici, et sympathie *avec* autrui ou identification.

C'est d'ailleurs un criminel génial, M. Williams (in *De l'assassinat considéré comme un des beaux-arts),* dont les débuts se firent sur « la scène de Ratcliffe Highway », par l'exécution d'assassinats incomparables lui valant une réputation éclatante et immortelle », qui lui donna la clef de *Macbeth* et du heurt, heurt à la porte retrouvé après l'achèvement d'une œuvre d'extermination aussi horrible qu'admirable. De Quincey ici parle en journaliste car, à travers sa longue carrière, il savait que, pour commercialement attirer le lecteur, la première page devait être sanglante, mais que quelque part ce reflux de la vie, de la nature divine, devait faire entendre sa voix pour permettre aux lecteurs de participer.

L'ÉCHEC DEVANT LE SUCCÈS

C'est précisément avec *Macbeth* (suivi de *Rosmersholm* d'Ibsen) que Freud va illustrer sa seconde thèse : « Ceux qui échouent devant le succès. » Il rappelle que la névrose est habituellement le résultat de privations de désirs libidinaux intérieurs. Il s'étonne donc que certaines personnes tombent malades justement quand l'un de ces désirs profonds vient à se réaliser ou du moins quand l'obstacle qui s'y opposait cède et en rend la réalisation possible. Freud donne l'exemple de l'homme qui s'effondre au moment de succéder à son patron et celui de la femme émancipée, stabilisée dans une liaison et reconnaissante, qui tombe malade lorsque son amant veut l'épouser. Dans ces cas, on retrouve finalement la privation intérieure puisque le changement extérieur joue comme une tentation pour les désirs qui ne sont pas tolérés.

Devant le couple Macbeth, Freud se pose la question essentielle : « Quels peuvent être les mobiles qui en si peu de temps font d'un craintif ambitieux un forcené sans frein et de la dure instigatrice du crime une malade écrasée de remords ? » En faire un drame de l'ambition serait à courte vue, dit-il aussitôt. Comme Carlyle montre Napoléon tiraillé par le conflit entre, d'un côté, la carrière ouverte au talent et l'idéal révolutionnaire et, de l'autre, le souci d'assurer sa succession, de fonder sa dynastie, Freud met l'accent sur la prophétie initiale touchant la succession. Les sœurs fatales du destin n'ont-elles pas annoncé à Macbeth qu'il serait roi mais à Banquo que ses enfants recevraient la couronne ! Pour annuler la prophétie, Macbeth n'a qu'à assurer sa filiation et ne dit-il pas à son épouse « ne mets au monde que des enfants mâles car ta nature intrépide ne doit former que des hommes » ? Mais tout se passe en dix jours. Dans un tel laps de temps le drame de la stérilité n'a pas matériellement sa place [12].

Freud renoncera donc à trouver les motifs... au moins pour l'instant (puisque *Rosmersholm* d'Ibsen et le troisième chapitre, « Les criminels par sentiment de culpabilité », donneront la clef de l'énigme).

MACBETH ET LADY MACBETH, DEUX EN UN

Mais Freud ne veut pas renoncer à *Macbeth* sans nous faire part d'une étude sur Shakespeare (de Ludwig Jekels) montrant que Shakespeare partage souvent un seul caractère entre deux personnages dont chacun paraît imparfaitement compréhensible tant qu'en le rapprochant de l'autre on n'a pas rétabli l'unité originelle.

Et Freud conclut : « Ainsi s'accomplit en elle [Lady Macbeth] ce que lui, dans l'angoisse de sa conscience, avait redouté ; elle incarne le remords après le crime, lui le défi, ils épuisent à eux deux toutes les possibilités de réaction au crime, comme le feraient deux parties

---

12. Et d'ailleurs le « Ah, il n'a pas d'enfants » de Macduff a été l'occasion d'interprétations très différentes.

détachées d'une unique individualité psychique, copie peut-être d'un unique prototype. »

La considération technique sur l'unicité du personnage peut également s'appliquer à la pièce d'Ibsen [13] : les chemins des deux héros s'y croisent : la femme Rebecca, d'abord au service du plaisir, se rangera ensuite sous la bannière de l'idéal progressiste et du remords, tandis que l'homme Rosmer, de l'angoisse et du doute, passera du côté du plaisir et de la liberté... et de la mort.

Autre similitude : ce que Freud appelle le succès, c'est, comme dans *Macbeth* après un crime, la place libre ; en effet Rebecca la gouvernante, après avoir poussé au suicide l'épouse, malade, de celui qu'elle aime avec une passion croissante, devient alors hésitante : elle refuse à deux reprises lorsque Rosmer lui propose de l'épouser, avant de l'entraîner dans son suicide.

Elle refuse véhémentement ce qu'elle désirait tant la veille : « Ta femme ? Moi, jamais je ne serai ta femme. » Freud ici se demande quelles sont les raisons qui dictent cette attitude d'échec devant le succès. Autrement dit, Freud poursuit son enquête sur la nature et l'origine de ces tendances justicières et punitives surgissant, à notre grande surprise, là où nous nous attendons le moins à les trouver, enquête restée sans conclusion dans son étude sur *Macbeth*. Rebecca dit elle-même qu'elle a été ennoblie par Rosmer et l'ambiance de Rosmersholm, mais aussi que Rosmersholm l'a « brisée ». Il y a aussi son passé dont elle peut se sentir coupable, sa liaison cachée avec un homme beaucoup plus âgé qu'elle, le docteur West.

Mais c'est après la révélation de la liaison de sa mère avec cet homme, c'est-à-dire de son inceste, qu'elle devient la proie de son sentiment de culpabilité, que celui-ci l'envahit, se faisant à son tour tout-puissant, aussi irrésistible que l'était sa passion. Ainsi la même situation s'est répétée. La méconnaissance de la filiation, fascination et cécité devant le problème des origines, introduit dans la névrose de destin. Mais il n'y a pas d'inceste sans crime et ici, dans la réalité, Rebecca a poussé Félicie, la femme et patronne, vers la mort. Et il n'est pas indifférent de retenir deux aspects de cette action perverse : d'une part, nous apprenons que Félicie éprouvait pour Rebecca une véritable idolâtrie, « une folle adoration, c'est le mot », et d'autre part celle-ci laisse entendre à Félicie stérile qu'elle attend sans doute un enfant. Félicie est ainsi d'un coup privée de tous ses investissements

---

13. Georg Groddeck avait écrit en 1910 un article sur Rebecca West (qu'on trouvera en français dans *La Maladie, l'art et le symbole,* (Gallimard, 1969). Leur première entrevue est proche, me semble-t-il, de ce moment où Freud écrit ce texte sans que dans leur correspondance il soit fait allusion à celui de Groddeck.

*Lady Macbeth semble forte pour assumer son ambition
criminelle. Pourtant, elle éprouvera du remords quand elle
prendra conscience de la ressemblance entre son père et la victime.
(Scène du film de Kurosawa,* le Château de l'Araignée, *1956.)*

narcissiques et objectaux et se suicidera dans un mouvement dominé par la déception homosexuelle.

LES HEURTS A LA PORTE DANS MACBETH

Ainsi Freud a trouvé ; la boucle est bouclée, le complexe d'Œdipe dans tous ses aspects est à l'origine de l'échec de Rebecca... J'ajouterai pour contribuer à cette exégèse que *la réponse était déjà dans Macbeth...*

Assurément, en matière de passions œdipiennes, comparée à Rebecca West, Lady Macbeth est une débutante, seulement vouée à l'ambition criminelle dont elle paraît avoir les épaules assez solides pour faire les frais. Pourtant, retournons au drame, quand les premiers heurts à la porte annoncent, selon De Quincey, le reflux de la vie.

Duncan le roi, leur hôte, confiant, dort depuis peu dans leur grand château inconfortable mais protecteur. Lady Macbeth a drogué ses deux valets qui gardent sa porte et a poussé vers la chambre Macbeth qui n'a plus qu'à saisir les poignards, qu'elle a mis là auparavant, et qu'à frapper. Derrière le théâtre, Macbeth, de retour, s'écrie « Qui va là ? » dans le silence. Une seconde elle croit l'affaire ratée et regrette de ne l'avoir pas conduite elle-même : « J'ai mis là leurs poignards ; il a dû les trouver. Et enfin, enfin : « S'il n'avait ressemblé à mon père en dormant, je frappais. » Tout est dit. Macbeth arrive. Il a tué.

En fait c'est après ce moment décisif où elle exprime son regret : « S'il n'avait ressemblé à mon père en dormant, je frappais », que le remords, inconscient, commence son travail, dramatiquement signifié par les heurts derrière la porte, jusqu'au monologue du portier, portier de l'enfer.

Alors que Macbeth, d'abord délirant, se ressaisit, nous retrouvons Lady Macbeth, deux actes après, somnanbule, revivant la scène sanglante, et, peu après, nous apprenons sa mort comme une expiation.

Richard III serait-il seul étranger aux affres de la conscience, la seule Exception, l'homme aux instincts puissants de Nietzsche qu'aucune intériorisation d'aucune mauvaise conscience n'a encore gâté ? Dans cette trilogie serait-il radicalement différent des autres ?

Jones n'a pas vu l'intérêt psychanalytique de ce texte et, en critique littéraire, trouve plus réussi le portrait de Rebecca West que de Macbeth, sans citer Richard III.

Pourtant le rapprochement de Lady Macbeth et de Richard III est classique, précisément par ce qui leur arrive de commun dans le sommeil : être visité par d'autres voix que celle de leur volonté destructrice. Un œil à peine ouvert, Richard maudira sa lâche conscience qui profite de son sommeil pour le tourmenter. C'est une manière d'en reconnaître l'existence.

Mais c'est sans doute le commentaire de Kierkegaard qui éclaire le mieux le personnage [14]. Certes, il s'intéressera à cet aspect de Richard III extrait trop tôt du corps protecteur de sa mère, déformé, inachevé... donc pas aimé dès le sein de sa mère, mais, plus que les crimes, c'est le donjuanisme sadique qu'il retiendra et bien sûr la fameuse scène de séduction de Lady Ann en deuil des crimes de Richard qu'elle avait en horreur. C'est par vengeance, pour railler la nature, par haine de l'existence, qu'il forcera son amour. Et il semble à Kierkegaard, comme il me semble, que, pour que s'installe le démoniaque, la perversité (trouble de la personnalité lié à un défaut d'élaboration des instincts agressifs), il faut qu'aux défaillances de la nature et de la mère s'ajoute quelque déception venant du père. Il est des imperfections du père, ou ce que l'enfant en perçoit, qui font un tort terrible à l'enfant. Ainsi le handicap physique peut être vécu comme on l'a vu dans le registre de la carence maternelle mais il peut l'être aussi dans celui du défaut de la filiation paternelle, et en particulier de l'absence de désir du père. Dans *Richard III*, il est dit quelque part : « Son frère a été conçu en l'absence de son père », ce qui jette un doute sur sa propre filiation ; et Richard lui-même, avant de les faire exécuter, accusera de bâtardise les enfants d'Édouard. Rappelons-nous Jésus, son seul désespoir viendra du silence du père.

Dans cette perspective du désespoir-défi, la recherche du bourreau plutôt que rien prend son sens. Et encore cette citation de Kierkegaard : « Il existe une preuve de l'existence de Dieu, que l'on a omise jusqu'à présent. Cette preuve se trouve dans *Les Chevaliers,* d'Aristophane. Démosthène : Crois-tu encore sérieusement aux dieux ? Nicias : Oui, bien ! Démosthène : Quelle preuve en as-tu ? Nicias : Les dieux me haïssent, n'est-ce pas assez ? Démosthène : Tu as certes raison. »

LE CRÉATEUR SELON WINNICOTT

Revenons pour conclure à la clinique et donnons la parole à Winnicott. On connaît sa généalogie de la morale : agressivité, bon environnement, culpabilité, sollicitude, inquiétude, souci. Celui qui

---

14. Fanny Lowtzky, « Soeren Kierkegaard. Étude psychanalytique », in *R.F.P.,* 1936, t. IX, nº 2.

en est arrivé là ne peut plus être inexorable, implacable. Winnicott observe toutefois que ce sentiment de culpabilité peut être remarquable par son absence et propose deux catégories de comportement antisocial : d'abord, celle d'enfants ou d'adultes qui se sentent soulagés par un délit limité auquel ils peuvent rapporter une culpabilité inconsciente et de source inconnue. (Il se souvient ici des « criminels par sentiment de culpabilité », troisième volet de notre texte principal de référence.) Ensuite des cas plus graves, tels que le criminel à répétition, engagé dans une tentative désespérée pour sentir la culpabilité. Richard III, le boiteux insoumis, s'oppose au petit Iiro, le syndactyle trop soumis.

Mais le moins intéressant n'est pas de voir Winnicott ranger dans la même catégorie que ces antisociaux et ces criminels l'artiste créateur. « Il arrive, écrit-il, que l'artiste ou le penseur ne parviennent pas à comprendre, ou méprisent même, les sentiments d'inquiétude qui motivent une personne moins créatrice, et l'on peut dire que certains de ceux qui ont l'esprit créateur ne sont pas capables de ressentir de la culpabilité et parviennent pourtant à une socialisation grâce à leurs talents exceptionnels. Pour les personnes ordinaires, poussées par la culpabilité, cela est déroutant : et cependant elles ont une secrète considération pour l'inexorabilité qui, en fait, va plus loin, dans ces circonstances, que l'œuvre motivée par la culpabilité [15]. »

En conjuguant à ce point de vue les réflexions de Thomas De Quincey sur l'assassinat considéré comme un des beaux-arts, je me demande si l'aire intermédiaire, l'espace transitionnel, n'est pas le champ réservé par l'histoire, l'actualité et les *mass media* aux créateurs et aux criminels... handicapés physiques ou non, mais soucieux de réparation, de reconnaissance et de célébrité.

PIERRE BOURDIER [16]

---

15. Cf. D. W. Winnicott, *De la pédiatrie à la psychanalyse,* Payot, 1969.
16. « Handicap physique, préjudice, exception » (1976), *Nouvelle Revue de psychanalyse,* 1976, n° 13, p. 265-279.

L'identification : désir de l'enfant de partager la grandeur parentale.
(Boy et Tarzan, Affiche anonyme belge des années 1950.)

Chapitre III

Idéal du Moi et Surmoi

Première femme de Wilhem Reich, Annie Reich émigra aux États-Unis, où elle se fit connaître par ses recherches, consacrées en particulier à la pathologie du narcissisme et au contre-transfert du psychanalyste.

Dans le texte qui suit, inédit en français [1], elle montre que les identifications précoces, qui persistent à l'intérieur du Moi, confèrent à l'ensemble de la personnalité des traits propres au stade du développement du Moi au cours duquel l'identification s'est en premier lieu réalisée. Le principe de réalité [2] ne parvient pas à s'établir de façon satisfaisante et les frontières du Moi demeurent instables. Ces identifications archaïques marqueront profondément le Surmoi comme l'idéal du Moi. L'un des points sur lesquels Annie Reich insiste dans ce chapitre est la différence entre l'imitation et l'identification.

L'article part de l'idée qu'il est nécessaire de différencier l'idéal du Moi du Surmoi. « L'idéal du Moi exprime ce que nous voulons être et le Surmoi ce que nous devrions être ». Rappelons que l'idéal du Moi, introduit par Freud en 1914 dans son article sur le narcissisme [3], est « l'héritier du narcissisme » tandis que le Surmoi (1923) est « l'héritier du complexe d'Œdipe ». Après cette date, Freud a tendance à éliminer

---

1. Annie Reich, « Early Identifications as Archaïc Elements in the Superego » (1954) (Les identifications précoces en tant qu'éléments archaïques du Surmoi), *Journal of the American Psychoanalytic Association,* vol. 2, 1954, p. 218-238.
2. L'un des deux principes régulateurs de la vie psychique, l'autre étant le principe de plaisir. Avec l'instauration du principe de réalité, la satisfaction est ajournée en fonction des conditions imposées par le monde extérieur. (D'après Laplanche et Pontalis, *Vocabulaire de la psychanalyse,* P.U.F.)
3. Voir première partie, chapitre I.

plus ou moins complètement la notion d'idéal du Moi, la fondant dans le Surmoi ou la confondant avec lui. Il n'en demeure pas moins que beaucoup d'analystes ont ressenti la nécessité de conserver le concept d'idéal du Moi, voire de lui conférer une importance particulière, dans la mesure où ils ont décelé dans la clinique l'existence de tensions, souvent fort grandes, entre l'héritier du narcissisme, qui vise à donner au sujet une amplitude maximale, et le Surmoi fait d'interdits et de restrictions.

Cette tension est particulièrement vive au moment de l'adolescence qui se caractérise souvent, comme l'observation commune permet de le constater, par un mélange d'idéalisme et de cruauté. L'idéalisme vise en fait essentiellement l'assomption narcissique du Moi, désir qui vient balayer les interdits moraux liés au Surmoi. L'adhésion même à la notion quelque peu vulgarisée du Surhomme *que rien ne doit arrêter dans l'expansion de son être et qui ainsi estime devoir se situer par-delà le bien et le mal, exprime bien cette tendance de l'idéal du Moi à submerger l'instance morale. Que l'on songe par exemple à ces deux héros de la littérature occidentale que la volonté de puissance, expression de l'idéal du Moi, va pousser au crime : Raskolnikov et Lafcadio. L'idéal mégalomaniaque vient ici complètement éclipser le Surmoi, au moins momentanément, comme il est à même de le faire au niveau collectif à certains moments de l'histoire.*

Cette tension entre idéal du Moi et Surmoi existe plus particulièrement dans certaines structures qu'Annie Reich étudie dans le texte qui suit.

Dans un article portant sur « Le choix objectal narcissique chez les femmes », j'ai essayé de montrer qu'il semblait utile d'établir une distinction entre le Surmoi — instance plus tardive et plus conforme à la réalité — et l'idéal du Moi — plus précoce et plus narcissique.

En résumé, j'ai esquissé à grands traits la distinction entre les identifications aux figures parentales, vues sous un angle très flatteur, fondées sur le désir qu'a l'enfant de partager la grandeur parentale, ou de s'en emparer — afin d'effacer le sentiment de sa propre faiblesse — et les identifications résultant de la désagrégation du complexe d'Œdipe. Les premières représentent l'idéal du Moi, les secondes le Surmoi. On pourrait dire, aussi bien, que l'idéal du Moi exprime ce que nous voulons être, et le Surmoi ce que nous devrions être. Je vais, dans le présent travail, tenter d'approfondir ce concept et d'y apporter quelques éclaircissements à l'aide d'un certain matériel clinique.

LES CONTRAINTES DU SURMOI

Le concept d'idéal du Moi, tel qu'il apparaît initialement chez Freud, dépasse ce que l'on entend généralement par Surmoi dans les textes psychanalytiques. La plupart du temps, le Surmoi est assimilé à la conscience. Dans « Pour introduire le narcissisme [4] », Freud (1914) écrit que l'homme se crée des idéaux afin de rétablir le narcissisme perdu de l'enfance. En intériorisant les exigences parentales et en s'y soumettant, il efface la blessure narcissique causée par l'attitude critique des parents et restaure le narcissisme. Toutefois, la notion initiale d'idéal du Moi, plus ample, permet d'y englober d'autres moyens, plus directs et dont nous parlerons plus loin, de neutraliser les sentiments pénibles d'insuffisance et de faiblesse. Il faudrait dire, en premier lieu, que l'idée que se fait Freud du Surmoi ne correspond pas non plus à la conscience.

Le Surmoi est une structure complexe. L'identification au côté moral de la personnalité parentale, utilisée pour refouler les désirs œdipiens est, bien sûr, généralement plus manifeste. Il peut s'agir d'une identification positive (tu dois faire ce que fait ton père — ou ta mère) ou négative (tu ne dois pas faire ce que fait ton père — ou tout ce que fait ton père). Mais les identifications peuvent aussi représenter un substitut des objets d'amour (œdipiens) auxquels il faut renoncer, ainsi que des objets d'agression que le sujet élimine en se mettant à leur place. Ainsi, certains traits de caractère des figures parentales sont assumés, qui ne sont plus liés à la tâche de maîtriser les instincts.

LORSQUE LE MOI SE MESURE A CERTAINS DÉSIRS

Le choix de l'identification utilisée dans la constitution du Surmoi est déterminé — comme le souligne Freud (1923) dans *Le Moi et le Ça* [5] — par le degré de bisexualité du sujet ainsi que par ses antécédents prégénitaux. Les identifications destinées à refréner les pulsions se trouvent fusionnées, dans leur tâche de contention de la génitalité incestueuse, avec des identifications plus précoces qui s'opposent à la complaisance prégénitale. Les identifications ultérieures aux figures parentales mentionnées plus haut, remplaçant les parents en tant qu'objets d'amour ou d'agression, se fondent avec les identifications

4. Trad. française in *La Vie sexuelle* (P.U.F.).
5. Trad. française in *Essais de psychanalyse* (Payot).

Les identifications précoces aux qualités parentales, objets d'envie et d'admiration, peuvent avoir lieu afin d'effacer une blessure narcissique.

plus précoces et plus primitives qui se produisent généralement au cours des phases prégénitale et pré-œdipienne, souvent à un moment de grande immaturité du Moi. Une modification des identifications plus précoces et plus primitives se produit normalement par le biais de leur fusion avec les identifications ultérieures.

Il va de soi que les identifications du Surmoi conservent, tout au long de la vie du sujet, leur forme particulière de structures différenciées à l'intérieur du Moi. Nous sommes habitués à considérer les identifications les plus précoces comme des identifications du Moi, c'est-à-dire comme des identifications totalement intégrées dans le Moi et ne conduisant à aucune différenciation à l'intérieur de celui-ci. Le but du présent travail consiste à montrer que même les identifications les plus précoces ne donnent pas toujours lieu à cette intégration totale. Les identifications précoces aux qualités parentales, objets d'envie et d'admiration, peuvent avoir lieu afin d'effacer une blessure narcissique. Elles peuvent être représentées par le désir de ressembler au parent idéalisé et ne pas conduire du tout — ou conduire seulement dans une certaine mesure — à une transformation de la personnalité dans le sens souhaité. Ces désirs doivent être considérés comme des idéaux du Moi. Le Moi se mesure à eux et l'estime de soi dépend de l'écart qui les sépare de celui-ci, tout comme elle dépendra, plus tard, de l'écart séparant le Moi du Surmoi. Selon le degré de constitution du Moi atteint par le sujet, cette comparaison du Moi à l'idéal donnera ou non lieu à des tentatives de réalisation de ces idéaux. À un stade primitif de constitution du Moi, ces idéaux peuvent s'exprimer de manière prépondérante par un accomplissement de désir imaginaire — sous forme de fantaisies narcissiques. Il s'agit de la manière la plus primitive d'effacer la blessure narcissique à laquelle nous avons fait allusion plus haut.

RAMENER L'IMAGE DES PARENTS A L'ÉCHELLE HUMAINE

Les fantaisies narcissiques selon lesquelles le sujet se sent grand, puissant, génial, etc, varient selon leur degré de *Ichzugehörigkeit* (appartenance au Moi). Elles ne constituent parfois qu'un agréable passe-temps ; elles peuvent, par exemple, faire partie des fantaisies masturbatoires auxquelles on s'adonne pendant les périodes d'excitation sexuelle. Mais il arrive fréquemment qu'elles constituent un élément essentiel et permanent de la personnalité auquel le Moi se mesure. Ce n'est que dans ce cas qu'il y a lieu de les considérer comme les idéaux du Moi.

Les idéaux narcissiques fortement marqués semblent avoir une double origine.

1. La formation d'un idéal du Moi narcissique devient nécessaire lorsque des menaces pèsent soudain sur l'intégrité narcissique. Une forte angoisse de castration, en particulier, provoque le retrait de la plus grande partie de la libido des objets d'amour qui vient se concentrer sur le Moi. Cela aboutit à la formation d'idéaux grandioses représentant ce que l'on voudrait être. Dans de tels cas, les idéaux se caractérisent par leurs aspects phalliques ; il semblerait, de plus, que seule la grandeur la plus écrasante suffise à préserver l'intégrité phallique. Les identifications précoces, avec leur vision grandiose des parents, sont souvent réactivées à cette fin.

2. Il arrive aussi que les identifications précoces persistent tout au long de l'enfance Ces identifications se produisent à un moment où le Moi infantile est faible et où la fusion avec l'objet parental fort — ou une appropriation de la force de celui-ci — vient effacer le sentiment d'insuffisance de l'enfant. Les identifications primitives correspondant à cette période lointaine ont un caractère particulier et « superficiel », en ce sens qu'elles sont passagères et changeantes. L'enfant se contente d'imiter ce qui attire momentanément son attention chez l'objet. Ces imitations expriment, de manière primitive, la fantaisie de l'enfant selon laquelle il *est l'objet* ou, plus tard, lui ressemble. Le désir bien arrêté de ressembler à l'objet implique une appréhension du soi et de l'objet en tant qu'entités bien distinctes et différentes. Normalement, ces identifications deviennent petit à petit, permanentes, donnant lieu à une assimilation réelle des qualités de l'objet. Il s'agit là d'une maturation progressive du Moi. D'autre part, cette assimilation des qualités de l'objet d'identification ne peut être que partielle. Sous bien des rapports, l'enfant ne peut pas être tout à fait semblable aux adultes. Dans des conditions normales, l'enfant acquiert la faculté de se juger soi-même et de saisir la réalité, ce qui lui permet de concevoir certains aspects des images parentales comme ce qu'il n'est pas encore mais espère devenir. Nous sommes alors en présence d'une sorte d'idéal du Moi — nous pourrions dire qu'il s'agit de l'idéal du Moi normal — qui mènera à des tentatives destinées à atteindre progressivement ces buts, au fur et à mesure que la croissance et les facultés de l'individu le permettront. Cela implique que l'image parentale soit dépouillée de ses aspects irréels, grandioses, infantiles, et ramenée à des proportions humaines. L'attachement à la grandeur initiale de l'image parentale indique une fixation ou une régression à un degré précoce de constitution du Moi;

c'est-à-dire que l'épreuve de réalité mature n'est pas encore acquise ou a été partiellement abandonnée. En s'identifiant à l'objet embelli, il est possible d'accéder soi-même à la toute-puissance. La surestimation de l'objet constitue donc un moyen détourné d'atteindre à une magnificence autrement inaccessible au Moi.

UN ÉTAT DE MÉGALOMANIE PASSAGÈRE

Dans les cas plus pathologiques, toutefois, l'identification primitive n'est pas dépassée. Au lieu que se constituent des identifications solides, ce sont les identifications imitatives qui persistent ; ou bien, dans le meilleur des cas, le désir de ressembler à l'objet fait son apparition, mais le sujet est conscient de n'en être pas encore là. Contrairement au processus normal indiqué plus haut, il ne se sent nullement poussé à convertir ses fantaisies en réalités. La capacité d'atteindre de tels objectifs dans la réalité est absente, car le sujet est souvent incapable de supporter une tension, d'attendre et d'obtenir des gratifications au moyen de l'effort et de la concentration. La gratification des désirs doit être instantanée et ne peut s'obtenir que par la magie. De plus, le sujet se cramponne alors à des images parentales non modifiées, infantiles et grandioses.

Dans ces conditions, la fantaisie narcissique subsiste en tant que composante permanente et importante de la personnalité. Ces idéaux sont donc hors d'atteinte : ou bien ils sont irréalisables en eux-mêmes, parce que trop grandioses et trop ambitieux, ou bien le passage ne peut être effectué de la fantaisie à la réalité. L'une et l'autre de ces situations ont pour conséquence un état permanent d'insatisfaction narcissique, c'est-à-dire un sentiment aigu d'infériorité et, assez souvent, des états dépressifs d'intensité variable. Ou encore, si le niveau du Moi est plus primitif, on peut assister à un abandon partiel de l'épreuve de réalité, et l'état du sujet peut être décrit comme une mégalomanie partielle et passagère. Sans avoir perdu le contact avec la réalité, ces personnes ont le sentiment d'être l'équivalent de leur idéal narcissique, quel qu'il soit. Exemple : un malade, que son Moi infantile et des difficultés névrotiques ont écarté de la réussite professionnelle, s'exerce pendant des heures à signer « comme un banquier ». Tout en ayant pleinement conscience de ses échecs dans le domaine de la réalité, le fait de tracer une signature « importante » lui procure une satisfaction, comme s'il était le président d'une banque.

C'est cet état de mégalomanie partielle et passagère, fondée sur un idéal du Moi pathologique, qui fait l'objet du présent travail.

DES IDÉAUX GRANDIOSES

Il arrive fréquemment que les idéaux du Moi narcissiques ne deviennent apparents qu'à la puberté. Il semblerait que le retrait de la libido des objets dangereux pour le Moi, dont nous avons parlé plus haut, se produise sous la pression croissante des conflits pubertaires, afin d'effacer le danger de castration, accru du fait de la masturbation pubertaire. Des idéaux narcissiques ayant un caractère compensatoire, grandiose et phallique, tels que nous les avons décrits, sont alors créés ou réactivés sur un mode régressif. Ce qui sous-entend que les désirs objectaux-libidinaux sont remplacés, sur un mode régressif, par les identifications du type infantile précoce mentionnées ci-dessus.

Les idéaux du Moi pubertaires constituent, cependant, dans des conditions normales, un mélange unissant ces identifications précoces à divers éléments du Surmoi. La persistance des idéaux narcissiques sous leur forme initiale indique la présence d'une pathologie plus ou moins grave. Des traces d'identifications narcissiques peuvent toutefois être décelées dans le Surmoi normal.

Parmi ces résidus d'identifications précoces — que je désignerai sous le nom d'éléments « archaïques » — je ne traiterai que des éléments positifs et grandioses. J'ai délibérément omis l'instabilité des premières images — la transformation subite d'un « bon » objet en un « mauvais » objet, avec toutes les conséquences graves qu'entraîne un tel changement en matière d'identification précoce et d'équilibre narcissique. De plus, il y a lieu d'insister sur le fait qu'il est évident que, dans la plupart des cas, l'idéal du Moi et le Surmoi sont fondus, enchevêtrés et superposés l'un à l'autre dans une telle mesure que la différenciation de ces structures relève plutôt de la théorie. Il apparaît, d'autre part, que toute tentative d'appréhension des états narcissiques non psychotiques doit faire appel au concept d'idéal du Moi.

Alors que la prévalence d'idéaux du Moi conduit à une pathologie si grave qu'on ne peut manquer de la remarquer, des cas plus bénins passent souvent inaperçus. L'adjonction au Surmoi d'éléments narcissiques, non modifiés, de l'idéal du Moi, se traduit souvent par un sentiment d'identité totale avec l'idéal, en l'absence d'une transformation suffisante du Moi et d'un accomplissement réel.

Il n'est pas très facile de déceler ces sentiments dans l'analyse. Lorsqu'on y parvient, ils créent l'impression d'une légère confusion en ce qui concerne l'image que le sujet a de lui-même. Tout se passe comme si une fantaisie narcissique à propos du soi était devenue réalité, comme si les buts narcissiques avaient été atteints et comme si la distinction entre la fantaisie et la réalité était impossible dans certains secteurs limités. Il y a une absence totale d'objectivité lorsqu'il s'agit de soi-même. Il arrive souvent, toutefois, que ces sentiments soient bien cachés et ne s'expriment pas ouvertement. En outre, il peut s'agir de sentiments passagers constituant une réponse immédiate à une situation particulière — par exemple, le danger d'irruption des pulsions incestueuses — et représentant une régression défensive à l'identification précoce.

Je vais essayer d'étayer cette conception des éléments archaïques du Surmoi à l'aide d'un matériel clinique provenant de deux cas particuliers. Le premier illustre la manière dont, sous l'impact du complexe de castration, les identifications narcissiques précoces sont réactivées sur un mode régressif et incluses dans un Surmoi normal à d'autres points de vue. Dans le second, l'histoire particulière de l'enfance explique l'évolution anormale des identifications et fait apparaître clairement les causes de la formation et de la persistance d'un idéal du Moi pathologique.

UN CAS PATHOLOGIQUE D'IDENTIFICATION

Le premier cas est celui d'un brillant jeune homme, extrêmement doué, entré en analyse parce qu'il présentait des symptômes de phobie et de conversion hystérique. Il est apparu, au cours de l'analyse, que ses symptômes étaient l'expression d'identifications pathologiques, conséquences des conflits œdipiens de l'enfance. Les symptômes de conversion les plus importants consistaient en une sinusite et une colite hystériques auxquelles venait s'ajouter une crainte hypocondriaque très prononcée de la maladie. De plus, le malade craignait de perdre connaissance dans la rue, — en particulier lorsqu'il marchait dans les artères de Manhattan, « semblables à des gorges profondes » —, de tomber par la fenêtre, de se trouver coincé dans le métro, etc. La peur de la maladie menait tout droit à sa mère, constamment préoccupée — sur un mode hypocondriaque — de sa propre santé. Elle ne sortait jamais sans ses « sels », car elle pouvait tomber sans connaissance dans la rue. Le père — remarquablement intelligent et capable — était un obstétricien très occupé, dont le cabinet de consultation était installé dans la maison familiale. Dès son enfance, le jeune homme avait vu des femmes enceintes. Il savait que son père les opérait ; il les avait entendues crier à l'hôpital où travaillait son père. Il attachait aux activités médicales de son père un caractère de sexualité sadique. Le père infligeait des coupures aux femmes et leur faisait mal ; mais c'était également lui qui leur faisait des enfants.

153

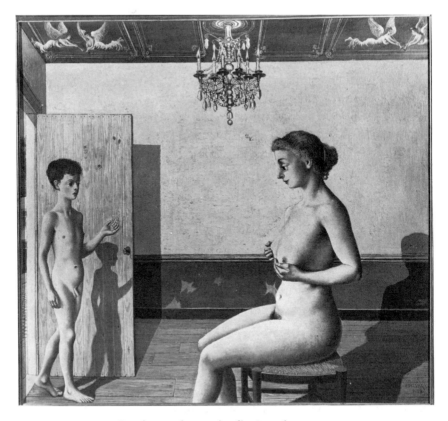

« Les formes de sa mère l'attirent beaucoup... »
(La Visite, *par Paul Delvaux, 1939. Paris, coll. part.)*

Le père était donc vu comme un débauché d'un point de vue sexuel. De ce fait, le jeune garçon était parvenu à la conclusion (non sans un « insight » psychologique valable) que les maladies de sa mère étaient la conséquence de la « brutalité » de son père. D'autre part, la maladie, l'embonpoint et la grossesse étaient la conséquence de l'absorption d'aliments de mauvaise qualité et de la constipation. La grossesse et la maladie étaient donc toutes deux d'origine prégénitale. C'était ce qu'il déduisait du comportement de sa mère : elle multipliait les mises en garde contre la nourriture malsaine et s'intéressait surtout à l'alimentation et à la purgation de ses enfants (le malade avait deux sœurs plus âgées). La peur de la maladie correspondait, chez le malade, à une fantaisie de grossesse, qu'il traduisait par l'expression

« être bourré de pus par les deux bouts ». Cette fantaisie de grossesse s'exprima également par une obésité extrême, entre cinq et dix-sept ans (âge auquel, étudiant à l'Université, il se débarrassa de cette infirmité en s'imposant un régime draconien, se nourrissant exclusivement de pommes et de biscuits non sucrés pendant trois mois).

CONSERVER LA MÈRE COMME OBJET D'AMOUR

L'obésité (c'est-à-dire l'identification féminine) avait fait son apparition au moment où les désirs œdipiens se désintégraient, comparable à un signe très visible de ce qui s'était passé. Il convient maintenant de décrire brièvement son histoire œdipienne. La relation de l'enfant à la mère — aimante et protectrice — semblait avoir été très positive, avec une prédominance de désirs oraux centrés sur des fantaisies consistant à manger l'objet d'amour et à être mangé par lui. Le malade se souvenait d'une crainte très ancienne (à l'âge de deux ans) de tomber dans un puits, à la campagne, ou dans une excavation du métro, ce qui a mené tout droit aux angoisses sexuelles ultérieures. Lorsque, jeune marié, il désirait, au réveil, avoir des rapports sexuels avec sa femme, il avait l'impression atroce de choir dans un abîme. Les symptômes phobiques mentionnés plus haut à propos des rues de Manhattan assimilées à des gorges profondes, ainsi que de la possibilité de tomber par la fenêtre, sont du même ordre.

Il se souvenait d'un incident légèrement postérieur. Au cours de vacances d'été passées à la campagne avec sa mère — en l'absence de son père — alors qu'il était âgé de trois ans, il avait pénétré seul dans la salle à manger, avant tout le monde, et mangé tout un plat de « crullers » destiné à l'ensemble de la compagnie. Les « crullers » me dit-il, sont une sorte de gâteaux frits dans la graisse, dont la forme correspond exactement aux organes génitaux féminins. (Du fait qu'il prenait son bain dans le même tub que ses deux sœurs, il avait eu le loisir de faire cette constatation.) A l'issue de cet exploit, il fut très malade et conserva par la suite des troubles de la nutrition, refusant les aliments gras, baveux, dépourvus de consistance, tels que le ragoût, le foie, les rognons, etc. Il acquit simultanément une répugnance envers les femmes « orientales », c'est-à-dire juives (le malade est juif), car on aurait dit « qu'elles avaient trempé dans l'huile ». A partir de ce moment-là, des angoisses diverses persistèrent, ayant trait à la possibilité de tomber malade après avoir absorbé des aliments de mauvaise qualité. Ces angoisses — prégénitales quant aux désirs sous-jacents concernés — étaient également strictement préœdipiennes. Elles surgissaient entre le malade et sa mère. Le père ne semblait pas encore être devenu un rival. Du fait de ces angoisses, l'enfant n'a pas renoncé à la mère en tant qu'objet, mais il est passé — tout au moins partiellement — à un nouveau stade de son développement sexuel.

UNE EXPLICATION DE L'OBÉSITÉ

A l'âge de quatre ans, il part à la mer, seul à nouveau avec sa mère et ses sœurs. Il commence à s'intéresser à leur nudité et les formes de sa mère l'attirent beaucoup. La nuit, il partage le grand lit avec cette dernière. Quand elle dort, il se serre contre son corps et finit par se glisser sous les couvertures et poser ses lèvres sur la région pubienne ; à moins qu'il ne s'agisse du contenu de fantaisies masturbatoires. C'est alors qu'il commence à jouer avec ses parties génitales. De retour à la ville, il considère, pour la première fois, son père comme un rival. Non seulement le petit garçon prend conscience des activités médicales sadiques de son père — sources d'épouvantables angoisses pour lui —, mais il partage la chambre de ses parents et découvre, la nuit, la vie amoureuse de ces derniers. En analyse, il se souvient de la colère qu'il éprouvait contre son père, de son désir de le supprimer, d'aller lui-même vers le lit de sa mère (c'est de là que proviendra, en partie, sa « peur de marcher » ultérieure). Pendant la journée, il reste seul avec sa mère — ses sœurs sont à l'école. Tout en l'aidant dans ses travaux ménagers, il entretient la fantaisie qu'au lieu de se livrer à des occupations innocentes, ils s'adonnent, en fait, à des jeux amoureux, comme au bord de la mer. La masturbation s'accompagne aussi de fantaisies du même ordre. Il croit se souvenir d'avoir été surpris par son père alors qu'il se masturbait et d'avoir été pris de panique ; il s'agit probablement d'un souvenir-écran représentant un rêve d'angoisse. Une expérience terrifiante, toutefois, mettra fin, de manière traumatisante, à la fantaisie et à la masturbation. À l'âge de cinq ans, il est conduit, de même que sa sœur aînée, à l'hôpital de son père pour y être opéré des amygdales et l'opération a lieu dans la salle de travail. Il se souvient de la terreur éprouvée lorsqu'on posa le masque à éther sur son visage.

Après l'opération, l'enfant est persuadé d'avoir été castré et de ne plus être un garçon. Il cesse de se masturber et renonce à ses fantaisies non déguisées à propos de sa mère. En échange, il cherche à lui plaire sur un mode beaucoup plus infantile. Il commence à trop manger et ne tarde pas à devenir obèse. Renonçant à sa génitalité agressive, il régresse à l'oralité qu'il venait d'abandonner. Mais, de plus, il commence à s'identifier à sa mère souffrante et aux malades enceintes, la position sexuelle féminine étant la seule qu'il puisse adopter vis-à-vis de son père.

S'IDENTIFIER À SON PÈRE DANS L'EFFORT MAIS NON DANS LE SUCCÈS

À ce moment-là, les traits d'un Surmoi paternel fortement marqué — que nous décrirons plus loin — font leur apparition. C'est ce qui lui permet d'entrer dans une période de latence plutôt normale, caractérisée par de bons résultats scolaires et l'élaboration de sublimations intellectuelles enrichissantes.

Pendant l'adolescence, avec le retour de la masturbation, l'hypocondrie, le sentiment de culpabilité et l'inhibition — à la fois sexuelle et sociale à l'époque — ne font que s'accroître et l'empêchent de mener une vie normale, et ce jusqu'au jour où, mis en présence des exigences d'une sexualité adulte et de la nécessité de maîtriser sa vie sur un mode masculin, il tombe dans la dépression. Il s'agit d'un étudiant brillant, diplômé d'une des meilleures universités avec les félicitations du jury, et pourtant il est écrasé par un sentiment d'infériorité irrémédiable et d'indignité. Au lieu de travailler ou de se préparer autrement à mener une vie indépendante, il passe plusieurs années à « fainéanter » sur le canapé du living-room de ses parents, lisant voracement et se masturbant abondamment. Lorsqu'il commence, enfin, à travailler — dans un domaine lié à la création artistique — il ne peut le faire que dans des conditions très particulières : il doit travailler dans l'anonymat, gagnant à peine de quoi vivre, faisant office de « nègre » pour plusieurs amis qui lui devront la fortune et la célébrité. Ce n'est qu'à l'issue de plusieurs années d'analyse qu'il parviendra à reprendre son bien.

La signification de cette conduite devait apparaître clairement dans l'analyse. Petit garçon, il s'était vivement intéressé à la profession de son père ; rempli de curiosité, il lisait les journaux médicaux de celui-ci à un âge incroyablement précoce, manifestement dans l'intention de prendre sa place et de le surpasser. Nous avons déjà dit que, dans sa petite enfance, les activités médicales de son père lui apparaissaient comme étant totalement sexualisées. Cependant, lorsque sa famille voulut le pousser à faire des études de médecine, il ne put s'y résoudre et choisit, par contre, le violon d'Ingres de son père qui s'intéressait aux arts et protégeait un groupe d'artistes inconnus. Réduit à ce rôle secondaire, le malade fit preuve d'un talent considérable, se montrant extrêmement exigeant vis-à-vis de lui-même quant à la perfection de son travail. Toutefois, cette activité substitutive elle-même devait être clandestine : il fallait laisser les récompenses à une figure paternelle. C'était comme s'il pouvait s'identifier à son père sous l'angle de l'intelligence, et comme si le succès était réservé à celui-ci. Il pouvait s'identifier à son père dans l'effort mais non pas dans la récompense.

COMME UN CHEVALIER SUR SON BLANC DESTRIER...

Lorsqu'il eut commencé à travailler, sa vie sexuelle, jusque-là limitée à la masturbation, s'élargit elle aussi, mais cela n'alla pas sans mal. Il pouvait s'adresser aux femmes, mais uniquement dans certaines conditions ; c'est-à-dire que, lorsqu'elles avaient besoin de réconfort, d'aide, d'amour, il était capable de leur donner du plaisir, même avec son pénis. Il devenait alors leur sauveur et leur soutien ; il faisait l'amour sur un mode purement « altruiste ». Sa puissance d'érection était satisfaisante. Il était très important pour lui de donner un orgasme à la femme, mais il ne ressentait absolument rien lui-même. Pour reprendre ses propres termes, il devait être « un chevalier sur un blanc destrier, ne se servant de sa lance que pour protéger les femmes sans défense ». Nous pouvons à nouveau constater qu'il s'identifiait à son père, mais sur un mode négatif. Son père, de son point de vue d'enfant, se servait de son pénis-scalpel pour lacérer les femmes.

Cette description, très fragmentaire, de la symptomatologie et du comportement du malade, nous permet d'avoir un aperçu de sa personnalité et de la structure de son Surmoi.

Le Surmoi du malade était une structure complexe. Il y avait prédominance d'une identification à un père sévère, dispensateur de punitions, ne tolérant pas les transgressions sexuelles ou agressives de son fils. De la cinquième année jusqu'à l'entrée en analyse, le malade avait eu des sentiments d'intense culpabilité atteignant leur point culminant pendant sa période de « fainéantise ». Il avait le sentiment d'être « un monstre », « un robot », « pourri de l'intérieur », « constamment en danger de voir s'écrouler ses valeurs morales ». Ces derniers mots constituaient, bien sûr, l'expression adulte de sa crainte d'assister à une irruption des pulsions sexuelles (incestueuses) refoulées. « L'intérieur pourri », conséquence de l'absorption d'une nourriture de mauvaise qualité, exprimait un désir sexuel et la réaction de culpabilité qui en découlait, le tout présenté dans un langage prégénital. Le « robot » et le « monstre » représentaient le danger de se laisser emporter par des impulsions sadiques et sexuelles échappant à tout contrôle. En outre, cela indiquait le sentiment d'avoir déjà été puni du crime incestueux par la castration et d'avoir été découvert.

UN ARTISAN DU BONHEUR D'AUTRUI

Cette identification au père sévère s'exprimait dans l'élévation des critères moraux. Nous avons déjà parlé de l'aspect négatif de l'identification au père : dès qu'il était question de gratifications réelles, il ne pouvait que renoncer. La sexualité, le succès et l'argent étaient l'apanage de son père. Contrairement au père sadique, le malade était bon. Non seulement il évitait ainsi l'identification interdite au père sexuel, mais il surpassait celui-ci. Il s'attendait à être préféré à son père par sa mère — par les femmes — pour sa bonté. Mais, en même temps, le chevalier sur son blanc destrier, qui ne se servait de sa lance qu'à des fins curatives, était loin de constituer une figure entièrement masculine. Il voulait aussi se comporter comme la mère aimante et protectrice, qui, armée de pouvoirs magiques, embrasse l'enfant quand il s'est fait mal et chasse la douleur par son baiser. Ce deuxième aspect de l'idéal s'était enrichi avec le temps quant à son contenu et ses détails. Adolescent, il entretenait des fantaisies ayant trait à une maison à lui, meublée avec un goût exquis, où, célibataire, il convierait ses amis à des repas raffinés qu'il préparerait lui-même. Il voulait battre sa mère, aux goûts plus simples, sur son propre terrain. Il devenait extrêmement tentant d'être celui qui donne et nourrit de la manière la plus délicate. Du domaine de l'oralité directe, cette fantaisie s'étendait à bien d'autres terrains. Il voulait être celui qui dirige et conseille tous les autres. Il parvint à se constituer un cercle d'amis très étendu. Les efforts qu'il déployait à leur intention l'occupaient vingt-quatre heures sur vingt-quatre. Il chercha à devenir leur « thérapeute », à leur donner de l'argent, à les conseiller dans leurs affaires de cœur, à trouver des emplois, des appartements, à organiser des voyages, obtenir des places de théâtre introuvables, à leur donner des idées essentielles pour leur travail artistique, etc., etc. Là — de même que dans sa tâche de « nègre » anonyme — il se faisait l'artisan de la renommée et du bonheur d'autrui. Par ce comportement, il se haussait jusqu'au niveau d'une mère idéale, omnisciente, toute-puissante et généreuse. Ainsi l'identification paternelle négative coïncidait avec cette forme, très particulière, d'identification maternelle. Il s'identifiait à la mère, aimante et protectrice, s'intéressant essentiellement aux repas, à la santé et au bonheur de la famille. Bien que le père fût médecin, c'était elle qui soignait les enfants quand ils étaient malades, qui les aidait, alors que le père était vu comme un sadique. Il y avait un contraste frappant entre cette image de la mère et celle qui sous-tendait les symptômes hystériques du malade lui permettant de s'identifier à la mère sexuelle, c'est-à-dire malheureuse, maltraitée, malade et enceinte.

UN SENTIMENT DE TOUTE-PUISSANCE QUI DÉPASSE LES POSSIBILITÉS RÉELLES

L'image de la mère protectrice et généreuse était antérieure aux fantaisies œdipiennes sado-masochistes. Les « patterns » oraux et anaux — nourrir et donner — semblaient prédominer. Il y avait, au premier plan, la relation de la mère à l'enfant pour lequel elle pouvait faire n'importe quoi. Étant donné la longue histoire de désirs oraux orientés vers la mère, cette coloration prégénitale de l'image précoce n'avait rien d'étonnant.

Ce qui frappe davantage dans cet idéal, ce sont les traits mégalomaniaques. Le malade se sentait omniscient et tout-puissant — au service des autres. Toutes les angoisses et tous les sentiments d'infériorité qui le harcelaient disparaissaient grâce à cette identification. Son comportement et son caractère avaient été modelés d'après cet idéal. Bien que capable, dans une large mesure, de répondre à cette exigence interne, il n'avait manifestement pas les moyens de mener à bien toutes ces belles entreprises. Très heureux, pendant un certain temps, d'appartenir à une organisation qui mettait à sa disposition divers dispositifs, techniques et autres (par exemple, une ligne téléphonique directe avec Washington), il avait l'impression de jouir des pouvoirs de l'organisation. Ce sentiment de toute-puissance, cependant, ne se limitait pas aux situations réelles. Privé du soutien de l'organisation, il ne tarda pas à retrouver ce sentiment de toute-puissance qui dépassait, de loin, ses possibilités réelles.

D'autre part, les conditions préalables à l'apparition de ce sentiment ont pu être étudiées pendant les périodes d'impuissance totale qui suivirent la séparation de sa mère. Lorsqu'il se maria, par exemple — après s'être cramponné à sa mère pendant plusieurs années — et quitta la maison familiale, il éprouva de la colère envers sa mère et envers l'analyste, parce qu'elles ne l'avaient pas aidé à meubler son nouveau logement, ni à trouver des domestiques, une teinturerie et une blanchisserie. C'était comme si, en l'absence de sa mère, il fût incapable de se nourrir et de rester propre. Mais il ne tarda pas à reprendre le dessus. Sa maison devint le centre de son cercle d'amis et il eut à nouveau l'impression de diriger un service social privé. Le processus était évident : à l'issue de la perte de l'objet — vu surtout sous un angle prégénital — il s'identifiait à cet objet et, par le biais de cette identification, l'impuissance se transformait en sentiment de grandeur.

L'IMAGE DE LA MÈRE PRIMITIVE

Dans ce sentiment de grandeur — et c'est là où je voulais en venir en citant ce cas si longuement — les facultés du malade en matière d'épreuve de réalité et d'auto-appréciation, par ailleurs bien dévelop-pées, lui faisaient défaut. Nous nous trouvons là en présence du noyau narcissique du Surmoi ; son sentiment infantile de toute-puissance se trouvait ainsi préservé ou, mieux encore, réactivé. Cependant — et nous découvrirons qu'il en va de même dans le deuxième cas présenté dans ce travail — on peut observer un certain flottement dans le sentiment mégalomaniaque. Ce qui, par moments, était une conviction intime de sa propre grandeur, devenait, à d'autres moments, une exigence intime, et la différenciation se trouvait rétablie entre le Moi et l'idéal du Moi. Ainsi le sentiment mégalomaniaque était-il passager. Il était contrarié, non seulement par le Moi — c'est-à-dire le retour au sens des réalités — mais aussi par d'autres parties du Surmoi faisant, par exemple, qu'il se voyait sous les traits d'un « robot ».

Ces conflits à l'intérieur du Surmoi ne sont, en aucune manière, inhabituels. Il a déjà été dit que le Surmoi se compose d'éléments provenant d'identifications diverses. Une fusion s'opère normalement entre ces divers éléments. L'impossibilité d'effectuer totalement cette fusion facilite le passage d'états d'esprit mégalomaniaques à une autocritique aiguë et vice versa.

On pourrait se demander pourquoi cette identification est considérée comme un idéal du Moi. Nous avons affaire, en fait, dans une large mesure, à une identification du Moi. Le malade se conduisait envers ses amis de la manière dont sa mère se conduisait envers lui quand il était petit. Un élément était toutefois venu s'ajouter à cette identification, qui ne correspondait pas à la réalité. Je veux parler de la toute-puissance attribuée à la mère. Cette image précoce de la mère toute-puissante, prégénitale et pré-œdipienne, était utilisée pour contrebalancer l'image ultérieure, terrifiante, de la mère malade, malheureuse et enceinte à laquelle — ses symptômes le prouvent — il s'était également identifié. Ainsi, lorsqu'il lui devenait impossible de se sentir homme, il avait encore la ressource de s'identifier à la mère puissante de la petite enfance et contrebalancer ainsi son identification à la mère castrée. Afin de répondre à ce besoin défensif, la mère était idéalisée en faisant appel à des images très précoces.

LA NÉCESSITÉ DE DISTINGUER UN DÉSIR DE SA RÉALISATION

Ces images très précoces de la mère semblent appartenir à des périodes d'immaturité du Moi, antérieures à l'épreuve de réalité et à la prise de conscience objective de ce que la mère était réellement. À cette époque, l'enfant n'était pas encore capable de faire clairement la différence entre lui-même et l'objet. Il est facile de faire disparaître les frustrations en renonçant à la conscience de la séparation de l'objet et en fusionnant à nouveau avec celui-ci. Le malade, dans son désir de s'identifier à la mère idéalisée, ne pouvait pas lui ressembler d'un point de vue réaliste, c'est-à-dire s'identifier à elle dans son Moi et devenir aussi grandiose qu'il la voyait. Il ne pouvait s'agir que d'un désir narcissique, un idéal du Moi. La faculté de se juger avec réalisme et de comprendre qu'il voulait ressembler à son idéal, sans pouvoir y parvenir, pouvait être abandonnée aisément. Par magie, il pouvait ne faire qu'un avec son idéal. Il était enclin à régresser passagèrement à ces stades où le moindre désir était aussitôt exaucé. Ces régressions pouvaient être décelées dans son comportement, lorsqu'il tombait dans la vantardise et l'exagération à propos de son pouvoir et de ses hauts faits. D'autre part, ce « pattern » régressif et mégalomaniaque ne constituait qu'une adjonction à son identification maternelle, conforme à la réalité sous tous ses autres aspects. Il semble que, dans le Surmoi normal, les traces de mégalomanie proviennent de la réactivation, sur un mode régressif, du mécanisme qui consiste à s'unir par fusion à un objet idéalisé. Il est vraisemblable que le fait de se cramponner à un idéal du Moi de cette sorte est surtout motivé par des besoins défensifs.

Le flottement dans la différenciation entre le Moi et l'idéal, la facilité de réactivation du mécanisme d'élimination de la séparation entre soi-même et l'objet tout-puissant, la perte de la faculté de distinguer le désir de sa réalisation, la désagrégation passagère de l'épreuve de réalité, tels sont les traits décisifs qui caractérisent ces structures primitives que j'aimerais appeler « idéaux du Moi narcissiques », par opposition au Surmoi normal. Lorsque dans les états pathologiques — tels que la jubilation maniaque, par exemple — nous assistons à une dissolution du Surmoi, nous pouvons peut-être parler d'une régression du Surmoi à des idéaux du Moi plus primitifs.

La mère toute-puissante, prégénitale et pré-oedipienne... (Vénus de Lespugue, ▶
Saint-Germain-en-Laye, Musée des Antiquités.)

L'IDENTIFICATION À UNE PARTIE DU CORPS DES PARENTS

Ce flottement des différenciations du Moi apparaît régulièrement dans les caractères dits « narcissiques ». L'élimination de la différenciation fait naître une estime de soi excessive ; sa réapparition donne lieu aux « angoisses narcissiques » telles que la crainte d'être inférieur, une préoccupation exagérée de ce que les autres pensent du sujet, etc.

La faculté d'effacer la différenciation du Moi sur un mode régressif a pour origine une fixation aux stades précoces de la constitution du Moi. Le malade dont je viens de parler, bien qu'ayant atteint le stade génital, se caractérisait par une fixation marquée à l'oralité. Il était capable de pousser très loin la désexualisation de ses tendances prégénitales et d'atteindre ainsi à une structure caractérielle bien sublimée. La capacité de réactiver des états du Moi antérieurs sur un mode régressif constituait la seule faiblesse résiduelle du Moi, provenant de sa fixation précoce à un stade oral, caractérisé par l'absence de stabilisation des frontières du Moi.

La pathologie des idéaux du Moi est plus apparente dans les cas de troubles plus importants de la constitution du Moi. Non seulement les aspects mégalomaniaques de l'idéal sont accentués, mais il arrive souvent que ces idéaux présentent des traits sexuels manifestement non sublimés. Ainsi l'écart s'agrandit entre la réalité et le contenu de l'idéal. La forme la plus fréquente prise par ces idéaux non sublimés se retrouve dans le désir de devenir — ou dans le sentiment d'être — un pénis. Dans ce cas, une identification a lieu — caractérisée à nouveau par le flottement des frontières séparant le Moi de l'idéal du Moi — à un phallus parental embelli. Cette identification est très primitive. Le sujet acquiert une partie du corps parental — dont la vue, ou le toucher, est excitante pour lui — pour ainsi dire en en prenant la forme. Lewin (1933) estime que cette fantaisie est toujours fondée sur l'incorporation orale. Greenacre (1947) indique, si je ne m'abuse, dans son article intitulé « Vision, Headache and the Halo » (La vision, le mal de tête et l'auréole), que le fait d'assister prématurément à une érection peut conduire à une idéalisation du phallus et à une identification à celui-ci.

UNE RELATION AUX PARENTS QUI PEUT ENTRAÎNER CERTAINS TROUBLES

Cette identification primitive est antérieure à la capacité d'intégrer, en une seule personne, plusieurs impressions émanant de l'objet. Elle

164

est fondée sur la conscience de l'existence d'une chose *concrète*, l'organe. La faculté de s'identifier aux qualités de l'objet suppose apparemment une plus grande différenciation dans la perception, des réactions plus complexes, en résumé, un stade plus avancé dans l'évolution du Moi. Cette identification pourrait presque être considérée comme une réaction du Ça et pas encore comme un mécanisme du Moi ; sa nature sexuelle et agréable est évidente. Il a été impossible de sublimer des traits brutalement sexuels. Il est évident que les identifications à un niveau aussi primitif peuvent se produire, moyennant l'application de méthodes infantiles telles que, par exemple, la fantaisie d'accomplissement de désir. Si elles persistent sous leur forme initiale, elles ne peuvent conduire à aucune transformation du Moi et doivent rester isolées en tant que structures (idéaux du Moi).

Les conditions préalables à la persistance de ces identifications primitives sont des troubles de l'évolution du Moi et des relations objectales. Ainsi, une sexualisation particulière de la relation parent-enfant — une séduction précoce, par exemple — peut s'exprimer de cette manière. Le plus souvent, ces idéaux sont utilisés, sur un mode régressif, pour éviter l'angoisse de castration. Mise au service de ces besoins défensifs, l'identification au phallus embelli peut se parer de valeurs morales. Elle peut être utilisée, par exemple, pour lutter contre la masturbation. Une fusion peut se produire entre cet idéal et des identifications ultérieures à des figures refrénant les pulsions. Je me souviens, par exemple, d'un malade qui, dans son adolescence, alors qu'il combattait désespérément ses pulsions masochistes homosexuelles, voulait sentir — et sentait — son corps tout entier devenir rigide et dur comme la statue de George Washington. Il va sans dire que, dans de tels cas, la grandeur précédemment décrite est également présente.

Je vais brièvement tracer les grandes lignes d'un fragment d'histoire prouvant l'existence de cette fusion et montrant la genèse de l'idéal du Moi pathologique. Il s'agira également de montrer que, dans de tels cas, la situation est encore compliquée du fait de la combinaison de ces idéaux du Moi primitifs avec des éléments du Surmoi particulièrement cruels.

LA GRANDEUR : UN IDÉAL AUQUEL ON MESURE SON MOI

La malade était une jeune femme, très douée intellectuellement, ayant entamé une carrière prometteuse dans l'enseignement. Elle était venue en analyse du fait de diverses angoisses de type narcissique et d'un comportement masochiste. Sous une apparence inquiète et effacée, des sentiments de grandeur ne tardèrent pas à se faire jour. Elle pensait qu'elle avait du génie, « que le monde en aurait soudain la révélation, qu'elle se dresserait alors à ses yeux comme un obélisque », qu'elle faisait l'admiration de tous ceux qui l'approchaient. Elle considérait tout ce qu'elle faisait comme une réussite extraordinaire, objet de l'admiration générale. Elle était certaine d'être enviée pour ce qu'elle avait. Toutefois, ces sentiments mégalomaniaques étaient passagers. Il lui arrivait souvent de se sentir rejetée, dépossédée, coupable d'égoïsme et d'ambition ; elle oscillait ainsi entre ses sentiments de grandeur et la conscience de ne pas être aussi grandiose qu'elle l'aurait voulu. À ce moment-là, la grandeur était un idéal auquel elle mesurait son Moi, alors qu'à d'autres moments elle était incapable de faire la différence entre le désir et la réalité.

Fille unique, née quelques mois après la mort subite de son père, elle avait grandi auprès de sa mère et de ses grands-parents maternels. Peu de temps avant la mort de son père, l'unique frère de sa mère, un beau jeune homme particulièrement doué, était mort subitement, lui aussi, de maladie. Son père étant fils unique, elle était donc le seul enfant de la famille. Sa jeune mère avait refusé de se remarier et s'était consacrée entièrement à son enfant, sur laquelle elle déversait son trop-plein d'amour et d'affection. L'enfant était traitée comme la chose la plus précieuse et la plus merveilleuse qui fût au monde ; c'est-à-dire que son propre narcissisme faisait l'objet d'une stimulation excessive. Dès sa petite enfance, on attendait d'elle qu'elle remplaçât son père et son oncle défunts. Elle avait, très tôt, pris conscience de l'existence du phallus, son grand-père s'étant montré nu devant elle. Les théories sexuelles de l'enfant avaient, naturellement, été influencées par la complication de la situation familiale. Il y avait, de plus, une fixation orale prédominante. La malade imaginait que sa mère avait dévoré son père dans l'acte sexuel qu'elle assimilait à une castration par morsure du pénis. Elle-même était le pénis du père — ou bien le père ou l'oncle défunt — ressuscité. Les grandes qualités — intellectuelles ou autres — du père et de l'oncle défunts s'étaient fondues, dans l'esprit de l'enfant, avec l'impression formidable causée par la vue des organes génitaux du grand-père et avec ses propres fantaisies, à une époque où sa libido était encore orale et, par conséquent, le stade d'évolution de son Moi, primitif. Dans sa fantaisie, elle s'offrait à sa famille comme objet d'amour remplaçant les objets perdus. Il s'agissait d'une fantaisie sexuelle extrêmement gratifiante, mais, en même temps, elle sentait que la famille exigeait qu'elle se substituât au fils et au mari défunts. Ainsi, la confusion des aspects moraux et sexuels était-elle devenue irrémédiable. Contrairement à l'évolution normale du Surmoi, la gratification sexuelle symbolique et l'embellissement narcissique de soi devinrent le contenu d'une exigence morale.

UN DÉCALAGE INSURMONTABLE ENTRE LES IDENTIFICATIONS PRÉCOCES

L'admiration que la mère et les grands-parents prodiguaient à l'enfant, faisant office de séduction narcissique, accrut le narcissisme de la petite fille et la poussa, dans une mesure énorme, à s'intéresser à son propre corps. De ce fait, l'acquisition des éléments de contrôle du Moi devint pratiquement superflue et se trouva fortement retardée. L'acceptation de la réalité déplaisante fit longtemps l'objet d'un refus et la faculté fut conservée d'effacer les frustrations de toutes sortes, moyennant l'accomplissement des désirs dans le domaine de la fantaisie. La persistance de l'identification au phallus embelli

l'Enfant Gâté ou les parents ridicules.

l'Enfant: *Moi je veux pisser sur le tiquet no !* Le Père: *Ah ! le méchant enfant !... Eh bien laisse le pisser sur le manche !*

L'admiration totale de l'entourage de l'enfant accroît son narcissisme
et retarde l'acquisition des éléments de contrôle du Moi.
(Gravure de la première moitié du XIXᵉ siècle, Paris, Musée Carnavalet.)

démontre que la malade n'était jamais parvenue à dépasser les méthodes infantiles de régulation de l'estime de soi.

Toute désexualisation de la fantaisie devint impossible. Aucune identification stable, présentant des qualités non sexuelles, n'était faisable, puisqu'en dernier ressort l'enfant cherchait à s'identifier à des objets qui n'existaient que dans sa fantaisie. L'influence de la réalité qui, normalement, aurait dû s'exercer sur l'objet issu de la fantaisie et permettre un certain degré de désexualisation — tout en ramenant à des proportions normales la figure du père, vue dans des dimensions surnaturelles — était absente ; d'où le caractère phallique non sublimé de l'idéal du Moi et son ampleur mégalomaniaque. Elle voulait que tout son corps fût un phallus (« dressé comme un formidable obélisque »), c'est-à-dire l'équivalent d'un génie créateur monumental, objet d'admiration pour chacun des membres de son entourage.

La conscience de sa féminité, cependant, venait contredire ces fantaisies. Le manque de pénis était ressenti comme un traumatisme épouvantable la poussant à se cramponner avec d'autant plus de ténacité à l'identification surinvestie au père-phallus en tant que tel. Ainsi les pulsions sadiques-orales étaient-elles intensifiées sur un mode régressif. D'autre part, la crainte de perdre l'amour de sa mère la conduisait à constituer des formes réactionnelles puissantes. Enfin, cette agressivité prégénitale se retournait contre elle-même, comme un Surmoi impitoyable. Tout cela vint à se combiner avec l'identification phallique mégalomaniaque. Le résultat fut un mélange mal intégré donnant lieu aux oscillations dans l'estime de soi que j'ai décrites plus haut.

AUX FRONTIÈRES DE LA FOLIE

Cette pathologie particulière du Surmoi peut être considérée comme typique. Lorsque, postérieurement aux identifications précoces accompagnées d'un comportement sexuel non sublimé, les caractères sexuels en tant que tels constituent un idéal du Moi, on assiste fréquemment à une régression à des stades primitifs, agressifs, prégénitaux, donnant lieu à la persistance de précurseurs du Surmoi particulièrement cruels. Cette combinaison de facteurs contradictoires — idéaux sexualisés mégalomaniaques et éléments particulièrement sadiques du Surmoi — ne peut donner naissance qu'à un type de Surmoi impossible à égaler dans la réalité. Les variations de l'estime de soi que nous venons de décrire — provenant de l'instabilité de la structure du Moi et de l'oscillation entre les illusions mégalomaniaques passagères sur soi-même et le retour à la faculté de distinguer la fantaisie de la réalité — se trouvent considérablement accentuées par l'adjonction d'éléments primitifs et cruels du Surmoi. Par conséquent, les états mégalomaniaques alterneront avec des périodes de sous-estimation de soi, ce qui peut indiquer une pathologie du genre « cas limite ».

La réactivation — ou la persistance — d'une identification précoce à l'intérieur de la structure du Moi ultérieur, imprègne la personnalité de caractéristiques appartenant au stade de l'évolution du Moi auquel l'identification s'était produite initialement (telles qu'instabilité des frontières du Moi, confusion entre le Moi et l'objet, entre le désir et la réalité). Dans des cas de régression plus accentuée, la situation se trouve encore compliquée du fait de l'adjonction de précurseurs sadiques du Surmoi ainsi que d'idéaux brutalement sexuels. Les Surmoi de cette espèce sont marqués par une intégration imparfaite s'exprimant par des variations constantes dans l'estime de soi. Dans notre langage analytique, d'une précision imparfaite, il nous arrive souvent de parler de personnes narcissiques à propos de ces sujets.

Pour terminer, il y a lieu de souligner qu'un type narcissique de cette sorte a fait l'objet d'une description très tôt dans l'histoire de la psychanalyse — bien avant la publication des travaux de Freud sur la psychologie du Moi. Je fais allusion à un essai de Jones (1913) intitulé *Le Complexe de Dieu* (trad. française, Payot), dans lequel la personnalité narcissique est conçue comme le résultat de l'identification à une figure paternelle vue sous un jour infantile.

ANNIE REICH [6]

Traduit de l'américain
par S.-M. ABELLEIRA

---

6. « Early Identification as Archaic Elements in the Superego » (1954), *Journal of the American Psychoanalytic Association*, vol. 2, 1954, p. 218-238.

Reproduction de Narcisse se mirant dans l'eau,
par Ch. Natoire (Dôle, Musée municipal)
pour la couverture de l'Idéal du Moi.

Chapitre IV

L'idéal du Moi et le groupe

Janine Chasseguet-Smirgel a consacré un ouvrage à l'idéal du Moi, duquel nous extrayons la matière de ce chapitre [1]. *Cet essai psychanalytique sur la « maladie d'idéalité »* [2] *aborde, entre autres sujets, les relations entre l'idéal du Moi et la perversion, l'évolution de l'idéal du Moi, ses rapports avec l'état amoureux et la génitalité, ainsi qu'avec la sublimation, les différences entre idéal du Moi et Surmoi. Le texte ci-dessous traite de l'idéal du Moi et du groupe. Nous savons que, pour Freud, la foule est structurée sur le modèle de la horde primitive* [3], *le chef étant un substitut du père. Le complexe d'Œdipe est donc pour Freud à la base des phénomènes collectifs. C'est cette hypothèse que l'auteur soumet à la critique. Elle étudie également la relation fondamentale que la formation collective entretient avec l'idéologie.*

En anticipant sur une discussion ultérieure, nous pouvons remarquer dès maintenant qu'il existe, à un certain niveau, une différence fondamentale entre *l'idéal du Moi, héritier du narcissisme primaire* et le *Surmoi héritier du complexe d'Œdipe.* Le premier constitue — à l'origine du moins — une tentative de récupération de la *toute-puissance* perdue. Le second, dans la perspective freudienne, est issu du *complexe de castration.* Le premier tend à

---

1. *L'Idéal du Moi. Essai psychanalytique sur la « maladie d'Idéalité »,* Tchou, 1975, p. 89-106.
2. Expression employée par Mallarmé dans *Igitur ou la Folie d'Elbehnon* (Œuvres complètes, Gallimard, coll. « La Pléiade »).
3. Voir première partie, chapitre III.

restaurer l'Illusion, le second à promouvoir la réalité. Le Surmoi coupe l'enfant de la mère, l'idéal du Moi — avons-nous dit — le pousse à la fusion. Si l'institution du Surmoi soulage les exigences sans limites de l'idéal du Moi en instituant la barrière de l'inceste et en transformant l'impuissance intrinsèque de l'enfant en obéissance à un interdit (ce qui lui permet non seulement de sauver la face mais de retirer une satisfaction narcissique de son obéissance même) et s'il est vrai, d'une manière générale, comme le souligne F. Pasche dans son article *De la dépression* (1961) [4] qu'il est souvent plus facile d'obéir à des principes moraux que de devenir une personnalité de premier plan, il n'en reste pas moins que le désir d'être, comme à l'orée de la vie, son propre idéal, ne semble jamais définitivement abandonné par la plupart des hommes, chez lesquels, à des degrés divers, il persiste inchangé, malgré les vicissitudes qu'il subit à un autre niveau, parallèlement à l'évolution du Moi.

INJONCTION POSITIVE DE L'IDÉAL DU MOI ET INJONCTION NÉGATIVE DU SURMOI

Le Surmoi freudien est la dernière en date des instances de l'appareil psychique. Quand Freud introduit le Surmoi dans la seconde topique, on sait qu'il le confond avec l'idéal du Moi. Ainsi il dit (1923) [5] : « Le Surmoi n'est cependant pas un simple résidu des premiers choix d'objets par le Ça ; il a également la signification d'une formation destinée à réagir énergiquement contre ces choix. Ses rapports avec le Moi ne se bornent pas à lui adresser le conseil "Sois ainsi" (comme ton père), mais ils impliquent aussi l'interdiction : "Ne sois pas ainsi" (comme ton père) ; autrement dit : "Ne fais pas tout ce qu'il fait ; beaucoup de choses lui sont réservées à lui seul." » Dans notre perspective nous pouvons dire, en continuant à distinguer l'idéal du Moi du Surmoi, que l'injonction positive provient de l'héritier du narcissisme et la négative de l'héritier du complexe d'Œdipe. Rappelons encore que, selon Freud, beaucoup d'adultes n'atteignent jamais à une véritable « conscience morale » résultant d'interdits intériorisés, ni ne ressentent de réel « sentiment de culpabilité », mais seulement de « l'angoisse sociale », bref ne possèdent pas de Surmoi et ne sont empêchés de faire le mal que par la crainte d'être découverts

4. *A partir de Freud*, Payot,
5. Le Moi et le Surmoi, in *Le Moi et le Ça*.

(1929) [6]. Cette idée avait déjà fait antérieurement l'objet de remarques semblables dans *L'Introduction du narcissisme* (1914) et dans *Psychologie collective et analyse du Moi* (1921) (chap. VII : « L'identification ») alors que Freud n'avait pas encore introduit la seconde topique.

LA DISPARITION DU SURMOI DANS LES PHÉNOMÈNES COLLECTIFS

En 1932, étudiant « les diverses instances de la personnalité psychique [7] »,il est encore plus radical : « En créant la conscience, Dieu n'a fait qu'un travail bien inégal et bien négligé, car la plupart des hommes ne possèdent qu'une faible dose de conscience, si faible qu'on peut à peine en parler. » Il semble que l'on ait peu tenu compte, dans la littérature psychanalytique, de cette proposition freudienne ; on a au contraire porté l'accent sur l'universelle sévérité du Surmoi en omettant, me semble-t-il, de distinguer entre divers ordres de facteurs mis tous au compte de l'héritier du complexe d'Œdipe. Il apparaît, en fait, qu'à la faveur de certaines circonstances, cette instance d'implantation récente, presque inexistante parfois selon Freud, et en tout cas vraisemblablement fragile, puisse être comme balayée par l'ancien désir d'union entre le Moi et l'Idéal soudain réactivé [8]. Les phénomènes collectifs paraissent particulièrement aptes à provoquer la disparition du Surmoi. Freud le remarquait déjà dans *Psychologie collective et analyse du Moi :* « Il nous suffit de dire que l'individu en foule se trouve placé dans des conditions qui lui permettent de relâcher la répression de ses tendances inconscientes. Les caractères en apparence nouveaux qu'il manifeste alors ne sont précisément que des manifestations de cet Inconscient où sont emmagasinés les germes de tout ce qu'il y a de mauvais dans l'âme humaine ; que la voix de sa conscience se taise ou que le sentiment de responsabilité disparaisse dans ces circonstances, c'est là un fait que nous n'avons aucune difficulté à comprendre. Nous avons dit, il y a longtemps, que c'est "l'angoisse sociale" qui forme le noyau de ce que l'on appelle "la conscience morale" » ; et aussi : « Dans

---

6. *Malaise dans la civilisation.*

7. *Nouvelles Conférences,* Gallimard.

8. C'est un malade d'Alexander qui aurait dit que le Surmoi est soluble dans l'alcool (Remarques sur la relation des sentiments d'infériorité aux sentiments de culpabilité, *Int. J. of Psychoan.*, 1938, *19*, pp. 41-49). C'est donc bien l'élation narcissique, la rencontre du Moi et de l'Idéal qui dissout le Surmoi.

l'obéissance à la nouvelle autorité (celle de la foule), on doit faire taire sa "voix de conscience" dont les interdictions et les commandements seraient de nature à empêcher l'individu de jouir de tous les *avantages hédoniques*[9] dont jouit la foule. Aussi ne devons-nous pas nous étonner de voir l'individu faisant partie d'une foule accomplir et approuver des choses dont il se détournerait dans les conditions ordinaires de sa vie... » Freud dit encore : « Il y aurait à convenir que n'importe quelle réunion d'hommes manifeste une très forte tendance à se transformer en une foule pathologique. » Freud, on le sait, considère la foule « comme une résurrection de la horde primitive » qui était formée d'« un individu d'une puissance extraordinaire et dominant une foule de compagnons égaux »... « Le père primitif est l'idéal de la foule qui domine l'individu après avoir pris la place de *l'idéal du Moi* », tandis que les membres composant la foule, ayant ainsi remplacé leur idéal du Moi par un même objet, s'identifient entre eux.

L'EFFACEMENT DES CARACTÈRES INDIVIDUELS DANS LA FOULE

La cohésion de la foule dépend essentiellement de son rapport au meneur qui pousse les membres composants à la perte de leur individualité. Chaque membre de la foule s'assimile ainsi aux autres : « Lorsque l'individu, englobé par la foule, renonce à ce qui lui est personnel et particulier, et se laisse suggestionner par les autres, nous avons l'impression qu'il le fait parce qu'il éprouve le besoin d'être d'accord avec les autres membres de la foule plutôt qu'en opposition avec eux ; donc il le fait peut-être pour l'amour des autres... » « Tant que la formation collective se maintient, les individus se comportent comme s'ils étaient taillés sur le même patron. » Et aussi : « Le sentiment individuel et l'acte intellectuel personnel sont trop faibles pour s'affirmer d'une manière autonome, sans l'appui des manifestations affectives et intellectuelles analogues des autres individus. Rappelons-nous, à ce propos, combien nombreux sont les phénomènes de dépendance dans la société humaine normale, combien peu on y trouve d'originalité et de courage personnel, à quel point l'individu est dominé par les influences d'une âme collective, telles que les propriétés raciales, préjugés de classe, opinion publique, etc. » Cet effacement des caractères individuels, lié à l'identification des membres

---

9. C'est moi qui souligne.

de la foule entre eux, ayant constitué un idéal du Moi commun en le projetant sur le même objet : le meneur, paraît donc d'autant plus absolu que les caractères individuels présentent intrinsèquement plus de faiblesse. Dans la horde primitive, « la volonté de l'individu était trop faible pour se risquer à l'action. Les impulsions collectives étaient alors les seules impulsions possibles ; la volonté individuelle n'existait pas. La représentation n'osait pas se transformer en volonté lorsqu'elle ne se sentait pas renforcée par la perception de sa diffusion générale ». En outre, il existerait une volonté d'uniformisation des membres de la foule qui tirerait son origine de la rivalité fraternelle : « Puisqu'on ne peut être soi-même le préféré et le privilégié, il faut que tous soient logés à la même enseigne, que personne ne jouisse de faveurs spéciales et de privilèges particuliers. Personne ne doit se distinguer des autres, tous doivent faire et avoir la même chose. La Justice sociale signifie qu'on se refuse à soi-même beaucoup de choses afin que les autres y renoncent à leur tour ou, ce qui revient au même, ne puissent les réclamer. »

Discutant de *l'instinct grégaire,* Freud affirme que « tous les individus veulent être égaux, capables de s'identifier les uns avec les autres et un seul supérieur » et, plutôt que de définir l'homme comme un animal grégaire, il en fait un *animal de horde,* « c'est-à-dire un élément constitutif d'une horde conduite par un chef ». L'ensemble des propositions de Freud nous ramène donc à une situation en rapport avec le *complexe paternel,* le chef étant un substitut du père, les individus composant la foule constituant un analogon de la fratrie.

Il me semble que tous les rassemblements humains, et la foule en particulier, ne correspondent pas à ce schéma s'appliquant à une situation relativement évoluée.

ANALOGIE ENTRE LE GROUPE ET LE RÊVE

Un article particulièrement éclairant de Didier Anzieu (1971) [10] vient à l'appui de la thèse que je vais essayer de défendre ici.

L'auteur établit une analogie entre le groupe et le rêve. Toute situation de groupe serait vécue comme *réalisation imaginaire du désir.* De plus, « sous mille variantes au cours de l'histoire des idées, le groupe a été imaginé comme ce lieu fabuleux où tous les désirs seraient satisfaits » qu'il s'agisse de « l'*Utopia* de Thomas More, de l'abbaye de Thélème de Rabelais, du phalanstère de Fourier, des copains de

---

10. « L'illusion groupale », *Nouvelle Revue de psychanalyse,* 1971, n° 4.

Jules Romains [11]... ». Selon l'auteur, dans le groupe comme dans le rêve, l'appareil psychique subit une triple régression. Temporellement, le groupe a tendance à régresser au narcissisme *primaire ;* topiquement, le Moi et le Surmoi ne peuvent plus exercer leur contrôle. Le Ça prend possession de l'appareil psychique avec le Moi idéal qui « *cherche à réaliser la fusion avec la mère toute-puissante et la restauration introjective du premier objet d'amour perdu* [12]. Le groupe devient, pour les membres, le substitut de cet objet perdu ». (Quant à la régression formelle, elle se manifeste par le recours à des modes d'expression infiltrés par le processus primaire, proches des premiers échanges entre l'enfant et la mère.) Didier Anzieu montre ainsi qu'un groupe qui fonctionne de lui-même (sans organisme de contrôle chargé d'effectuer l'épreuve de réalité) « *fonctionne naturellement dans l'ordre de l'illusion* ».

LA GUÉRISON DES BLESSURES NARCISSIQUES DANS L'ILLUSION GROUPALE

Trois observations successives de groupes de formation dont l'auteur a la pratique en tant que moniteur, vont faire apparaître certains thèmes constitutifs de l'illusion groupale. Il s'agit de la mise en place d'une théorie égalitaire : « Que les creux et les bosses soient nivelés, les chefs rabotés, chacun réduit au commun dénominateur. » Proposition interprétée par l'auteur comme la négation de la différence des sexes et, d'une façon plus générale, celle des fantasmes primaires. L'idéologie égalitariste défend de l'angoisse de castration. Apparaît également dans le groupe une dénégation de la scène primitive. Le groupe est auto-engendré. Il est lui-même une mère toute-puissante. Il s'agit, non de s'organiser autour d'un personnage central (le moniteur), mais *autour du groupe lui-même*. L'illusion groupale serait donc la réalisation du désir de « guérir ses blessures narcissiques » et de s'identifier au bon sein (ou à la mère toute-puissante).

Il me semble que le travail de Didier Anzieu permet de mieux rendre compte de certains phénomènes collectifs. En effet, ce qu'il décrit est très précisément l'accomplissement du vœu de fusion entre le Moi et l'Idéal par les moyens les plus régressifs, ceux qui sont propres au principe de plaisir empruntent la voie la plus courte, et viennent abolir toutes les acquisitions de l'évolution.

---

11. L'auteur rappelle ici des propositions contenues dans l'un de ses travaux antérieurs : « L'étude psychanalytique des groupes réels », *Les Temps modernes,* 1966, n° 242.
12. C'est moi qui souligne.

LE CHEF PROMOTEUR DE L'ILLUSION

La figure paternelle est en fait chassée, exclue du groupe ainsi que le Surmoi. Tout se passe comme si la formation collective en soi constituait la réalisation hallucinatoire d'une prise de possession de la mère par la fratrie, sur un mode très régressif, celui de la fusion primaire. Le chef peut exister cependant (il n'est que de penser aux foules nazies). Il ne saurait, à mon avis, se confondre avec le père : *le chef est alors celui qui active l'ancien désir d'union du Moi et de l'Idéal. Il est le promoteur de l'Illusion,* celui qui la fait miroiter devant les yeux éblouis des hommes, celui par qui elle s'accomplira. Les temps seront révolus, le Grand Jour (ou le Grand Soir) adviendra, la Jérusalem céleste s'offrira à nos regards émerveillés, nos besoins seront satisfaits, les Aryens conquerront le monde, le jour se lèvera, les lendemains chanteront, etc. La foule a moins soif d'un maître que soif d'illusions. Et elle choisit pour maître celui qui lui promet l'union du Moi et de l'Idéal. Le meneur, c'est Cagliostro. *Il n'y a pas de chef absolu qui ne soit porteur d'une idéologie.* Il est en fait *intermédiaire* entre la masse et l'illusion idéologique, et derrière l'idéologie il y a toujours un fantasme d'assomption narcissique.

Aussi bien le chef *participe-t-il davantage de la mère toute-puissante que du père. On a souvent comparé le nazisme à une religion, les assemblées de Nuremberg à des messes et Hitler à un grand prêtre. En fait le culte ainsi rendu a plus la déesse-mère (Blut und Boden)* que le père comme objet. On assiste dans les masses constituées de la sorte à *une véritable éradication du père et de l'univers paternel* en même temps que de tous les dérivés de l'Œdipe, et, en ce qui concerne le nazisme, le retour à la nature, à l'ancienne mythologie germanique manifeste l'aspiration à la fusion avec la mère toute-puissante.

LA RECONQUÊTE NARCISSIQUE PAR L'IDENTIFICATION AVEC LES IDÉAUX DU GROUPE

On comprend mieux, me semble-t-il, dans cette perspective, que le Surmoi puisse être aussi violemment et absolument écarté, ainsi du reste que l'idéal du Moi évolué, toutes les fois où l'Illusion a été activée dans un groupement humain. Si les retrouvailles du Moi et de l'Idéal sont possibles, toutes les acquisitions de l'évolution sont inutiles, voire gênantes (puisqu'elles ont été acquises progressivement

*Le retour à l'ancienne mythologie germanique
manifeste l'aspiration à la fusion avec la mère toute-puissante.
(Fête nazie au Bückeberg en 1934.)*

en raison, précisément, de l'écart entre le Moi et l'Idéal). Joseph Sandler dans son article sur le Surmoi (1959) [13] remarque qu'« il existe, en vérité, des situations dans lesquelles le Moi peut et veut totalement dédaigner les critères et les préceptes du Surmoi, s'il peut gagner un suffisant apport narcissique ailleurs. Nous observons cet impressionnant phénomène dans les frappants changements survenant dans les idéaux, le caractère et la moralité qui peuvent résulter du port d'un uniforme et du sentiment d'identité avec un groupe. Si l'apport narcissique fourni par une identification avec les idéaux d'un groupe ou avec ceux d'un leader est suffisant, alors le Surmoi peut être complètement dédaigné et ses fonctions assumées par les idéaux, les préceptes et le comportement du groupe. Si ces idéaux du groupe permettent une gratification directe des désirs instinctuels, alors une complète transformation du caractère peut survenir ; et l'étendue de l'abandon du Surmoi en ce cas est évident dans les épouvantables

13. « On the Concept of Super Ego », *Psychoanalytic Study of the Child, 15,* pp. 128-162.

atrocités commises par les nazis avant et pendant la dernière guerre ».

Je ne puis que me trouver en accord avec J. Sandler puisque je mets l'accent sur la reconquête narcissique qui sert de projet aux groupes fondés sur une idéologie. Par contre, il me semble que la capacité d'accomplir des atrocités (en tant que satisfaction pulsionnelle) n'est pas seulement le résultat d'une adoption des critères moraux du groupe (venant se substituer au Surmoi personnel), mais la nécessaire conséquence de l'idéologie du groupe. *Tout ce qui vient entraver l'accomplissement de l'Illusion doit disparaître.* Or, comme le but de l'Illusion est l'idéalisation du Moi et qu'il n'existe pas d'idéalisation du Moi sans projection, les supports de projection doivent être pourchassés et impitoyablement annihilés. Je pense qu'il n'est pas suffisant de dire que le meurtre est alors commis *au nom du Surmoi* et qu'ainsi il devient licite ; je crois qu'il s'accomplit avant tout au nom de l'Idéal, comme celui des Infidèles par les Croisés sur le chemin de Jérusalem. Toute réactivation de l'Illusion est ainsi inéluctablement suivie d'un bain de sang pour peu que le groupe ait des moyens à la mesure de sa violence [14].

L'EXTENSION DU MOI AU GROUPE

Il est important de souligner que les membres des groupes que j'ai en vue ne sont pas obligatoirement réunis en un même lieu ; il ne s'agit pas seulement de foules réelles mais aussi d'individus (composant des foules virtuelles) qu'unit une identique conviction politique ou mystique ou mystico-politique (une religion au sens étymologique), en dehors même des moments où ils se rencontrent ; la régression qui s'opère dans ces groupes n'est donc pas uniquement induite par des conditions matérielles précises (que Didier Anzieu décrit dans son article : être dans un lieu clos, coupé du monde extérieur, etc.), bien que celles-ci soient à même de la favoriser [15]. Elle me paraît par contre étroitement tributaire de l'Illusion dont l'avènement est promis par le meneur. Si l'on pense que cette promesse

14. Le principe du machiavélisme politique « la fin justifie les moyens » est en fait un précepte idéaliste qui se trouve appliqué chaque fois où l'Illusion est réactivée. La fin (les retrouvailles du Moi et de l'Idéal), justifie les moyens (annihile le Surmoi). « Liberté, que de crimes on commet en ton nom ! » est un cri qui n'a pas fini de retentir. (Il suffit d'imaginer des substituts de « Liberté » tels que Pureté, Bonheur, Grandeur, Justice, Égalité, Révolution, etc.)

15. En mai 1968, Girod de l'Ain titrait dans *le Monde* un article sur la Sorbonne occupée par les étudiants : « Le bateau ivre ». Sa métaphore montrait son intuition du caractère intra-utérin (le bateau) et élationnel (l'ivresse) de la régression du groupe.

active le désir d'union du Moi et de l'Idéal par le moyen de la régression et induit le Moi à se fondre dans l'objet primaire tout-puissant, à englober l'univers tout entier (le Moi égocosmique de Federn) [16], on peut comprendre que, d'une façon générale, la propension à la perte des limites du Moi rende l'individu particulièrement apte à s'identifier non seulement à chaque membre du groupe mais à *la formation collective tout entière*. Sa mégalomanie y trouve son compte, le Moi de chacun s'étendant à l'ensemble du groupe. Les membres du groupe perdent leur individualité, se mettent à ressembler à des fourmis ou à des termites ; et cette perte des particularités personnelles est d'autant plus nécessaire qu'elle contribue à l'homogénéisation de la masse dans son ensemble. Elle permet ainsi à chaque membre, non pas de se sentir une infime particule indifférenciée d'un grand ensemble, mais au contraire de s'identifier au groupe global, se conférant de ce fait un Moi tout-puissant, un corps colossal. Les manifestations sportives de la jeunesse dans les pays totalitaires où un ensemble d'individus dessine, à l'aide de banderoles ou de panneaux coloriés, d'immenses slogans ou de gigantesques portraits, matérialise cette fusion du Moi individuel dans la collectivité. Mais alors que l'observateur étranger au groupe suppose qu'une déperdition narcissique devrait accompagner le fait d'être ainsi réduit à ne représenter qu'un minuscule fragment sur un tracé monumental, l'exaltation des participants (et de la foule des spectateurs qui communie dans la même Illusion) indique, qu'inconsciemment, le Moi psychique de chacun s'est étendu à la masse entière des composants.

LES RETROUVAILLES DU MOI ET DE L'IDÉAL DU MOI

Cette extension du Moi au groupe permet aux individus qui le composent de goûter par anticipation (ou plutôt par une sorte de réalisation hallucinatoire du désir) la joie des retrouvailles entre le Moi et l'idéal du Moi. Le groupe est tout à la fois le Moi, l'objet primaire et l'idéal du Moi enfin confondus.

Freud, dans *Psychologie collective et analyse du Moi* (1921), attribue l'épreuve de réalité à l'idéal du Moi. Dans *le Moi et le Ça* (1923), il l'attribue au Moi. Il semble cependant que, dans la situation de groupe, cette épreuve de réalité puisse être confiée à l'idéal du Moi,

---

16. *Ego Psychology and the Psychoses.*

représenté par le groupe et le meneur, chargés de la promotion et de la conservation de l'Illusion. Le Moi individuel (qui a du reste fusionné avec le groupe comme je viens de tenter de le montrer) abandonne ses prérogatives au bénéfice du groupe. Devient vrai et juste ce que l'ensemble du groupe juge vrai et juste. Celui qui ne pense pas comme le groupe est exclu, pourchassé, tué ou déclaré fou.

LA PROMOTION DE L'ILLUSION

Dans *L'Incinérateur de cadavres* [17] dont j'ai parlé précédemment, une femme agitée fait des apparitions épisodiques, accompagnée de son mari qui essaie, en vain, de refréner ses éclats. Ainsi, une séquence du film — en une figuration allégorique des camps de concentration — représente une foire où des personnages de cire miment des scènes historiques sanglantes, à la manière de notre Musée Grévin. Le bras de l'un des personnages tient un couteau, et d'un geste saccadé, comme mû par un mécanisme d'horlogerie, l'enfonce dans le dos d'une autre figure de cire. À ce moment, la femme se met à hurler : « C'est du sang, du vrai sang, je l'avais bien dit ! » Son mari essaie de la faire taire et l'emmène promptement tout en disant à l'adresse du public massé autour des figures de cire : « Elle est complètement folle. » Il va sans dire que les figures de cire représentent les déportés auxquels la dimension humaine a été soustraite [18].Seule la femme les voit comme des êtres de chair et de sang. Elle représente l'individu solitaire dont le Moi n'a pas délégué à la foule sa fonction de tester la réalité. Mais la réalité, à ce moment-là, devient celle de la foule représentante de l'idéal du Moi, et c'est alors le personnage qui ne s'est pas départi à son bénéfice de sa fonction d'épreuve de la réalité qui est considéré comme fou [19]. Au fur et à mesure que le film se déroule, les apparitions de la femme se font de plus en plus rares et vers la fin elle disparaît tandis que son mari la cherche désespérément, signe que l'épreuve de réalité est entièrement passée aux mains de la foule. Tout le monde est devenu *rhinocéros*. Et la foule n'investira plus du label de la réalité que ce qui ira dans le sens de l'Illusion. En fait, il est impossible à une formation fondée sur l'idéologie, de ne pas faire de prosélytisme

---

17. Film du metteur en scène tchèque J. Hertz. Voir *L'Idéal du moi,* p. 35.

18. Plus exactement, c'est la relation victime-bourreau qui est ainsi déréalisée (cf. Anna O..., *in* Freud et Breuer, *Études sur l'Hystérie,* Presses Universitaires de France, 1895, p. 18 : « Les gens lui apparaissent comme des figures de cire, sans rapport avec elle-même »).

19. Je ne voudrais pas que l'on considère cet exemple comme venant à l'appui de l'antipsychiatrie dont l'entreprise est elle-même profondément idéologique (au sens de « cherchant à promouvoir l'Illusion »).

et de ne pas chercher à détruire non seulement ses ennemis, non seulement les supports de projection dont il a été fait mention plus haut, mais également tous ceux qui restent en dehors d'elle. N'entrant pas dans le jeu de ceux qui soutiennent l'Illusion, ils représentent une faille dans l'Illusion elle-même. N'abandonnant pas l'épreuve de la réalité aux thuriféraires de l'Illusion, ils la mettent *ipso facto* en cause (« ceux qui ne sont pas avec nous sont contre nous »). Il est donc vital de réduire les indifférents (et les sceptiques) et de les obliger à céder aux « croyants la fonction d'épreuve de la réalité (*Der Führer hat immer recht,* « Le Parti a toujours raison [20] »).

On comprend qu'il soit tout à la fois dangereux et éprouvant de ne pas se soumettre à la loi du groupe, d'être un *trouble-fête ;* si l'on n'y risque pas toujours la vie, on voit tarir sa source d'approvisionnement narcissique. On devient un paria condamné à la solitude, qui n'a plus le droit à l'amour de ses semblables.

Cependant, il y a toujours quelqu'un pour dire : *Eppur si muove,* ou : « ça n'empêche pas d'exister ». On peut penser que celui-ci a non seulement un Surmoi œdipien mieux enraciné mais que son idéal du Moi a investi, comme j'ai essayé de le décrire dans le chapitre consacré à l'évolution de l'idéal du Moi, *la maturation* elle-même et qu'il trouve — malgré la souffrance qu'inflige à chacun le manque d'amour —, un approvisionnement narcissique dans le fait même de n'avoir pas cédé à la séduction de l'Illusion.

---

20. Nous avons, même en temps ordinaire, une certaine facilité à abandonner l'épreuve de réalité au groupe ou, du moins, à l'autre lorsque nous « n'en croyons pas nos yeux ». Nous demandons alors volontiers à un compagnon : « Tu vois ce que je vois, moi, là-bas ? » en désignant l'objet dont la perception nous inquiète ou nous étonne. Ceci afin de contrôler le caractère externe (réel) de notre perception (cf. Freud, *La Négation,* 1925). Mais ce contrôle n'est efficace qu'en l'absence de « folie collective », d'hallucination induite ou partagée.

Un effet comique est tiré dans *La Ruée vers l'or* d'une propension inverse, menant à la conservation absolue de l'épreuve de réalité par le Moi lorsque la cabane, ayant glissé durant la nuit, se trouve au matin à cheval sur le précipice et se met à osciller dangereusement. Charlot incrimine alors sa gueule de bois. (Il met donc sa perception externe sur le compte d'une perception interne, ce qui est le trajet contraire de celui qu'effectue généralement une épreuve de réalité défaillante.) Lorsque son compagnon lui dit, angoissé : « La maison bouge », il répond calmement : « Je sais, c'est l'estomac » (il s'agit de la version post-synchronisée).

L'épreuve de réalité effectuée grâce à la confirmation par le groupe de la perception individuelle est implicite dans la description de l'affect vécu par Freud lors de son voyage en Amérique (*Ma vie et la psychanalyse,* 1925) : « Lorsque je gravis l'estrade de Worcester, afin d'y faire mes *Cinq conférences sur la psychanalyse,* il me sembla que se réalisait un incroyable rêve diurne. La psychanalyse n'était plus une production délirante, elle était devenue une partie précieuse de la réalité. »

21. « La situation analytique et le processus de guérison », *Le Narcissisme,* Payot édit.

L'ACTIVATION DE L'ILLUSION VA À L'ENCONTRE DE L'ANALYSE

Le propos de la cure psychanalytique n'est pas — avons-nous dit — de promettre l'accomplissement de l'Illusion. Si les coordonnées de la situation analytique induisent — comme Béla Grunberger l'a montré dans son rapport de 1956 [21] — une régression narcissique et la projection du narcissisme du sujet (de son idéal du Moi) sur

« La maison bouge. — Je sais, c'est l'estomac. »
(Scène de La Ruée vers l'or, *par Charlie Chaplin, 1925.)*

l'analyste, il ne peut s'agir que de l'idéal du Moi maturatif, car si le sujet restait accroché à la solution de la fusion du Moi et de l'idéal du Moi sur le mode de l'Illusion, le processus analytique resterait bloqué, les intégrations pulsionnelles ne pourraient jamais s'accomplir, et le narcissisme, loin de constituer un *moteur* à la cure, en représenterait le frein majeur.

Une étude sur « l'analysabilité » pourrait valablement se fonder sur la qualité de l'idéal du Moi des candidats à la cure analytique. La sélection même des futurs analystes pourrait gagner à tenir compte de ce critère, faute de quoi l'analyse, vécue au départ comme la promesse de réalisation de l'Illusion, sera désinvestie à la première occasion au bénéfice de n'importe quelle mystique ou de n'importe quelle forme dissidente de la psychanalyse elle-même (et les dissidences participent toutes de l'Illusion [22]). Bien plus, dans les moments où l'Illusion est activée par le contexte social, l'analyse chez certains sujets devient impossible dans la mesure où la concurrence entre le long chemin que la psychanalyse propose pour l'accomplissement — très relatif — de l'union entre l'idéal du Moi et le Moi (l'écart ne sera jamais totalement aboli) et la voie courte offerte par une mystique quelconque, est au désavantage de la psychanalyse. L'idéal du Moi des sujets en question n'investira pas (ou peu) l'analyse et l'analyste, mais se fixera sur le groupe idéologique dont le sujet fait partie.

Dans son livre sur les petits groupes (1961) [23], Bion parle de l'hostilité du groupe (dépendant) contre le but du groupe : « Pour mieux saisir la nature de cette hostilité, il faut la considérer comme dirigée contre toute méthode scientifique et, par conséquent, contre toute méthode qui pourrait s'approcher de cet idéal. » Il mentionne

22. Je pense qu'en tenant compte de ce facteur, nous nous mettons en mesure de mieux comprendre les motifs de la douloureuse expérience faite par Freud à propos des dissidences décrite dans *Contribution à l'histoire du mouvement psychanalytique,* 1914 : « Les déceptions qu'elles m'ont causées auraient pu être évitées... J'avais toujours admis que le premier contact avec les pénibles vérités révélées par l'analyse était de nature à rebuter, à donner envie de fuir ; et je n'ai cessé de proclamer que le degré auquel chacun est capable de comprendre est en rapport avec ses propres refoulements (et avec les résistances qui les maintiennent) qui l'empêchent de dépasser en analyse un point déterminé. Mais ce que je n'aurais jamais cru possible, c'est que quelqu'un, après avoir poussé sa connaissance de l'analyse jusqu'à une certaine profondeur, pût renoncer à ce qu'il avait acquis sous ce rapport, le perdre. Et pourtant, l'expérience quotidienne faite sur les malades, nous a montré la possibilité de la perte totale de la connaissance analytique, sous l'influence d'une résistance un peu forte émanant d'une couche plus profonde... Et j'ai eu l'occasion de m'apercevoir que, sous ce rapport, les psychanalystes peuvent se comporter comme les malades soumis à l'analyse. »

23. W. R. Bion, *Recherches sur les petits groupes,* trad. française, Presses Universitaires de France, 1965.

également l'exigence de magie dans ce type de groupe (et que le leader soit un sorcier). Je pense que ceci est vrai de tout groupe où l'Illusion a été réactivée.

CLIMAT SOCIAL ET RÉSISTANCE À L'ANALYSE

Gustave Bychowski (1969) [24] a montré — à l'aide d'exemples cliniques — l'impact du « climat social » sur les résistances de certains patients. L'appartenance à des groupes politiques, indépendamment de leur idéologie et de leurs motivations — aussi nobles soient-elles —, permet, selon l'auteur, à l'individu en analyse *d'idéaliser* ses propres tendances et fantasmes. (Nous pourrions comparer cette idéalisation au processus pervers que j'ai décrit précédemment.)

L'utilisation du climat social pour rationaliser la résistance à l'analyse peut être observée de temps à autre dans le traitement des homosexuels, « leur tendance à s'organiser et à réclamer l'approbation publique aide de nombreux individus à considérer leur perversion non comme une maladie, mais comme une forme différente, et même supérieure, d'existence humaine ». (Autrement dit, le groupe entérine l'escamotage de l'évolution et des identifications effectuées par le sujet et l'aide à idéaliser sa prégénitalité : ce n'est certes pas par hasard si les exemples choisis par l'auteur sont tous en rapport avec la perversion où existe un trouble particulier au niveau de l'idéal du Moi ainsi que je l'ai avancé.)

Bychowski pense qu'il aurait été impossible d'analyser des individus à des périodes de l'histoire qui auraient fourni d'amples aliments à leurs résistances, particulièrement à ceux qui auraient été impliqués dans des guerres de religion ou des mouvements politiques fanatiques. S'il y a concordance entre la régression individuelle et celle du groupe, dit l'auteur, et si le système de valeurs de l'un et de l'autre est analogue, la régression et le système de valeurs de l'individu trouvent un soutien dans le groupe et la réversibilité est mise en question. L'alliance thérapeutique devient difficile à établir. Serge Lebovici, dans une intervention orale au Séminaire de Perfectionnement de janvier 1970, fit part de difficultés du même ordre survenant dans certaines cures, d'adolescents, en particulier. Je pense qu'un examen du rôle de l'idéal du Moi dans ces phénomènes permet non de résoudre la difficulté

---

24. « Social Climate and Resistance in Psychoanalysis », in *Inter. J. of Psychoan.*, 1969, *50*, pp. 453-459.

devant laquelle l'analyste se trouve placé — car contrairement à ce qui se dit tout ne s'analyse pas, et les possibilités de l'analyste sur qui le sujet n'a pas projeté son narcissisme se trouvent infiniment réduites — mais, du moins, je l'espère, de mieux l'appréhender.

LA MATURATION INACHEVÉE ET REFUSÉE

Il va de soi que la structure des formations collectives que j'essaie de décrire dans ce chapitre est particulièrement régressive, structure qui ne se retrouve pas dans les groupes ne reposant pas sur une idéologie (je ne fais pas entrer dans le cadre des idéologies les systèmes de pensées qui ne sont pas prometteurs d'un accomplissement de l'Illusion : un ensemble d'idées, une recette de gouvernement, par exemple, un programme à objectifs limités ne forment pas, dans cette optique, une idéologie à proprement parler). Ainsi, dans d'autres groupes, le meneur pourra avoir un rôle de père, comme dans le schéma freudien, voire celui d'un simple délégué de la fratrie qui, dans le fantasme collectif peut prendre figure de père ou de héros (au sens où Freud, après Rank, en parle dans *Psychologie collective et analyse du Moi* (1921) : Celui qui a vaincu le père et pris sa place, bon support de l'idéal du Moi de chacun). A l'inverse, dans les groupes fondés sur « l'Illusion », le meneur remplit auprès des membres du groupe le rôle que la mère du futur pervers joue auprès de son enfant en lui donnant à croire qu'il n'a besoin ni de grandir, ni de s'identifier à son père, faisant ainsi coïncider sa maturation inachevée avec son idéal du Moi [25].

Dans son livre sur les petits groupes, Bion parle de groupes qui manifestent « un refus agressif du processus de développement »... « Dans le groupe on s'aperçoit que ce que les membres souhaitent substituer aux processus de groupe serait de pouvoir arriver parfaitement équipés, comme des êtres adultes capables de savoir par instinct, sans évolution et sans apprentissage, comment il faut vivre, agir, et s'établir dans un groupe. »

---

25. À la suite de mon exposé sur *Le Rossignol de l'empereur de Chine,* E. Kestemberg me fit remarquer que je n'avais pas parlé du rôle du maître de musique (l'autorité qui déclare « que l'automate était meilleur que le vrai rossignol, non seulement par son aspect étincelant, mais aussi dans son for intérieur » ; et qui « écrivit vingt-cinq volumes sur l'oiseau mécanique, long ouvrage, très savant, tout plein de mots chinois les plus difficiles, en sorte que tout le monde disait l'avoir lu et compris, car sans cela, ils auraient été bêtes et auraient reçu des coups sur le ventre »). Je répondrai aujourd'hui à sa pénétrante intervention que le maître de musique qui pousse la foule à préférer « le faux » (l'Illusion) au « vrai », joue précisément le rôle de meneur tel que j'essaie de le définir présentement.

Je pense que ce refus de maturation ne concerne pas seulement les processus de groupe, mais traduit le désir d'escamoter l'évolution personnelle grâce à la magie du leader-sorcier (cf. plus haut).

Aussi, plutôt que de classer les groupes selon leurs dimensions ou leur degré d'organisation, je proposerais un classement qui tiendrait compte de leur rapport à l'Illusion. On pourrait ainsi opérer une distinction essentielle entre les groupes idéologiques et les autres, ces derniers conservant à un degré plus ou moins grand la dimension œdipienne de la psyché, tandis que les premiers tendent au narcissisme primaire et donc à l'effacement des acquisitions de l'évolution.

SUBLIMATION ET IDÉALISATION

A. Besançon a comparé l'idéologie elle-même à la perversion (1971) [26] : « Le savoir pervers se construit sur un déni qui permet d'éviter la perception insupportable (la vision des organes génitaux féminins)... Pour maintenir ouverte la voie du plaisir, le savoir est devenu un faux savoir. Il lui est demandé d'affirmer que la castration est un mensonge, que la loi séparatrice attachée au père, dans le triangle œdipien, est sans force et sans existence, de façon que le deuil du plaisir infantile soit épargné... Accomplir immédiatement la motion de désir sans le détour qu'impose le deuil, le renoncement passager, le changement d'objet et l'action matérielle et cognitive ; s'épargner le savoir sur le danger à l'aide d'un faux savoir qui présente le danger comme inexistant, telle serait la manœuvre initiale qui se développe ultérieurement dans les perversions intellectuelles de l'adulte. »

Que l'idéologie fonctionne comme un équivalent pervers, et qu'elle soit en même temps synonyme d'Illusion, c'est-à-dire d'une fallacieuse promesse de rencontre entre le Moi et l'Idéal, nous permettra peut-être d'éclairer quelque peu la différence entre sublimation et idéalisation, introduite par Freud dans l'article de 1914.

JANINE CHASSEGUET-SMIRGUEL[27]

---

26. « La psychanalyse dans ou devant l'idéologie », *Histoire et expérience du Moi*, Flammarion édit.

27. *L'Idéal du Moi. Essai psychanalytique sur la « maladie d'Idéalité »*, Tchou, 1975, p. 89-106.

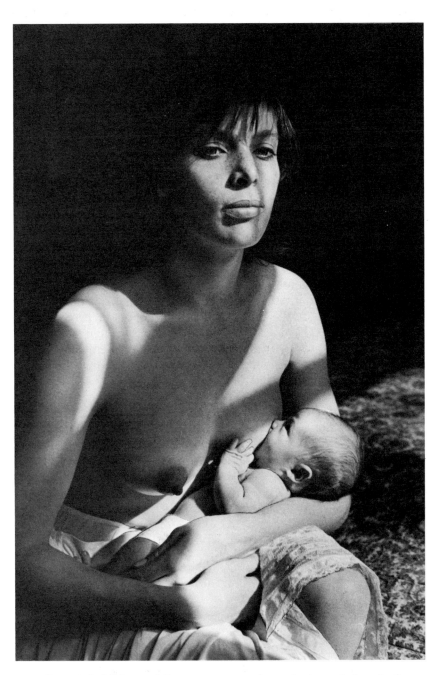

« Que voit le bébé quand il tourne son regard vers le visage de la mère ? »

Chapitre V

Le visage de la mère en tant que miroir

L'article de Winnicott [1] que nous présentons ici traite du rôle du visage de la mère en tant que précurseur du miroir. Le bébé tourne son regard vers le visage de la mère afin d'y retrouver sa propre image. Quand la mère regarde le bébé, ce qu'exprime son visage, dit Winnicott, est en relation directe avec ce qu'elle voit. Autrement dit, le visage de la mère ne reflète pas (ou ne devrait pas refléter) uniquement son propre état d'âme, mais ce qu'elle perçoit de l'état d'âme du bébé. Si la mère n'accomplit pas sa fonction de miroir, il en résultera des failles dans le développement de l'enfant.

Il n'est pas indifférent que l'auteur ne cite ici que des cas féminins, bien qu'il ne fasse aucun commentaire à ce sujet. Winnicott se réfère à l'article de Jacques Lacan sur le stade du miroir *mais, pour lui, le visage de la mère précède le moment, fondamental selon* Lacan, *où l'enfant se reconnaît dans le miroir, moment constitutif d'une première ébauche du Moi. D'après Lacan, l'enfant distingue dans son image spéculaire une forme qui définit son unité corporelle, forme à laquelle il s'identifie. L'enfant connaîtrait ainsi pour la première fois « une assomption jubilatoire du Moi ». On pourrait relier cette expérience du miroir au passage de l'auto-érotisme (où le Moi n'est pas encore constitué en unité) au narcissisme (où l'investissement de*

1. D. W. Winnicott, « Le rôle de miroir de la mère et de la famille dans le développement de l'enfant », traduit de l'anglais par Claude Monod et J.-B. Pontalis, *Nouvelle Revue de psychanalyse*, n° 10, automne 1974, p. 79-86. Repris dans *Jeu et réalité*, Gallimard, coll. « Connaissance de l'inconscient », 1975. Titre original : « Mirror-role of Mother and Family in Child Development », publié la première fois in P. Lomas, *The Predicament of the Family : A Psychoanalytical Symposium*, Londres, Hogarth Press, 1967.

la libido prend le Moi — en tant qu'entité — pour objet).

Le texte de Winnicott est en étroite liaison avec les problèmes dépressifs liés à une insuffisante régulation de l'estime de soi qu'en son temps l'estime de la mère n'a pas su assurer. On pourra confronter cet article avec le thème de la confirmation narcissique *procurée par la mère, tel qu'il est avancé par Béla Grunberger dans son ouvrage,* Le Narcissisme, *dont figure un extrait dans la troisième partie de ce volume.*

Dans le développement émotionnel de l'individu, *le précurseur du miroir, c'est le visage de la mère.* J'étudierai l'aspect normal de ce phénomène aussi bien que sa psychopathologie.

L'article de Jacques Lacan sur « le stade du miroir » (1949) m'a certainement influencé. Il traite de la fonction du miroir dans le développement du Moi de tout individu. Cependant, Lacan ne met pas en relation le miroir et le visage de la mère ainsi que je me propose de le faire.

Je m'en tiens ici aux petits enfants qui voient. Avant d'envisager le cas des enfants qui voient mal ou qui ne voient pas du tout, il me faut d'abord indiquer nettement mon hypothèse. L'énoncé abrupt en serait celui-ci : lors des premiers stades du développement émotionnel, l'environnement, que le petit enfant ne sépare pas encore de lui-même, joue un rôle essentiel. Progressivement, le processus de séparation du non-Moi et du Moi s'accomplit, selon un rythme variant à la fois en fonction de l'enfant et en fonction de l'environnement. Les changements les plus importants s'effectuent dans le mouvement qui éloigne l'enfant de la mère, celle-ci devenant ainsi une composante objectivement perçue de l'environnement. Si personne ne se trouve là pour faire fonction de mère, le développement de l'enfant s'en trouve infiniment compliqué.

Si l'on tente d'énoncer, en simplifiant, ce qu'est la fonction de l'environnement, on peut brièvement poser qu'elle implique :

1. *Holding* (la manière dont l'enfant est porté) ;
2. *Handling* (la manière dont il est traité, manipulé) ;
3. *Object-presenting* (le mode de présentation de l'objet).

Certes, le petit enfant peut répondre à ces divers apports de l'environnement, mais le résultat n'en est pas moins, chez le bébé, une maturation personnelle maximale. En utilisant à ce stade le terme de maturation, j'entends y inclure l'intégration, dans les divers sens du mot, ainsi que l'interrelation psychosomatique et la relation d'objet.

Un bébé est porté et traité de manière satisfaisante ; cela étant tenu pour acquis, l'objet lui est présenté de telle sorte que son expérience légitime d'omnipotence ne s'en trouve pas violée pour autant. Il peut en résulter que le bébé est alors capable d'utiliser l'objet et d'avoir le sentiment que cet objet est un objet subjectif que lui-même a créé.

Ces faits appartiennent au tout début de l'existence et de là découlent toutes les complexités que comporte le développement émotionnel et mental du nourrisson et de l'enfant [2].

Voici que maintenant, à un moment donné, le bébé regarde autour de lui. Peut-être un bébé au sein ne regarde-t-il pas le sein. Il est plus vraisemblable qu'il regarde le visage [3]. Qu'est-ce que le bébé voit là ? Pour répondre à cette question, nous devons faire appel à notre expérience avec les analysés qui font retour à des phénomènes très précoces et qui, néanmoins, ne parviennent pas à verbaliser (quand ils sentent qu'ils sont en mesure de le faire) sans porter atteinte à la délicatesse de ce qui est préverbal, non verbalisé, non verbalisable, sinon, peut-être, par l'intermédiaire de la poésie.

Que voit le bébé quand il tourne son regard vers le visage de la mère ? Généralement, ce qu'il voit, c'est lui-même. En d'autres termes, la mère regarde le bébé et *ce que son visage exprime est en relation directe avec ce qu'elle voit.* Tout ceci est trop aisément tenu pour acquis et je voudrais qu'on ne considère pas comme allant de soi ce que les mères font naturellement quand elles prennent soin de leur enfant. J'évoquerai, pour éclairer mon propos, le cas du bébé dont la mère ne refléterait que son propre état d'âme ou, pis encore, la rigidité de ses propres défenses. Dans un cas semblable, que voit le bébé ?

SITUATIONS PARTICULIÈRES

Bien entendu, on ne peut rien dire des situations particulières où la mère n'est pas en état de répondre. Mais nombre de bébés se trouvent longtemps confrontés à l'expérience de ne pas recevoir en retour ce qu'eux-mêmes sont en train de donner. Ceux-là se regardent mais ne se voient pas eux-mêmes. Ce qui ne va pas sans conséquences. En premier lieu, leur propre capacité créative commence à s'atrophier et, d'une manière ou d'une autre, ils cherchent un autre moyen pour que l'environnement leur réfléchisse quelque chose d'eux-mêmes. Ils

---

2. Le lecteur soucieux d'aborder ces idées sous une forme plus élaborée se reportera à mon article « The Theory of Parent-Infant Relationship », (1960) ; trad. française in *De la pédiatrie à la psychanalyse,* Payot, 1969.
3. D. Gough, « The Behaviour of Infants in the First Year of Life », *Proc. roy. Soc. Med.,* 55, 1962.

peuvent y parvenir par quelque autre méthode. C'est ainsi que pour les nourrissons aveugles, ce réfléchissement en miroir doit être retourné par un sens autre que celui de la vue. En effet, une mère dont le visage est figé peut être capable de répondre autrement. La plupart des mères peuvent répondre quand le bébé est perturbé ou agressif, et, particulièrement, quand il est malade. Deuxièmement, une idée s'impose au bébé qui s'y tient, celle que ce qu'il voit, quand il regarde, c'est le visage de la mère. Le visage de la mère n'est alors pas un miroir. Ainsi donc la perception prend la place de l'aperception. Elle se substitue à ce qui aurait pu être le début d'un échange significatif avec le monde, un processus à double direction où l'enrichissement du soi alterne avec la découverte de la signification dans le monde des choses vues.

Bien entendu, ce schème connaît des stades intermédiaires. Certains bébés ne renoncent pas à tout espoir ; ils étudient l'objet et font tout leur possible pour y déceler une signification qui devrait s'y trouver, si seulement elle pouvait être ressentie. D'autres bébés, torturés par ce type de défaillance maternelle relative, étudient les variations du visage maternel pour tenter de prévoir l'humeur de leur mère, tout comme nous scrutons le ciel pour deviner le temps qu'il va faire. Le bébé apprend rapidement à faire une prévision qu'on pourrait traduire ainsi : « Mieux vaux oublier l'humeur de la mère, être spontané. Mais dès le moment où le visage de la mère se fige ou que son humeur s'affirme, alors mes propres besoins devront s'effacer, sinon ce qu'il y a de central en moi sera atteint. »

Immédiatement au-delà, dans le sens de la pathologie, se situe une faculté de prévoir qui est précaire et qui force le bébé jusqu'à la limite de sa capacité à tenir compte des événements. La menace d'un chaos se précise et le bébé organise son retrait ou ne regarde rien, sinon pour percevoir, et cette perception devient une défense. Un bébé ainsi traité grandit, se posant des questions à propos des miroirs qui l'intriguent et de ce qu'ils lui offrent. Si le visage de la mère ne répond pas, le miroir devient alors une chose qu'on peut regarder, mais dans laquelle on n'a pas à se regarder.

Si nous revenons maintenant à la succession naturelle des événements, nous constatons que la petite fille normale, quand elle étudie son propre visage dans le miroir, est en train de se réassurer, parce que c'est l'image de la mère qui est là et que la mère peut la voir et, enfin, que la mère est *en rapport* avec elle. Quand, lors de la phase du narcissisme secondaire, garçons et filles regardent pour voir la beauté et tomber amoureux, c'est là déjà une preuve qu'un doute s'est introduit, relatif à l'amour soutenu de la mère et des soins qu'elle prodigue. C'est ainsi que l'homme qui tombe amoureux de

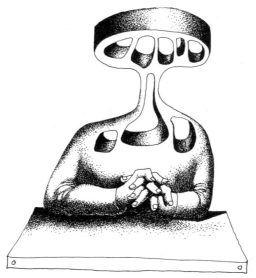

Une mère dont le visage est figé peut être capable de jouer autrement son rôle de miroir. (Dessin de Jules Perahim, 1978. Paris, coll. part.)

la beauté diffère totalement de celui qui, aimant une jeune fille, a le sentiment qu'elle est belle et peut voir en elle ce qui est beau.

Je ne tenterai pas d'exploiter à fond mon idée, je préfère donner quelques exemples qui permettront au lecteur d'élaborer lui-même l'hypothèse que je présente.

PREMIER EXEMPLE

Je me référerai tout d'abord à une femme que je connais, qui s'est mariée et a élevé trois beaux garçons. Elle apportait son soutien à son mari qui exerçait un métier important et créatif. Derrière la façade, cette femme était toujours proche de la dépression. Sa vie conjugale était sérieusement perturbée car, chaque matin, elle s'éveillait dans un état de désespoir contre lequel elle ne pouvait rien faire. Elle venait quotidiennement à bout de cette dépression paralysante quand arrivait enfin l'heure de se lever et qu'ayant terminé sa toilette et s'étant habillée, elle pouvait « se faire un visage ». Elle se sentait alors réhabilitée, capable de faire face au monde et d'assurer ses devoirs familiaux. Cette femme, d'une intelligence exceptionnelle et consciente de ses responsabilités, avait fini par réagir au malheur en développant un état dépressif chronique qui se transforma en une perturbation physique chronique et paralysante.

Nous nous trouvons ici en présence d'un modèle récurrent que chacun retrouvera dans son expérience sociale ou clinique. Ce cas ne fait qu'exagérer ce qui est normal, l'exagération tenant à ceci : prendre le miroir pour y trouver ce qui observe et ce qui approuve. Il fallait que cette femme soit sa propre mère. Si elle avait eu une fille, elle aurait certainement éprouvé un grand soulagement, mais peut-être la fille en eût-elle souffert. Il lui serait incombé de corriger l'incertitude qu'avait sa mère, quant à la vision que sa propre mère avait d'elle.

Le lecteur ne manquera pas de penser à Francis Bacon. Je ne parle pas ici du Bacon qui disait : « Un beau visage est une louange silencieuse » et « La meilleure part de la beauté, c'est ce qu'un tableau ne peut exprimer » Je pense à cet artiste de notre temps, exaspérant, habile, qui relève un défi et ne cesse de peindre des visages humains déformés. Dans la perspective qui est ici la nôtre, ce Francis Bacon se voit lui-même dans le visage de sa mère, mais avec une torsion en lui ou en elle, qui nous rend fous, et lui, et nous. Je ne sais rien de la vie privée de ce peintre, mais si je l'évoque, c'est simplement parce qu'il s'impose véritablement dans toute discussion actuelle concernant le visage et le soi. Les visages de Bacon me paraissent très éloignés de la perception du réel. Bacon, regardant les visages, me semble douloureusement chercher à être vu, ce qui est à la base d'un regard créatif.

Je constate que je suis en train de relier l'aperception à la perception en postulant un processus historique (chez l'individu) dépendant du fait d'être vu :

Quand je regarde, on me voit, donc j'existe.

Je peux alors me permettre de regarder et de voir.

Je regarde alors créativement et, ce que j'aperçois [4], je le perçois également.

En fait, je m'attache à ne pas voir ce qui n'est pas là pour être vu (sauf quand je suis fatigué).

DEUXIÈME EXEMPLE

Une patiente raconte : « Hier soir, je suis allée dans un bar. Les gens qui étaient là m'ont fascinée. » Elle m'en décrit quelques-uns. En fait, cette patiente a un physique qui se remarque et, si elle était capable de se mettre en valeur, elle serait le point de mire de n'importe

---

4. *Aperception.*

194

quel groupe. Je lui demande : « Quelqu'un vous a-t-il regardée ? »
Elle fut capable d'en venir à l'idée qu'elle avait effectivement suscité
l'attention mais elle était allée dans ce bar avec un ami et s'était rendu
compte que c'était lui que les gens regardaient.

A partir de là, la patiente et moi-même fûmes en mesure de faire
ensemble un premier survol de l'histoire de sa petite enfance en nous
référant au fait d'être vue et du sentiment d'exister que cela procure.
En réalité, l'expérience de la patiente avait été désastreuse à cet égard.

Ce sujet fut alors abandonné pour un autre type de matériel. Mais,
dans un sens, toute l'analyse de cette patiente tournait autour de ce
« être vue », ce dont il s'agit pour elle, en fait, à tout instant. Et,
de temps à autre, le fait d'être vue effectivement de manière subtile
est pour elle ce qui compte le plus dans le traitement. Elle a un sens
critique aigu pour la peinture et, en général, pour tous les arts
plastiques. L'absence de beauté désintègre sa personnalité au point
qu'elle reconnaît cette absence en se sentant elle-même horrible
(désintégrée ou dépersonnalisée).

TROISIÈME EXEMPLE

J'ai un cas de recherche, celui d'une femme qui a été en analyse
pendant de longues années. Ce n'est qu'à un moment avancé de sa
vie qu'elle parvint à se sentir réelle. Un cynique pourrait dire : et
alors ? Mais, pour elle, cela valait la peine et, quant à moi, j'ai appris,
grâce à elle, ce que je sais concernant les tout premiers phénomènes.

Cette analyse comporta une régression profonde et grave à un état
de dépendance infantile. L'histoire de l'environnement avait été très
traumatisante à divers égards, mais je n'étudierai ici que l'effet exercé
sur la patiente par la dépression de sa mère. Ce thème a été
constamment repris et, en tant qu'analyste, j'ai dû remplacer la mère
massivement pour permettre à la patiente de prendre un nouveau
départ en tant que personne [5].

La patiente vient de m'envoyer, alors que mon travail avec elle
est sur le point de se terminer, le portrait de sa nurse. Il s'avéra que
la mère (comme le disait la patiente) avait choisi, pour tenir son rôle,
une nurse déprimée, évitant ainsi de perdre contact avec ses enfants
(une nurse pleine de vie aurait automatiquement « volé » ses enfants
à cette mère déprimée).

---

5. J'ai étudié un autre aspect de ce même cas dans mon article « Metapsychological and
Clinical Aspects of Regression within the Psycho-Analytical Set-Up » (1954) ; trad. française
in *De la pédiatrie à la psychanalyse,* Payot, 1969.

*Des visages éloignés de la perception du réel : ceux de Francis Bacon.
(Portrait de Georges Dyer dans un miroir, 1968. Suisse, coll. part.)*

Un trait qui caractérise tant de femmes est absent chez cette patiente, l'intérêt pour le visage. On ne trouve pas chez elle la phase où l'adolescente examine son soi dans le miroir et, quand elle s'y regarde maintenant, c'est seulement pour se rappeler « qu'elle a l'air d'une vieille peau » (ce sont là ses propres termes).

La même semaine, elle vit ma photographie sur la couverture d'un livre. Elle m'écrivit pour me dire qu'elle avait besoin d'un agrandissement afin d'examiner les lignes [6] et tous les traits de « ce vieux paysage ». Je lui envoyai la photographie (elle habite loin de chez moi et je ne la vois plus qu'occasionnellement) et, en même temps, je lui donnai une interprétation, m'appuyant sur ce que je tente d'avancer ici.

Elle pensait qu'elle voulait simplement avoir le portrait de l'homme qui avait tant fait pour elle (et c'est vrai). Mais elle avait besoin de s'entendre dire que mon visage ridé avait certains traits qui n'étaient pas sans rapport avec la rigidité du visage de sa mère et de celui de sa nurse.

Il était important, j'en suis convaincu, que je sache tout cela sur le visage, que je puisse interpréter la recherche chez la patiente d'un visage capable de la réfléchir et que je puisse voir en même temps, grâce aux rides, que mon visage, sur la photographie, reproduisait un peu de la rigidité des traits de la mère.

En réalité, cette patiente a un visage extrêmement sympathique. Elle est particulièrement attrayante quand elle est bien disposée. Elle est capable de manifester de l'intérêt aux autres et de se pencher sur leurs problèmes, mais pendant une période de temps limitée. Fréquemment, cette caractéristique a réussi à faire croire qu'elle était quelqu'un sur qui l'on pouvait s'appuyer ! Pourtant, le fait est que dès l'instant où elle se sent impliquée, surtout quand il s'agit de la dépression de quelqu'un d'autre, elle se retire automatiquement et se fourre au fond de son lit avec une bouillotte, pour soigner son âme. C'est sur ce point précisément qu'elle est vulnérable.

QUATRIÈME EXEMPLE

J'avais déjà écrit les pages qui précèdent quand, lors d'une séance d'analyse, une patiente apporta un matériel qu'on eût dit fait pour reposer sur ce que je viens de dire. Cette femme est très préoccupée par le stade d'établissement de soi en tant qu'individu. Au cours de

---

6. *Lines :* lignes, contours (d'un paysage, d'un rivage, d'un visage), mais aussi rides, sillons. *(N.d.T.)*

cette séance, elle fit référence au « Miroir, miroir sur le mur [7] » ; elle dit alors : « Ce serait terrible, n'est-ce pas, si l'enfant se regardait dans le miroir et ne voyait rien ? »

Le reste du matériel se rapportait à l'environnement fourni par sa mère lorsqu'elle était bébé. Le tableau était celui d'une mère parlant à quelqu'un d'autre, à moins qu'elle ne fût activement engagée dans une relation positive avec le bébé. Il était sous-entendu que le bébé aurait regardé la mère et l'aurait vue parlant à quelqu'un d'autre. La patiente poursuivit en parlant de son grand intérêt pour la peinture de Francis Bacon. Elle se demandait si elle n'allait pas me prêter un livre sur cet artiste. Elle se référa à un détail de cet ouvrage. Francis Bacon « dit qu'il aime que ses toiles soient mises sous verre car, quand les gens regardent le tableau, ils ne voient pas seulement le tableau : en fait, ils peuvent se voir eux-mêmes [8] ».

La patiente poursuivit en parlant du « Stade du miroir » ; elle connaissait le travail de Lacan. Mais elle fut incapable d'établir, comme je me crois autorisé à le faire, un rapport entre le miroir et le visage de la mère. Ce n'était pas à moi de lui révéler ce lien au cours de la séance car elle était justement à un stade où elle découvrait les choses pour elle-même et, en semblables circonstances, une interprétation prématurée annihile la créativité du patient. Elle est traumatique au sens où elle va à l'encontre du processus de maturation. Ce thème continua de jouer un rôle important dans l'analyse de cette patiente, mais il apparut aussi sous d'autres formes.

LE ROLE DE MIROIR DE L'ANALYSTE

Ce coup d'œil sur le bébé et sur l'enfant qui voient leur soi d'abord dans le visage de la mère, puis dans le miroir, indique une voie permettant d'envisager sous un certain angle l'analyse et la tâche thérapeutique. La psychothérapie ne consiste pas à donner des

---

7. Formule bien connue du conte de Grimm, *Blanche-Neige et les sept nains. (N.d.T.)*

8. Voir Francis Bacon, *Catalogue raisonné et documentation,* Alley, 1964.

Dans son introduction à cet ouvrage, John Rothenstein écrit : « ... regarder un tableau de Bacon, c'est regarder dans un miroir et y voir ses propres afflictions, ses propres craintes : solitude, échecs, humiliations, vieillesse, mort, catastrophes innommées et menaçantes.

« L'inclination avouée du peintre à mettre ses peintures sous verre est aussi en relation avec son sentiment de dépendance à l'égard du hasard. Elle est due au fait que le verre met la peinture un peu en retrait de l'environnement (ainsi que ses marguerites et ses clôtures qui séparent le sujet de l'environnement pictural) et que le verre protège. Mais ce qui compte le plus ici, c'est la croyance que le jeu fortuit des réfléchissements en miroir met ses peintures en valeur. De ses peintures bleu foncé, en particulier, je l'ai entendu dire qu'elles gagnent à être sous verre en ce qu'elles permettent alors au spectateur d'y voir son propre visage. »

interprétations astucieuses et en finesse ; à tout prendre, ce dont il s'agit, c'est de donner à long terme en retour au patient ce que le patient apporte. C'est un dérivé complexe du visage qui réfléchit ce qui est là pour être vu. J'aime à penser ainsi à mon travail et aussi que, si je fais suffisamment bien cette tâche, le patient trouvera son propre soi, sera capable d'exister et de se sentir réel. Se sentir réel, c'est plus qu'exister, c'est trouver un moyen d'exister soi-même, pour se relier aux objets en tant que soi-même et pour avoir un soi où se réfugier afin de se détendre.

Mais je ne voudrais pas donner l'impression que cette tâche consistant à réfléchir en miroir ce que le patient apporte est aisée. Ce n'est pas facile et c'est, affectivement, épuisant. Mais nous recevons notre récompense. Même si nos patients ne guérissent pas, ils nous sont reconnaissants de les voir tels qu'ils sont, ce qui nous procure une profonde satisfaction.

Ce dont j'ai parlé en me référant au rôle de la mère qui réfléchit au bébé son « soi » propre continue d'avoir de l'importance quand on se réfère à l'enfant et à la famille. Bien entendu, tandis que l'enfant se développe, que les processus de maturation se compliquent et que les identifications se multiplient, il devient de moins en moins dépendant du réfléchissement du soi que lui renvoie le visage de la mère et du père (ainsi que celui des frères et sœurs qui font partie de l'environnement parental [9]). Toutefois, quand une famille est intacte et que tout se passe bien pendant un certain laps de temps, chaque enfant tire un bénéfice du fait qu'il peut se voir dans l'attitude de chacun des membres de la famille ou de la famille considérée comme un tout. Nous pouvons y inclure également les miroirs qui se trouvent effectivement dans la maison et les occasions qui s'offrent à l'enfant de voir les parents ou les autres s'y regarder. On comprendra cependant que c'est principalement dans son sens figuré que le miroir prend son importance.

C'est peut-être là une manière de définir la contribution que peut apporter la famille à la croissance de la personnalité et à l'enrichissement de chacun de ses membres.

DONALD W. WINNICOTT[10]

Traduit de l'anglais par
Claude Monod et J.-B. Pontalis

9. « Ego Distortion in Terms of True and False Self » (1960) ; trad. française in *Processus de maturation chez l'enfant*, Payot, 1970.
10. « Le rôle de miroir de la mère et de la famille dans le développement de l'enfant » (1967), *Nouvelle Revue de psychanalyse*, no 10, automne 1974, p. 79-86.

Nouveaux échos
de Narcisse

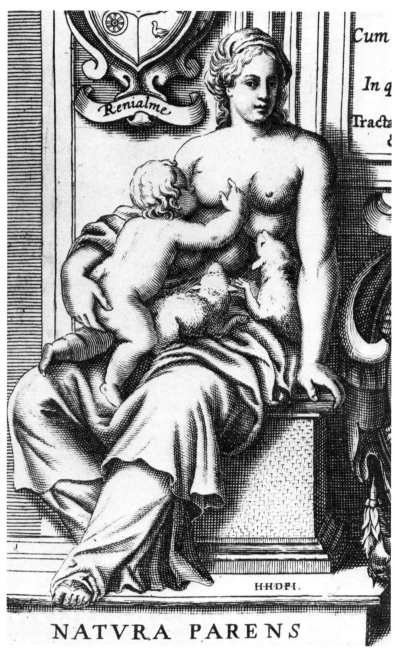

Renialme

Cum

In q

Tracta

HHDFI.

NATVRA PARENS

*La nature est souvent représentée comme une mère généreuse
aux multiples seins inépuisables.
(Gravure du XVIIe siècle, Bibl. de l'ancienne faculté de Médecine.)*

Chapitre I

Le narcissisme selon les disciples de Melanie Klein

Cette dernière partie de l'ouvrage va présenter certaines conceptions contemporaines du narcissisme qui s'écartent plus ou moins sensiblement de la théorie freudienne classique. On peut constater d'une manière générale qu'il existe dans la psychanalyse actuelle un renouveau d'intérêt pour le narcissisme. Ce renouveau est indubitablement lié à la tentative des psychanalystes d'approfondir la connaissance des facteurs (résistances) qui s'opposent au processus de la cure, en même temps que d'étendre les indications du traitement psychanalytique aux névroses dites « de caractère », aux cas limites et aux psychoses. On pourrait également avancer l'hypothèse que cet intérêt pour le narcissisme est lié à une évolution de la pathologie, problème passionnant dont il est difficile cependant de dégager toutes les racines et de décrire toutes les facettes.

A travers les articles qui composent cette partie, on peut distinguer plusieurs tendances. Deux d'entre elles s'opposent et peuvent schématiquement se résumer ainsi : l'une tend à nier l'existence d'une phase narcissique (ou auto-érotique) dans laquelle l'objet serait encore inexistant ; l'autre au contraire insiste sur l'importance que va prendre tout au long de la vie de l'individu la phase anobjectale. Cette dernière conception tend à faire du narcissisme une dimension autonome de la psyché.

Dans ce premier chapitre, le texte de Paula Heimann [1], puis celui

---

1. P. Heimann, « Certaines fonctions de l'introjection et de la projection dans la première enfance » (1943) in M. Klein, P. Heimann, S. Isaacs et J. Rivière, *Développements de la psychanalyse*, P.U.F., coll. « Bibliothèque de Psychanalyse », p. 136-146.

Le narcissisme : l'amour de soi

de Herbert A. Rosenfeld nous fournissent un exemple de la conception de Melanie Klein et de ses disciples en ce qui concerne l'absence d'un stade anobjectal. L'auto-érotisme comme le narcissisme sont des phases du développement durant lesquelles la relation à l'objet est déjà présente. Pour Paula Heimann qui, lorsqu'elle écrit cet article, est encore une disciple de Melanie Klein, (elle s'en écartera par la suite pour rejoindre le « Middlegroup [2] », la théorie freudienne, selon laquelle le suçotement auto-érotique de l'enfant est consécutif à l'expérience de satisfaction qu'il a vécue avec le sein de la mère, permet d'affirmer que la phase auto-érotique est consécutive à l'incorporation du sein et que l'activité auto-érotique est liée à des fantasmes en relation avec le sein intériorisé. Ces fantasmes rendent ainsi l'enfant partiellement indépendant de l'objet externe pour sa satisfaction. Le sein interne est simplement projeté dans une partie du corps de l'enfant. Cette conception entraîne Paula Heimann à effacer les limites entre l'auto-érotisme (dont il convient de rappeler que pour Freud il désigne une phase d'investissement libidinale floue et anarchique où le Moi en tant qu'unité n'est pas encore différencié de l'objet) et le narcissisme qui ne représenterait plus selon elle qu'un degré quelque peu plus avancé du développement du Moi.

L'article de Herbert A. Rosenfeld [3] est exemplaire d'une tendance beaucoup plus actuelle des auteurs kleiniens. Il s'agit en effet pour lui de tirer toutes les conséquences dans l'analyse des résistances au cours du traitement psychanalytique des conceptions de Melanie Klein telles qu'elles figurent dans Envie et gratitude. On peut noter que Melanie Klein relie de façon très peu précise l'envie à des problèmes narcissiques. C'est le mérite de Rosenfeld d'avoir nettement rattaché l'envie au narcissisme et aux mécanismes de défense qui s'y rapportent. Pour lui, il n'existe pas non plus de narcissisme sans objet. Au sein du narcissisme, il existe toujours des relations d'objet, aussi primitives soient-elles. Cet auteur sera donc amené à décrire des relations d'objet de nature narcissique.

L'omnipotence y joue un rôle essentiel. L'objet est un objet partiel, le sein, et l'omnipotence du bébé fait qu'il le traite comme s'il était sa possession ; le sein est également utilisé comme un contenant, lieu de l'identification projective [4], dépotoir des parties de soi dont le sujet se débarrasse, dans la mesure où elles sont pour lui une cause de

---

2. Voir le volume *Les Écoles psychanalytiques : La psychanalyse en mouvement*, à paraître dans la même collection.

3. Herbert A. Rosenfeld, « A propos de la psychopathologie du narcissisme » (1964) in *États psychotiques*, P.U.F., coll. « Le Fil rouge », p. 219-232.

4. Voir *L'Indentification : l'Autre, c'est Moi*, dans la même collection.

souffrance. Le fait que l'objet y est vécu comme une possession de l'enfant lui épargne d'expérimenter des sentiments de dépendance, des craintes de séparation et de l'angoisse. La dépendance étant une très vive source d'envie, la relation d'objet narcissique omnipotente est un mécanisme majeur permettant d'éviter les affects douloureux. Cette relation archaïque peut constituer une défense majeure dans la cure. La connaissance approfondie de ce mécanisme et son interprétation peuvent permettre de dépasser des résistances autrement irréductibles.

On peut remarquer au sujet de l'article de Paula Heimann que pour Freud l'auto-érotisme permet au contraire durant un certain temps de continuer à vivre une relation anobjectale puisque la satisfaction procurée par le sein est considérée par le nourrisson comme totalement indistincte d'une autosatisfaction (le sein fait partie de lui) et que l'auto-érotisme consécutif n'est qu'un prolongement de la satisfaction initiale lui permettant pendant un temps de ne pas reconnaître l'objet comme différent de lui. De même lorsque Herbert A. Rosenfeld évoque le sentiment océanique décrit par Freud [5] à l'appui de son idée qu'il existerait d'emblée une relation objectale, il omet de dire que pour Freud, le sentiment océanique est un sentiment primaire du Moi dont les contenus objectaux (union avec Dieu ou avec l'Univers) sont décelables lorsqu'ils se retrouvent dans le sentiment religieux de l'adulte, mais que rien dans le texte de 1929 ne permet de penser que ces contenus objectaux sont présents à l'origine.

Le fait que le bébé obtienne du plaisir en suçant son pouce ou une autre partie de son corps a été naturellement observé depuis un temps immémorial ; c'est pourtant Freud [6] qui, poursuivant les conclusions de Lindner, a reconnu ses implications et l'a relié systématiquement aux processus complexes du développement sexuel. Il a construit sa théorie de la libido sur son analyse du comportement du bébé, et les phénomènes de l'auto-érotisme sont restés pendant un certain temps au premier plan de la théorie psychanalytique.

AUTO-ÉROTISME ET NARCISSISME SELON FREUD

Des observations ultérieures sur les adultes qui avaient abandonné leur intérêt envers les autres personnes soit complètement, dans certaines formes de schizophrénie, soit temporairement dans l'hypo-

---

5. In *Malaise dans la civilisation*, 1929.
6. *Trois essais sur la théorie de la sexualité* (1905).

condrie névrotique et dans la maladie organique, ont amené Freud à conclure que le narcissisme est une composante générale du développement sexuel [7]. Le narcissisme est l'état où le Moi dirige sa libido vers lui-même. La différence entre l'auto-érotisme et le narcissisme, selon Freud, est que dans le premier état il n'y a pas encore de Moi (celui-ci est encore à former) ; les pulsions auto-érotiques sont donc primordiales et elles précèdent la formation du Moi. Il est pourtant évident que, puisque la formation du Moi est un processus progressif, les deux phases doivent nécessairement se compénétrer.

Donc, dans la théorie de la libido de Freud, l'auto-érotisme et le narcissisme représentent la toute première forme que prend la libido et précèdent les phases de libido objectale. Le progrès ultérieur dans le travail psychanalytique nous a amenés à reconsidérer cette opinion.

LE SUJET SE TOURNE VERS LE SEIN « BON » INTÉRIORISÉ

Lorsqu'il a analysé le suçotement auto-érotique du bébé, Freud a fait remarquer qu'il repose sur une expérience avec un objet, le sein de la mère, qui a permis à l'enfant de connaître un plaisir, qu'il reproduit ensuite de façon auto-érotique. Selon Freud, la libido infantile est donc d'abord rattachée à un objet et mêlée à l'alimentation, et elle se détache ensuite à la fois de cette fonction d'autoconservation et de l'objet. Freud n'a pas abordé à ce point le problème de ce qui se produit dans le psychisme du bébé quand il abandonne l'objet.

Dans d'autres passages, cependant, Freud a montré ce qui se passe quand on renonce à un objet : l'objet abandonné est établi à l'intérieur du Moi, il est introjecté. Il a déclaré que cette introjection peut être « la seule condition qui permette de renoncer à un objet » [8] et il a lié l'introjection à l'identification, c'est-à-dire au processus par lequel un Moi « devient semblable » à un autre Moi. Il a aussi mentionné l'incorporation orale cannibalique comme un élément de ce type d'identification.

Freud n'a pas appliqué ses découvertes sur les vicissitudes de l'objet perdu au premier exemple de cette expérience, c'est-à-dire au

---

7. *Introduction du narcissisme* (1914).

8. *Deuil et mélancolie* (1917), *Le Moi et le Ça* (1913), *Nouvelles Conférences* (1932), et d'autres articles.

développement de la gratification auto-érotique chez le bébé. Il a signalé ici le rôle que joue la mémoire dans cette gratification, et il a dit que le bébé se souvient du sein dans ce suçotement auto-érotique. Le travail de Melanie Klein a élargi notre compréhension de cette mémoire du sein chez le bébé en la reliant à ses phantasmes et aux effets de l'introjection et de la projection.

Quand un adulte se détourne vers ses souvenirs pour se consoler d'une réalité présente désagréable, il a conscience de posséder ces expériences passées *à l'intérieur de lui-même*. Quand le bébé en suçant son pouce « se souvient » de ses plaisirs passés à téter le sein de sa mère, il n'est pas conscient de se rappeler le passé, de revivre un souvenir à l'intérieur de lui-même, mais il se sent en contact réel avec le sein désiré, quoiqu'en réalité il suce seulement son propre pouce. Ces phantasmes d'incorporer le sein, qui font partie de ses expériences et de ses pulsions orales, l'amènent à identifier son doigt avec le sein incorporé. Il peut produire sa propre gratification de façon indépendante parce que dans ses phantasmes une partie de son propre corps représente l'objet qui lui manque dans la réalité. Dans son activité auto-érotique, il se détourne vers le sein « bon » intériorisé, et le plaisir organique est lié avec un plaisir provenant d'un objet imaginé.

Si l'on tient compte de ces facteurs, on ne peut plus soutenir que les activités auto-érotiques sont sans objet. Pendant que la source externe de gratification est absente, il y a dans les phantasmes un objet gratificateur interne qui permet de se passer de l'objet externe ou de l'abandonner.

LA SATISFACTION HALLUCINATOIRE

Lorsqu'il décrit les modes infantiles du fonctionnement psychique, Freud dit que sous le règne du principe du plaisir « tout ce qui est pensé (ou désiré) est simplement imaginé de façon hallucinatoire » [9]. Il a forgé le terme de « satisfaction hallucinatoire ». La mémoire et l'hallucination sont liées, en ce que ces deux états utilisent une situation vécue antérieurement. Selon Freud, l'hallucination est le résultat d'un investissement qui passe entièrement du système mémoire au système perception [10]. En d'autres termes, la réactivation d'une situation rappelée n'est pas vécue comme telle dans l'hallucination, mais elle l'est comme la *perception* de quelque chose qui, en

9. *Les deux principes du fonctionnement psychique* (1911).
10. *Le Moi et le Ça* (1923).

réalité, est un souvenir. Il semble plausible que cela se produise parce que, originairement, la perception accompagne des phantasmes d'incorporation, et parce qu'on sent que l'objet perçu se trouve dans les limites du corps. Dans la satisfaction hallucinatoire, le bébé utilise ces phantasmes d'incorporation. Puisqu'il possède le sein « bon » à l'intérieur de lui-même, puisque le sein lui obéit au doigt et à l'œil, il peut le manipuler de façon omnipotente et dénier son état réel de frustration et de douleur. L'objet « bon » interne a une réalité psychique tellement forte que, pour un temps, le besoin du sein nourricier peut être étouffé, dépassé, dénié avec succès et projeté au-dehors, alors que la partie du corps que l'enfant suce est identifiée avec le sein introjecté, avec l'objet désiré. L'introjection et la projection rendent compte de l'indépendance du bébé dans son auto-érotisme.

Je dirais qu'en général le phénomène de l'hallucination perd beaucoup de son étrangeté quand on le relie avec l'introjection et la projection. Une personne qui a une hallucination a régressé jusqu'au mode primitif de perception, qui implique l'introjection, et, en utilisant divers mécanismes primitifs (la magie, l'omnipotence, et le déni), elle conjure l'image de son objet intériorisé et la projette dans le monde extérieur. L'objet existe alors pour sa conviction consciente sous forme de réalité tangible, et cette conviction peut servir de défense contre la frustration. Ce qu'on hallucine peut être une image visuelle, ou bien auditive, ou cela peut être une sensation corporelle, selon les éléments de la relation avec l'objet interne qui prédominent au moment considéré. La valeur de cette défense contre la frustration varie ; l'hallucination peut être la Fata Morgana d'une personne aimée et perdue, ou bien un persécuteur redouté. (Il y a un certain bénéfice même dans ce dernier cas, dans la mesure où il est plus facile de se défendre contre un ennemi extérieur que contre un ennemi intérieur) [11].

ACTIVITÉS AUTO-ÉROTIQUES ET ACTIVITÉS ALLO-ÉROTIQUES COEXISTENT

Encore une fois : à notre avis l'auto-érotisme est fondé sur des phantasmes concernant un sein interne (un mamelon, une mère) bon et gratificateur, qui est projeté sur une partie du corps du bébé, et ainsi représenté par elle. Ce processus est rejoint, si l'on peut dire, à moitié chemin par la qualité érogène des organes de l'enfant et par le caractère plastique de sa libido. Suivant cette plasticité, une sorte de plaisir (le suçotement) pour remplacer l'autre (la nourriture) qui fait défaut, et au plaisir de la bouche s'ajoutent des sensations agréables dans le doigt qui représente le sein nourricier. Les mécanismes introjectifs et projectifs servent ici comme défense contre la frustration et empêchent le bébé d'être submergé par la colère et l'agressivité. C'est pourquoi il est capable de se tourner vers le sein extérieur réel et de l'accepter, lorsqu'il réapparaît. Les phantasmes au sujet de l'objet interne feraient donc le chemin du retour vers l'objet extérieur, alors que corrélativement l'objet extérieur fournit l'expérience à partir de laquelle se construit l'objet intérieur. L'objet interne fonctionne ainsi de cette façon capitale comme un centre de croissance et de développement pour les relations d'objet. Ces considérations constituent une reformulation de la théorie originaire de l'auto-érotisme. Si nous tenons compte de l'oscillation du bébé entre son objet (sein) interne et son objet externe, nous ne pouvons plus considérer l'auto-érotisme comm une « phase » définie du développement, qui s'étend sur une certaine période. Nous considérons les activités auto-érotiques plutôt comme un mode de comportement qui coexiste avec des activités allo-érotiques, ou comme des états transitoires à l'intérieur d'une période riche en expériences vécues avec les objets ; et ceci non seulement parce que l'auto-érotisme est lié à des phantasmes concernant un objet interne, mais parce que la relation effective avec le sein (et d'autres objets), a un caractère progressif. La tétée au sein de la mère tout au long de cette phase auto-érotique est une expérience libidinale de l'objet de la plus haute importance. Freud l'a appelée « l'idéal jamais atteint de toute satisfaction sexuelle ultérieure » [12]. Nous pouvons nous rappeler aussi que normalement le manger, dans la vie pleinement adulte, ne perd jamais sa nature libidinale, et que la dernière théorie de Freud sur les pulsions primaires tient pleinement compte de ce fait en situant les pulsions visant à l'autoconservation et les pulsions sexuelles très près les unes des autres, comme les messagers de la pulsion de vie primaire.

Quoique le bébé soit capable d'intenses satisfactions auto-érotiques, il vit et même renforce en même temps ses liens érotiques avec ses objets externes. L'oscillation entre le comportement auto-érotique et les expériences érotiques objectales constitue l'un de ces processus d'interaction qui caractérisent la première vie émotionnelle.

11. A titre d'exemple : un patient à moi était certain d'avoir vu, en entrant dans mon bureau, une mare de sang dans un coin, et il évitait de regarder dans cette direction. Il pensait que j'avais été assassinée par le patient qui le précédait. Au cours de la séance d'analyse, il apparut qu'il avait lui-même ressenti une rage meurtrière et de la jalousie, pendant qu'il attendait. En projetant ses désirs meurtriers sur le patient antérieur, sur le rival détesté, il lui arriva de se convaincre que ce patient m'avait assassinée, et à voir une mare de sang dans le coin. Cet incident implique un grand nombre de facteurs qu'il n'est pas besoin d'examiner ici. Il illustre la façon dont la projection de processus internes mène à l'hallucination.

12. *Introduction à la psychanalyse* (1915-16).

LE SUJET SE DÉTOURNE DU SEIN « MAUVAIS » EXTÉRIEUR

J'ai dit ci-dessus qu'à notre avis l'auto-érotisme et le narcissisme ne pouvaient pas être considérés comme nettement différenciés l'un de l'autre. D'un autre côté, puisque le narcissisme est supposé se produire quelque peu après, il coexiste avec un Moi plus avancé. Ainsi ces deux états diffèrent dans ceux de leurs aspects qui sont liés à la phase du développement du Moi. Il en résulte que dans la phase narcissique la perception est plus avancée et l'épreuve de la réalité plus effective. Cela prend une importance particulière en ce qui concerne la réalité intérieure, par exemple la frustration provenant de sources *internes*. Les stimuli internes pénibles ne peuvent être aussi facilement déniés et projetés à l'extérieur que dans la phase précédente. La capacité de gratification hallucinatoire diminue et l'on sent la frustration plus qu'auparavant, lorsque le mécanisme de l'hallucination jouait plus aisément. A mon avis, cela confirmerait l'impression qu'il y a une différence entre l'auto-érotisme et le narcissisme, et rendrait compte du fait observé que l'état narcissique contient un élément d'agressivité plus fort que l'état auto-érotique.

Le fait que la perception fonctionne mieux à mesure du progrès dans la formation du Moi et que la gratification hallucinatoire se produit moins facilement, ne peut pas rester sans influence sur l'attitude du bébé à l'égard de l'expérience de la frustration et sur sa distribution des tendances libidinales et agressives. Puisque le bébé est plus fortement exposé à la frustration (par la diminution de l'hallucination défensive), l'hostilité à l'égard de l'objet qui est senti comme cause de cet état pénible est éveillée ; et quand il se détourne vers son objet interne, il le fait sous la pression de l'hostilité envers son objet externe. On pourrait dire de ce point de vue que la différence entre la simple gratification auto-érotique et le comportement narcissique consiste en ce que, dans le premier cas, l'émotion déterminante du sujet le mène à *se tourner vers* le sein « bon » internalisé, tandis que, dans le second, elle le mène à se *détourner du* sein « mauvais » extérieur. Cela s'accorde avec certaines observations ; dans le premier cas le retour à l'objet extérieur se produirait plus facilement que dans le second [13].

Cette perspective expliquerait aussi les difficultés qu'on trouve dans l'analyse des patients narcissiques. Freud parle de la limite à l'influence analytique qui semble être érigée par le comportement

13. On observe souvent des exemples de refus marqué d'accepter la mère à son retour après une absence chez les bébés de moins d'un an.

narcissique [14]. La compréhension de l'interaction entre les objets internes et les objets externes, celle des attitudes émotionnelles compliquées de haine et d'angoisse envers l'objet extérieur et celle de la relation précaire avec l'objet interne, quand il est recherché surtout par haine contre l'objet extérieur ouvrent une voie d'accès à la compréhension des états narcissiques.

Dans le narcissisme la relation avec l'objet interne est précaire : c'est un fait d'importance. Comme nous l'avons dit, dans le narcissisme, le mouvement vers le sein intériorisé est surtout un mouvement pour se détourner du sein extérieur. Puisque cependant les mécanismes de déni et de clivage sont moins efficaces à ce stade où le Moi et le sens du réel sont plus avancés, une partie de la haine et de la peur suscitées par la frustration de la part de l'objet extérieur interviennent dans la relation avec l'objet interne, et exigent des processus compensatoires à son égard — un renforcement réactif de son investissement libidinal.

LE NARCISSISME DE L'ADULTE HYPOCONDRIAQUE

Pour illustrer ces idées, nous pouvons faire une digression et examiner le narcissisme dans la vie adulte, tel qu'il apparaît dans l'analyse. Dans les états hypocondriaques, l'intérêt du patient est absorbé tout entier dans sa préoccupation pour une partie déterminée de son corps. Dans les cas graves, le patient est incapable d'occuper sa place dans sa famille et de poursuivre ses activités ordinaires. Son intérêt pour son entourage et pour les autres personnes est subordonné à son intérêt pour ses processus corporels, et les événements ne comptent pour lui que dans la mesure où ils intéressent l'organe qu'il imagine malade. Sa relation avec cette partie de son corps est très complexe. L'observation intense qu'il consacre aux diverses sensations qu'il perçoit dans son corps soustrait à l'analyste un élément puissant de plaisir libidinal, qui est dans un état entièrement inconscient, alors que la conscience ne ressent que douleur, angoisse et souci. Il a de même une attitude double à l'égard de ses médecins (et il en consulte toujours plusieurs) : il se méfie d'eux et se plaint de ce qu'ils ne lui sont d'aucune aide, mais il les recherche continuellement et les traite comme des autorités. Ainsi la relation avec les personnes dans le monde extérieur et la croyance en leur bonté ne sont pas complètement

---

14. *Introduction du narcissisme* (1914).

abandonnées, mais d'un autre côté le patient renonce à ses intérêts et activités ordinaires en faveur de son intérêt pour son corps et ses divers symptômes. Il persévère dans sa préoccupation et s'accroche tenacement à ses symptômes.

Le comportement de l'adulte hypocondriaque fait penser à un type de narcissisme où l'objet interne, représenté par la partie de son corps qui le préoccupe en particulier, est préféré aux objets extérieurs, et aimé dans cette mesure ; mais puisque cet objet interne est senti comme endommagé, et par suite comme non gratificateur, il est aussi haï et craint, de façon que, sous cet aspect aussi, il exige de l'attention et doit être constamment surveillé avec soin et suspicion.

Le sentiment conscient du patient, qu'à cause de sa maladie il ne peut travailler ou se préoccuper des autres personnes, se révèle à l'analyse recouvrir une situation très complexe ; c'est la haine contre les personnes les plus proches (les parents ou des substituts des parents) qui constitue un motif puissant pour trouver tout travail impossible et pour avoir des exigences excessives ; cette hostilité est refoulée et convertie dans les sensations organiques particulières qui absorbent l'intérêt du patient. Ces sensations organiques racontent en outre l'histoire spécifique des phantasmes du patient sur les objets de son hostilité, c'est-à-dire que ses relations avec les personnes importantes dans sa vie sont transposées dans le domaine de ces sensations corporelles. L'absence de culpabilité consciente pour ne pas travailler (ce qu'il sent en fin de compte comme travailler pour ces objets) et pour être une charge pour sa famille, s'explique par le fait que la culpabilité est aussi convertie et apparaît sous forme de la souffrance consciente, de l'angoisse et de la dépression provoquées par l'organe « malade ». Considérée sous un autre aspect, la culpabilité pour ses pulsions hostiles inconscientes contre ses objets les plus proches, d'ordinaire les membres de sa famille, est apaisée par la souffrance causée par les diverses sensations pénibles qui proviennent de l'organe « malade ». Nous savons que la culpabilité inconsciente peut être représentée par un besoin de punition, et ce besoin est sans doute satisfait par la souffrance intense liée aux craintes hypocondriaques. Ainsi l'absorption consciente de l'intérêt par son propre corps et l'absence apparente des intérêts et des préoccupations ordinaires recouvrent une relation inconsciente, riche de contenu, avec ses objets extérieurs, qui sont convertis en objets internes et représentés par le corps propre du patient. On peut voir en outre à l'analyse que l'hostilité inconsciente du patient est liée à des frustrations qu'il attribue à ses objets, et que le système hypocondriaque tout entier semble être émané de ces frustrations auxquelles le patient n'a pas pu s'adapter.

LE SURINVESTISSEMENT COMPENSATOIRE DE L'OBJET INTERNE

Cette description sommaire porte sur les observations analytiques sur des patients adultes et l'on peut se demander si elles peuvent être prises comme des répliques fidèles du narcissisme infantile, ou si elles représentent l'élaboration secondaire d'un état originaire. Dans la seconde hypothèse, la question se pose de savoir quels traits appartiennent à la phase ordinaire, et quels autres aux phases ultérieures.

Quand nous analysons d'autres formes de maladie mentale, par exemple la paranoïa et le comportement délirant, comme la jalousie délirante, nous trouvons encore ce noyau d'interaction entre la relation avec les personnes extérieures réelles et la relation avec les objets internes phantasmatiques, quoique par ailleurs le matériel psychique soit très différent. Il serait justifié de considérer les éléments communs entre différentes maladies mentales comme dérivant des phases primitives, infantiles, de la vie psychique vers lesquelles s'est produit la régression, et de supposer que les différences sont déterminées par les progrès variables accomplis par le moi dans son développement.

Ceci vaut pour toutes les maladies mentales qui, Freud l'a fait remarquer, impliquent toujours une régression ; mais la contribution de la disfonction du Moi évolué à la maladie n'a pas été suffisamment examinée jusqu'à maintenant. On peut cependant affirmer en toute sécurité que les principes fondamentaux de l'état adulte sont les mêmes que ceux de l'état infantile, et que les ajouts des stades ultérieurs du Moi se rapportent plutôt aux ramifications, aux variations du modèle, à l'utilisation des types courants d'expérience, aux rationalisations.

La séquence suivante : frustration par l'objet extérieur (le sein), qu'elle soit réelle ou imaginaire, ou, plus fréquemment, les deux à la fois ; crainte de la persécution de l'objet haï et donc dangereux, abandon de l'objet et recherche du plaisir en provenance de sources situées à l'intérieur de la personne (les organes corporels), doit à mon avis, être considérée comme le noyau des états hypocondriaques. Je conclurais aussi de tout cela qu'il y a dans l'état infantile un équivalent de la douleur et de l'angoisse liées à l'organe dans l'hypocondrie adulte, c'est-à-dire qu'il y a aussi dans l'état infantile quelque degré de limitation de la satisfaction obtenue. Cela amène, à mon avis, à un surinvestissement compensatoire de l'organe (de l'objet interne) par la libido et à un refus excessif de l'objet extérieur.

La bonté de l'objet interne, qui est traité comme « Moi » et est représenté par une partie du corps du sujet, se nourrit, pourrait-on dire, de la méchanceté de l'objet extérieur. En d'autres termes, pour se maintenir comme bon et pour maintenir l'objet internalisé (qui fusionne avec lui) comme bienveillant et secourable, le sujet en état narcissique hait et rejette l'objet du monde extérieur. Ainsi la haine et le refus constituent une part importante de cette défense contre la frustration qui est fondée sur la technique du clivage des émotions d'amour et de haine, avec le clivage et la duplication correspondants de l'objet en un objet bon — interne — et un objet mauvais — extérieur. La ténacité avec laquelle le patient hypocondriaque s'accroche à ses symptômes et continue à consulter des médecins et à les abandonner, montre cette technique de clivage et de duplication, qui peut, dans la situation complexe de la vie adulte, assumer des formes très confondantes.

LE RÔLE JOUÉ PAR LE DÉNI DANS LES ÉTATS PARANOÏDES

Je voudrais mentionner très brièvement dans cet ordre d'idées un autre état pathologique de la vie adulte, dans lequel le patient utilise les mécanismes de clivage de façon à assurer sa croyance à sa propre bonté par opposition à la méchanceté de l'autre personne. L'aspect délirant des états paranoïdes montre clairement le rôle joué par le déni. Il est bien connu que la jalousie délirante et la crainte de persécution sont fondées sur le déni et la projection. Il semble que dans ces états c'est surtout le sentiment de culpabilité que le patient ne peut tolérer, et contre lequel il met en jeu les défenses de déni, clivage et projection. Sans essayer de traiter ici du problème très embrouillé de la culpabilité, je voudrais faire remarquer que, dans la pratique, la difficulté d'une personne à tolérer le sentiment de culpabilité vient essentiellement de sa difficulté à admettre, même pour elle-même, qu'il y a quelque chose de mauvais en elle, c'est-à-dire que quelque chose d'*elle-même* est mauvais, et qu'elle ne peut s'en défaire en traitant ce quelque chose comme un corps étranger à l'intérieur d'elle-même. Le résultat de la technique de projection délirante est double : la crainte de persécution de la part de la personne qui est choisie pour cette projection, et la conviction de la bonté de ce qui est senti comme faisant partie du sujet. On pourrait dire que l'individu achète son estime de lui-même au prix de la persécution.

LE CLIVAGE DE L'OBJET EXTÉRIEUR

J'arrive donc à l'hypothèse que, dans l'état narcissique, l'objet extérieur est haï et rejeté de façon que l'on puisse aimer l'objet interne qui est fusionné avec le Moi et en tirer du plaisir. L'objet extérieur est ainsi nettement divisé ainsi que sa représentation interne (obtenue par introjection). Cependant la technique de clivage de l'objet en deux dérive de la prémisse fondamentale que quelque part les deux objets n'en font qu'un, et la présuppose. La technique ne réussit qu'en partie, et le plaisir dans le narcissisme est incomplet, plus encore que dans la simple gratification auto-érotique (le fait qu'à un moment ou un autre le bébé se rend compte du caractère insatisfaisant du sein interne phantasmatique, est d'une importance capitale, en ce qu'il le force à revenir vers le sein réel dans le monde extérieur).

L'auto-érotisme et le narcissisme sont des moyens employés par le Moi infantile pour s'arranger de la frustration (moyens qu'on retrouve régressivement dans certains états pathologiques des années ultérieures). Ils utilisent essentiellement les mécanismes d'introjection et de projection par lesquels le Moi infantile acquiert un objet bon à l'intérieur du corps du bébé, représenté par une des parties de son corps. Les deux états impliquent des phantasmes vécus originairement au contact d'un objet.

L'objet phantasmatique avec lequel le bébé est constamment lié diffère selon les stades du développement de son Moi Dans la toute première phase, caractérisée par de simples activités gratificatrices auto-érotiques, l'objet est virtuellement un « objet partiel », alors que dans les phases ultérieures, quand les états narcissiques jouent un plus grand rôle, les objets sont déjà reconnus comme des personnes (stade de l'« objet total »). Dans cette perspective nous devons considérer un facteur économique. Il semble plausible de supposer que la gratification hallucinatoire peut se produire plus facilement quand il s'agit d'un objet partiel (par exemple, le mamelon), que lorsqu'il s'agit d'une personne. En effet le souvenir qui sous-tend l'hallucination, s'il s'agit du sein, est lié à la sensation pleine du contact bouche-mamelon : le mamelon était réellement « à l'intérieur de l'enfant », enclos dans ses lèvres, ses gencives et sa langue. Il pourrait bien se faire que dans la phase antérieure de relation d'objet partielle, il soit concentré sur l'objet une quantité de libido plus grande que dans la phase ultérieure, tandis que les sensations et les émotions peuvent se produire sous une forme moins concentrée si l'objet est senti comme une personne.

PAULA HEIMANN [15]

15. « Certaines fonctions de l'introjection et de la projection dans la première enfance » (1943), in *Développements de la psychanalyse,* P.U.F., coll. « Bibliothèque de Psychanalyse », p. 136-146.

DES TRANSFERTS NARCISSIQUES

Freud se montrait pessimiste quant à la possibilité d'aborder par la psychanalyse les névroses narcissiques. Il pensait que les patients souffrant de ce genre de maladie étaient incapables d'établir un transfert, ou du moins que ce qui leur en restait était insuffisant. Il décrit la résistance de ces patients comme un mur de pierre infranchissable, et dit qu'ils se détournent du médecin non avec hostilité mais avec indifférence. Beaucoup d'analystes ont essayé de mettre au point des méthodes analytiques adaptées au traitement des patients narcissiques. Je pense à Waelder (1925), Clark (1933), et plus tard Fromm-Reichmann (1943, 1947), Bion (1962), Rosenfeld et d'autres encore. La majorité des analystes qui ont traité des malades narcissiques ne partagent pas le point de vue de Freud sur l'absence de transfert. Comme celui-ci est l'instrument principal de toute investigation analytique, il paraît essentiel pour la compréhension du narcissisme que le comportement du patient narcissique dans la situation transférentielle soit observé dans ses moindres détails.

Franz Cohn (1940) émet la suggestion que la distinction entre névrose de transfert et névrose narcissique devrait être moins tranchée. Il pense notamment que dans la névrose narcissique le transfert est d'un type primitif ou rudimentaire — que par exemple, il existe souvent de sérieuses difficultés lorsqu'il s'agit de distinguer entre le sujet et l'objet — et il met l'accent sur l'introjection et la projection des tendances destructrices en termes d'oralité et d'analité dans la relation à l'analyste. Stone (1954) a décrit des transferts qui sont « littéralement narcissiques », où l'analyste est confondu avec l'analysant ou semblable à l'analysant sous tous rapports ; le thérapeute et le patient semblent tour à tour faire partie l'un de l'autre. Il insiste à la fois sur les tendances destructrices primitives et sur le besoin de vivre l'analyste comme une figure omnipotente, semblable à un dieu, et suggère que dans le fantasme du patient concernant l'omnipotence de l'analyste, la culpabilité se rattachant à l'agressivité destructrice joue un rôle important.

LA RELATION AUX OBJETS DANS LE NARCISSISME

Un grand nombre d'observations faites par Cohn (1940) et Stone (1954) semblent se rapprocher de mes propres recherches. Je remarque que dans leurs descriptions des transferts narcissiques, les termes narcissisme « primaire » et narcissisme « secondaire » ne sont pas utilisés. A leur place, nous rencontrons les termes d'« omnipotence », de « confusion de soi et des objets », d'« introjection des objets », de « projection de l'agressivité dans les objets », des « exigences insatiables vis-à-vis des objets », et d'« annulation ». L'emploi de ces termes dans la description des patients narcissiques semble valable, mais il me paraît important et nécessaire de définir plus clairement la nature de la relation aux objets dans le narcissisme et les mécanismes de défense particuliers qui s'y rattachent. Certains pourraient voir là une contradiction dans les termes, parce que, pour beaucoup d'analystes, la notion de narcissisme primaire implique un état sans objet. Mais il convient de se rappeler que Freud considérait le sentiment océanique, l'ardent désir d'union avec Dieu ou l'Univers comme une expérience narcissique primaire. Federn (1929), dans sa discussion sur le narcissisme primaire, décrit le désir impérieux ressenti par le bébé pour le sein de la mère, mais il avance l'opinion que l'objet n'est pas encore extérieur au sentiment du Moi. Abraham décrit un narcissisme illimité, comme une relation d'objet dans laquelle, bien que l'objet soit incorporé, le sujet ne prend pas en considération les intérêts de l'objet, et le détruit sans la moindre hésitation. Balint (1960) va jusqu'à suggérer que ce que Freud a décrit comme narcissisme primaire devrait être appelé amour objectal primaire. Pour ma part, je crois que l'on éviterait beaucoup de confusion en acceptant de reconnaître que de nombreux états cliniquement observables, ressemblant à ce que Freud a décrit comme narcissisme primaire, sont, en fait, des relations d'objet de type primitif.

LE RÔLE DE L'OMNIPOTENCE

Dans les relations d'objet de nature narcissique, l'omnipotence joue un rôle de premier plan. L'objet, généralement un objet partiel, le sein, peut être incorporé de manière omnipotente, ce qui implique qu'il est traité comme la possession du bébé ; ou la mère ou le sein sont utilisés comme des contenants dans lesquels sont projetées les parties de soi ressenties comme indésirables puisqu'elles sont cause de souffrance ou d'angoisse.

L'identification est un facteur important dans les relations objectales narcissiques. Elle peut se produire par introjection ou par projection. Lorsque l'objet est incorporé de façon omnipotente, l'identification à l'objet incorporé est telle que toute identité distincte, toute frontière entre soi et l'objet sont déniées. Dans l'identification projective, des parties de soi pénètrent un objet, par exemple la mère, de manière omnipotente pour s'approprier certaines qualités vécues comme désirables et en conséquence prétendant être l'objet ou à l'objet partiel.

L'identification par introjection et l'identification par projection se produisent généralement de manière simultanée.

Dans les relations d'objet narcissiques, les défenses contre toute reconnaissance de séparation entre soi et l'objet jouent un rôle prédominant. La conscience de la séparation aboutirait à des sentiments de dépendance à l'égard de l'objet, et par conséquent à de l'angoisse. La dépendance à l'égard d'un objet implique de l'amour pour lui et la reconnaissance de la valeur de l'objet, ce qui entraîne agression, angoisse, souffrance, en raison des inévitables frustrations et de leurs conséquences. De plus, la dépendance provoque l'envie quand la bonne qualité de l'objet est perçue. En conséquence, les relations d'objet narcissiques omnipotentes évitent à la fois tout sentiment agressif résultant de la frustration et toute conscience d'un sentiment d'envie. Lorsque l'enfant possède le sein de la mère de manière omnipotente, le sein ne saurait ni le frustrer ni éveiller son envie. L'envie est particulièrement intolérable pour le nourrisson et accroît sa difficulté à accepter la dépendance et la frustration. Il semble y avoir un rapport étroit entre la force et la persistance des relations d'objet narcissiques omnipotentes et la force de l'envie infantile. L'envie qui possède des caractères d'omnipotence semble contribuer à l'omnipotence des relations d'objet narcissiques alors même qu'elle peut aussi se trouver simultanément clivée, projetée et déniée.

Dans les observations cliniques que j'ai pu faire de patients narcissiques, la projection, à l'intérieur de l'objet, des caractéristiques indésirables, joue un rôle important. Souvent, le patient rêve ou imagine dans ses fantasmes qu'il est sur l'analyste comme aux cabinets ou sur les genoux de sa mère. Cette relation implique que toute sensation ou sentiments gênants peuvent être immédiatement évacués dans l'objet sans aucune considération pour ce dernier qui est généralement dévalorisé. Dans les troubles narcissiques graves, nous pouvons toujours constater le maintien d'une défense rigide contre toute prise de conscience de la réalité psychique, du fait que toute angoisse éveillée par des conflits entre des parties de soi ou entre soi et la réalité est immédiatement évacuée. L'angoisse contre laquelle on se défend ainsi est de nature essentiellement paranoïde, puisque l'origine des relations d'objet narcissiques remonte à la toute première enfance alors que l'angoisse revêt un caractère paranoïde prédominant.

L'IDÉALISATION NARCISSIQUE

Cliniquement, les relations d'objet narcissiques apparaissent souvent à l'analyste, et sont aussi vécues ou ressenties par le patient comme des relations idéales et désirables. Par exemple, au cours de l'analyse, la relation à la mère/cabinets est fréquemment ressentie comme idéale : en effet, le patient se trouve soulagé lorsque, au cours d'une séance, il peut se décharger immédiatement sur la personne de l'analyste de tout ce qui lui est désagréable. Lorsqu'il s'attribue la possession de l'analyste, comme celle du sein qui l'a nourri, il s'attribue ainsi le mérite de toutes les interprétations satisfaisantes de l'analyste, et cette situation est vécue comme parfaite ou idéale parce qu'elle lui permet de renforcer, pendant la séance, le sentiment de sa propre valeur et de son importance. Parfois, les patients narcissiques se représentent leur relation avec l'analyste comme idéale et mutuellement satisfaisante, l'identité du patient et celle de l'analyste ne s'y trouvant pas différenciées, situation qui rappelle la description que Freud a faite du sentiment océanique. Un autre exemple de l'idéalisation narcissique est celui du patient qui se sent aimé par tout le monde ou exige que tout le monde l'aime parce qu'il est tellement digne d'être aimé. Tous ces patients semblent avoir en commun le sentiment qu'ils contiennent en eux tout le « bon » qui autrement serait éprouvé dans une relation à un objet. Généralement, nous rencontrons une image de soi fortement idéalisée qui domine la situation analytique ; en même temps, tout ce qui peut venir déranger cette image est l'objet d'une défense rigoureuse et d'un déni omnipotent.

UN EXEMPLE CLINIQUE

Je me propose maintenant d'illustrer certains des problèmes relatifs aux cas de narcissisme grave, à partir du matériel d'un patient qui manifestait un transfert nettement narcissique sans être ouvertement psychotique. Rien dans l'histoire de ce patient ne semble expliquer son attitude narcissique persistante. Ses parents sont assez fortunés et il a deux sœurs En apparence, il avait toujours réussi superficiellement à s'entendre avec tout le monde, et il avait eu des succès scolaires grâce à sa grande intelligence. Lorsqu'il entreprit son traitement, il venait de se marier et il avait des difficultés avec sa femme. Sauf les quelques fois où il avait le sentiment de ne faire qu'un avec elle, il était extrêmement jaloux et intensément préoccupé par les relations qu'elle pouvait avoir avec les autres, qu'il s'agisse d'hommes ou de femmes. L'analyse révéla la profondeur de son narcissisme, son absence de contact émotionnel avec les autres, d'où l'absence de plaisir dans la vie, ce qui le rendait envieux à l'égard de tout le monde. Il enviait surtout sa femme qui, il le savait, possédait bien plus que lui la faculté de trouver du plaisir dans ses relations avec les autres, y compris avec lui-même. Lorsque je vis ce patient pour la première fois, il m'apparut comme légèrement coupé de la réalité et des autres, et il avait une attitude vaguement supérieure et condescendante qu'il essayait de dissimuler. Il reconnut qu'il se sentait parfois frustré dans ses relations personnelles avec ses amis et sa jeune femme, mais il leur imputait généralement la responsabilité des difficultés qui pouvaient se produire. Il montrait un grand intérêt pour son analyse, malgré le fait qu'il ne croyait pas en avoir vraiment besoin. Presque immédiatement, il se figura être le patient idéal faisant d'énormes progrès, mais en réalité, il n'était guère capable d'utiliser convenablement son analyse. Il projetait constamment ses problèmes sur sa femme ou sur les autres, y compris sur l'analyste, et il lui était impossible de les vivre comme siens. Il aimait beaucoup interpréter ses rêves en détail, expliquer ses idées et ses sentiments, mais il se déchargeait si rapidement de tout conflit, de toute angoisse, de tout sentiment dépressif qui pouvaient apparaître, qu'il avait à peine le temps de les ressentir. Les interprétations ne l'irritaient pas, bien au contraire, il les reprenait rapidement, en parlait à sa façon et se trouvait très content de lui et de sa science puisqu'il ne percevait pas la contribution de l'analyste. Cette attitude rendait extrêmement difficile toute tentative de produire un changement dans sa personnalité, si bien que l'on se sentait devant le mur de pierre décrit par Freud. Derrière ce mur, il semblait y avoir une omnipotence qui dissimulait l'envie et l'hostilité, totalement niées par le patient et difficiles à mettre en évidence à l'aide du matériel analytique. Après que je lui eus montré inlassablement sa fuite de tout contact avec moi ou avec ses propres sentiments, et en particulier avec son hostilité à mon égard, il arriva à une séance en disant qu'il voulait maintenant aborder de plus près ses problèmes.

INTERPRÉTATION D'UN RÊVE

Il me raconta alors un rêve : lui et d'autres gens voyageaient dans un train très rapide. Soudain, il voyait une sorte de machine surréaliste atterrir près du train et émettre en direction de celui-ci un large rayon de flammes très dangereux. Heureusement, le train échappait à cette attaque en s'éloignant rapidement, mais on avait l'impression que l'attaque reprendrait. Le patient sentit que cette machine était envoyée de Russie par un homme qui avait dû habiter en Angleterre auparavant mais qui ressentait de l'amertume et le désir de se venger des mauvais traitements qu'il croyait avoir subis. Le rêve comportait

« Il me raconta alors un rêve : lui et d'autres gens voyageaient dans un train très rapide. » Le Rossignol, *par René Magritte, 1962. Coll. part.)*

le sentiment que des attaques de grande envergure allaient se produire à différents endroits d'Angleterre et qu'elles seraient surtout dirigées contre des hôtels qui s'appelaient le Royal, la Royauté, le Majestic, le Palace, etc. ; et pourtant, ces attaques visaient ses parents. Il semblait y avoir aussi pénurie de nourriture. Deux jeunes filles se trouvaient dans le train avec lui. Dans une autre partie du rêve, il y avait de nombreuses jeunes filles qui s'appuyaient à un mur de pierre et qui étaient obligées de se prostituer à cause de cette pénurie de nourriture. Il s'approchait de l'une d'elles et lui disait : « Voulez-vous avoir un client ? », mais elle se contentait de rire, et il se sentait déçu, car son intention de se rapprocher d'elle était sérieuse. Dans ses associations, il pensa que le Russe devait le représenter lui-même car il ressentait pour lui de la sympathie, comme si le Russe avait le droit d'attaquer. Il pensa également qu'il avait dû haïr ses parents à cause de leur importance, et de ce fait il se sentait méprisé par eux. Il pensait que le Russe avait certainement voulu être lui-même le personnage le plus important et que les attaques étaient le résultat de son sentiment d'humiliation et par conséquent de la rancune qu'il éprouvait. Lui-même se sentait peu ému par ce rêve.

Le rêve montre très clairement la virulence toute-puissante d'une partie de sa personnalité extrêmement hostile et omnipotente qui attaque à la fois les parents, personnages importants et supérieurs, et une partie de lui-même. Ces attaques sont manifestement motivées par l'envie qu'il ressentit, étant bébé, devant l'importance des adultes, parce que, dans ses associations, il accuse ses parents de l'humilier et de lui donner le sentiment d'être tout petit. Ce qui est également clair dans le rêve, c'est que le Russe éprouve une rancune paranoïde et que le patient reconnaît ainsi sa propre attitude paranoïde, niée sur le plan conscient. Le train qui poursuit sa course rapide pour éviter tout contact avec les rayons destructeurs doit être rattaché au train de ses pensées et à lui-même, contenant les deux seins (les deux jeunes filles). En fait, il tire fierté de son aptitude aux mouvements rapides et adroits, et de sa capacité à pouvoir dans sa pensée éviter tout contact avec son côté destructeur. Le rêve implique que tout rapprochement avec l'analyste en tant que figure parentale importante éveille des impulsions dangereuses, envieuses et paranoïdes. Il est intéressant de remarquer que dans le rêve, le Russe paranoïde et envieux est maintenu à distance, tandis que les forces destructrices émanant de lui influencent le cours des idées du patient, ses contacts et ses relations avec ses parents et les femmes. Le rêve montre clairement comment dans les relations narcissiques, l'envie est clivée, et tenue à distance de la conscience de soi, et qu'en même temps, les tendances destructrices du malade maintiennent une dévalorisation des relations objectales et ainsi lui permettent de passer à côté de ses difficultés. Un aspect intéressant du rêve est le fait que la pénurie de nourriture contraint les jeunes filles à se prostituer. Ceci implique que l'importance du sein se trouve niée et que les femmes sont dévalorisées et transformées en prostituées ; manquant de nourriture, ou de seins, elles ne peuvent se nourrir elles-mêmes, et de ce fait, doivent s'adresser au patient pour obtenir l'argent nécessaire à leur subsistance ; cela indiquerait également que la dépendance se trouve projetée dans les prostituées.

Comme le patient avait commencé la séance en disant qu'il était décidé à faire avancer son analyse, en d'autres termes qu'il voulait se rapprocher de moi, il est clair que le rêve est révélateur non seulement de son attitude envers les femmes, mais aussi envers l'analyste. Le patient fait face à sa peur que je le rejette en se rapprochant de moi, mais avec une attitude supérieure, me transformant en prostituée. Il est intéressant de noter que les prostituées s'appuient à un mur de pierre ce qui semblerait confirmer que le mur de pierre, du transfert narcissique doit être rattaché aux relations objectales narcissiques qui émergent dans l'analyse.

A la suite de ce rêve, le patient admit plus ouvertement, au cours de rêves ou d'associations, sa supériorité agressive, mais il ne reconnut son désir de posséder l'analyse et de sentir qu'elle était sa propre création, qu'après le rêve suivant : il faisait des courses et on lui proposait un sel d'une espèce particulière empaqueté dans un emballage fait par le marchand lui-même. Il était bien meilleur marché que le sel ordinaire, il ne coûtait que 9 pennies les 4 livres. Il demandait au marchand s'il était aussi bon que le sel ordinaire. Bien que le commerçant lui eût assuré qu'il était très bon, le patient ne pouvait s'en persuader. En quittant la boutique, il mettait environ deux heures pour rentrer chez lui et il se sentait coupable parce qu'il avait peur que ce retard n'inquiète sa femme qui l'attendait. Le patient remarqua que la veille, il avait dû acheter du sel parce qu'il n'y en avait plus à la maison. Il était certain que le sel devait avoir un rapport avec l'analyse car les 4 livres lui rappelaient ses 4 séances hebdomadaires. Il insista sur le fait que le sel était bien meilleur marché pour la raison évidente que le commerçant l'avait fabriqué lui-même. Je pus lui montrer que dans ce rêve il vient en apparence me voir pour se faire analyser, mais il soutient que ce qu'il reçoit de moi est une analyse entièrement fabriquée par lui-même, et en outre, il prétend que celle-ci est aussi bonne que l'analyse ordinaire. De toute évidence, il essaie dans le rêve d'être rassuré par le commerçant, c'est-à-dire par l'analyste, qui lui dit que c'est très bien et parfaitement normal ; mais il admet qu'il n'arrive pas à y croire vraiment. Le fait qu'il reste dehors jusqu'à une heure tardive implique la projection dans sa femme de ses sentiments de dépendance et de son angoisse d'être obligé d'attendre. Le rêve montre bien que le patient n'a pas encore admis sa dépendance envers moi ; celle-ci se trouve niée et projetée, ce qui entraîne continuellement des *acting out*. Je voudrais souligner ici ce que signifie en général l'idée d'une analyse faite par les patients eux-mêmes, car elle apparaît clairement dans ce rêve et elle joue un rôle très important dans l'analyse d'un grand nombre de patients narcissiques. Le patient narcissique soutient ostensiblement qu'il possède un sein meilleur et parfois plus créateur, ce qui lui assure une analyse et une nourriture supérieures à celles que l'analyste-mère pourrait jamais produire et lui offrir. Cependant, une analyse attentive révèle que cette possession à laquelle il attache tant de prix représente ses propres matières fécales toujours fortement idéalisées, ce que le patient dissimule soigneusement. Quand on met cette situation en évidence, on peut momentanément provoquer chez le patient un sentiment d'abattement intense ; mais ce moment est essentiel pour que le patient puisse établir des relations véritables aux objets externes et internes.

UN AUTRE RÊVE

Un rêve ultérieur du patient montre comment il renverse complètement sa relation à l'analyste au moyen d'identifications projectives omnipotentes. Dans ce rêve, le patient était un médecin qui recevait sa clientèle. Il avait un gâteau et quatre femmes venaient le voir. Il soupçonnait ces femmes de feindre la maladie de manière à attirer son attention. Le toit de la maison était abîmé, et il se mettait à le réparer. Un bruit de chute ou de martèlement se faisait entendre, et les femmes se retiraient précipitamment, de crainte que quelque chose ne leur tombe dessus. Dans ses associations, le patient prend le rôle de l'analyste : non seulement, il possède le gâteau/sein, mais il fait aussi un travail de réparation. Sa propre avidité, consistant à vouloir tirer une nourriture de l'analyse sans réellement admettre sa maladie et à s'empresser de fuir chaque fois que je lui donne une interprétation susceptible de le toucher, se trouve projetée sur les quatre femmes qui, comme souvent dans ses autres rêves, représentent l'analyse ou l'analyste (cf. les 4 livres de sel). Nous remarquons que dans ce rêve, le patient arrive à une meilleure appréciation de l'analyste et du travail réparateur de l'analyse, qu'il est capable de critiquer l'avidité de ses propres exigences envers l'analyste et son attitude de fuite constante devant toute interprétation ressentie comme juste. Cependant, il évacue entièrement son insatisfaction dans l'analyste, qui représente, dans le rêve, la partie insatisfaisante de lui-même, tandis qu'il s'attribue le rôle de l'analyste qu'il admire.

L'ANALYSE DES PATIENTS NARCISSIQUES

Je me propose à présent de discuter de quelques considérations d'ordre plus pratique concernant l'analyse des patients narcissiques. Dans ce genre d'analyse, il existe une forte résistance provenant de leur attitude omnipotente et supérieure qui nie le besoin de dépendance et les angoisses qui en résultent. Ce comportement est souvent très répétitif et le malade narcissique en utilise de nombreuses variantes. Lorsqu'il est intelligent, le patient narcissique se sert souvent de son *insight* intellectuel pour admettre en paroles ce que dit l'analyste, et il reprend en le récapitulant dans ses propres termes ce qui a été analysé dans les séances précédentes. Ce comportement qui bloque tout contact et toute progression est également un exemple des relations objectales narcissiques que j'ai décrites. Le patient utilise les interprétations analytiques, mais il s'empresse de les vider de toute vie et de toute signification, de telle sorte qu'il ne reste que des mots dénués de sens. Le patient a alors le sentiment que ces mots lui appartiennent et il les idéalise, ce qui lui donne un sentiment de supériorité. D'autres patients emploient une méthode différente : ils n'acceptent jamais réellement les interprétations de l'analyste, mais développent constamment des théories qu'ils considèrent comme des versions supérieures de l'analyse.

Dans le premier cas, le patient dérobe les interprétations qui représentent le sein de la mère analyste, et les transforme en matières fécales ; puis, il les idéalise et en nourrit l'analyste, en les lui redonnant. Dans le deuxième cas, le patient produit ses propres théories comme s'il s'agissait de matières fécales idéalisées et il les présente comme une nourriture supérieure au sein que donne l'analyste/mère. La source principale de cette résistance et de ce comportement réside dans le déni de l'envie dont l'expression ne peut être contrainte à se manifester ouvertement que lorsque le patient narcissique se sent obligé de reconnaître la supériorité de l'analyste en tant que mère nourricière. Le patient dont j'ai exposé les rêves en vint peu à peu à admettre qu'il lui fallait maintenir dans le vague et l'incertitude le fait qu'en réalité il recevait l'analyse de moi. En effet, toute notion claire et réelle de mon rôle lui donnait le sentiment insupportable qu'il était petit, affamé et humilié, et il m'en voulait alors profondément même lorsque j'étais disponible pour lui. Parfois ce ressentiment se faisait jour et le patient avait l'impression que je possédais toutes les réponses et que je ne lui en donnais que quelques-unes. Pourquoi donc était-il obligé de m'écouter ou de dépendre de moi, si ce que je lui donnais était incomplet ? Cette rancune provenait de ses sentiments d'envie à l'égard de la mère/analyste, qui, possédant le sein, se contente de nourrir l'enfant au lieu de lui en faire le don total. Cela n'apparaissait tout d'abord que de façon fugitive et le patient s'en défendait en se hâtant de se mettre dans une position de supériorité par rapport à moi, en pensant à un quelconque domaine où il excellait. Une très forte résistance provenant de son image idéale de lui-même existait également et il devint peu à peu capable de la décrire de la façon suivante : « Je veux me sentir bien et avoir avec vous une relation parfaite. Pourquoi donc admettrais-je l'intrusion de quoi que ce soit de mauvais qui gâcherait la bonne image que j'ai de moi-même, et que je ressens comme devant être digne aussi de votre admiration ? »

La rigidité avec laquelle cette image idéale de lui-même est préservée bloque l'analyse des patients narcissiques et l'empêche de progresser, parce qu'ils sentent cette image menacée par tout *insight* et tout contact avec la réalité psychique. On peut penser à l'image idéale qu'ont ces patients comme à une structure hautement pathologique fondée sur l'omnipotence et le déni de la réalité.

Ce ne fut que très lentement que le patient devint capable d'admettre qu'en préservant cette image de soi idéale, il éliminait toute interprétation venant de moi qui puisse la mettre en danger. Il commença à remarquer qu'il perdait constamment contact avec tout ce qui avait été discuté au cours des séances. Cela lui fut pénible, mais cette impression fut à son tour rapidement éliminée bien qu'elle ait entraîné l'expulsion de la bonne expérience avec l'analyste, celle-ci étant responsable de cet *insight* pénible. Cette attitude est très caractéristique du patient narcissique, et non seulement la douleur psychique, mais aussi l'*insight,* se trouvent sans cesse expulsés. Par exemple lorsque le besoin de dépendance de mon patient commença à se manifester davantage, il projeta d'abord la dépendance dans sa femme et réalisa ensuite un *acting out* en créant une situation où elle se sentait déprimée et dans le besoin. Il lui expliqua alors les raisons pour lesquelles elle était déprimée et il s'irrita de voir qu'elle ne comprenait pas immédiatement ses interprétations et qu'elle ne réagissait pas convenablement. Cependant, il prit peu à peu conscience que l'expulsion de sa dépendance, et par conséquent de l'*insight,* créait constamment davantage de difficultés et de frustrations dans sa vie. Nous découvrîmes que, chaque fois que le patient acceptait une véritable compréhension de ce qui le concernait et qu'il essayait de ne pas projeter ses sentiments, il devenait angoissé et déprimé. A ce moment-là, il devint confus, et s'entendit dire : « C'est dangereux. » A la suite de quoi il réagit en expulsant de nouveau l'angoisse, la dépression et l'*insight.* Je lui montrai alors que ce qui était menacé dans une telle situation n'était pas son bon côté ou sa normalité mais son omnipotence et sa folie. Cela le frappa fortement, il dit qu'il avait la même impression lorsqu'il conduisait sa voiture et qu'il arrivait à un feu rouge. C'était bien sûr le signal d'un danger, signifiant qu'il fallait s'arrêter, mais il avait le sentiment que ce signal lui donnait simplement envie d'accélérer pour passer le feu rouge sans s'arrêter, en d'autres termes, de passer à travers le danger constitué par l'affrontement du normal et du réel, pour se retrouver dans sa position omnipotente et idéalisée.

PRONOSTIC CLINIQUE

Le résultat clinique de l'analyse d'un patient narcissique dépend de sa capacité à admettre peu à peu sa relation avec l'analyste, celui-ci représentant la mère en train de le nourrir. Cela implique qu'il puisse surmonter quelques-uns des problèmes que j'ai évoqués, et par conséquent, reconnaître la séparation et la frustration, et élaborer ce que Melanie Klein a appelé la position dépressive. Il convient aussi de ne pas oublier que chez quelques patients narcissiques, il existe souvent une partie de la personnalité moins narcissique, plus normale, davantage dirigée vers ses objets. L'amélioration ne peut être appréciée que dans la mesure où les parties narcissiques de la personnalité peuvent être intégrées à cette partie plus normale. Pour que cette amélioration se produise, le narcissisme omnipotent du patient et tous les aspects qui s'y rattachent doivent être mis à nu, dans leurs moindres détails, au cours du processus analytique et intégrés à la partie du patient plus normale et plus capable de se mettre en cause. C'est cette phase de l'analyse qui semble si insupportable. Des clivages se produisent de façon répétitive lorsque la partie normale, ou la partie omnipotente de soi est déniée. Souvent, la tentative d'intégration échoue parce que les mécanismes en rapport avec l'omnipotence et le narcissisme viennent soudain s'imposer au soi normal et tentent de détourner ou d'expulser la prise de conscience douloureuse. Cependant, certains patients prennent progressivement le dessus au cours de cette lutte contre l'omnipotence narcissique. Cela devrait encourager les analystes à poursuivre leurs recherches dans le domaine des problèmes cliniques et théoriques du narcissisme.

HERBERT A. ROSENFELD [16]

---

16. « A propos de la psychopathologie du narcissisme » (1964), in *États psychotiques*, P.U.F., coll. « Le Fil rouge » p. 219-232.

La régression narcissique est pour Béla Grunberger
la base énergétique, le moteur de la cure analytique.
*(*Tracer, *par Rauschenberg, 1964. Coll. part., USA.)*

Chapitre II

L'antagonisme narcissisme-pulsions

En France, Béla Grunberger est l'auteur qui s'est le plus attaché à l'étude du narcissisme. En 1956, il publia un rapport au Congrès des psychanalystes de langues romanes sur « la situation analytique et le processus de guérison », où il insiste sur la nécessité de comprendre le rôle des coordonnées de la situation analytique (le patient étendu, l'analyste assis, invisible derrière le divan ; la règle fondamentale incitant le patient à communiquer tout ce qui lui vient à l'esprit ; la régularité et l'immuabilité des séances et du cadre analytique ; l'écoute et la neutralité de l'analyste) qui induisent chez le patient une régression narcissique. Le patient est plongé dans son monde fantasmatique, dont l'émergence est favorisée du fait de sa position par rapport à l'analyste et par l'invitation qui lui est faite pour la première fois de sa vie à s'exprimer sans retenue ; en même temps la stabilité du cadre analytique lui assure une sécurité : il ne passera pas à l'acte et son flot pulsionnel sera contenu par l'invariabilité du périmètre analytique.

Les réflexions de Béla Grunberger sur la situation analytique l'ont conduit à envisager le processus de la cure comme mobilisant autre chose que le matériel conflictuel et comme possédant ainsi une certaine autonomie. En effet le déroulement des différentes phases de l'analyse, lié à l'histoire personnelle du patient et à ses conflits pulsionnels, s'effectue sur une toile de fond an-historique et a-conflictuelle en rapport avec l'instauration de la situation analytique elle-même, avec ses coordonnées spécifiques. Du même coup, le transfert en tant que répétition d'affects ou de situations déjà vécues avec les objets parentaux ne rend pas compte de la totalité de ce que l'analysé vit dans la cure.

La psychanalyse fait basculer l'analysé dans une nouvelle dimension, non seulement colorée par le transfert et l'expression des pulsions, mais par son narcissisme.

Le narcissisme : l'amour de soi

L'article [1] dont nous présentons ci-dessous de larges extraits date de 1962. Il s'inscrit dans le prolongement de la réflexion de l'auteur sur la situation analytique puisqu'il envisage la présence d'un « clivage entre le narcissisme et la maturation pulsionnelle ». Il y aurait aussi un rapport dialectique qui souvent revêt la forme d'une opposition entre le narcissisme et les pulsions. Le but de l'analyse sera alors de tenter de concilier autant que faire se peut ces deux pôles. De ces considérations théoriques fondées sur la clinique résulteraient un certain nombre de règles techniques. C'est en particulier ces conceptions que met en cause l'article de Francis Pasche sur l'anti-narcissisme, figurant au chapitre suivant.

LA RÉGRESSION NARCISSIQUE

J'ai tenté, dans un travail antérieur [2], d'isoler un aspect du comportement du sujet en analyse comme étant une *régression narcissique spécifique,* propre à la situation analytique et que j'ai séparée ainsi du transfert historique, ces deux phénomènes étant — à mon sens — de nature essentiellement différente. J'ai cherché à montrer que cette régression narcissique est la condition préalable au déclenchement du *processus analytique,* moteur énergétique de la cure. Quant au facteur transférentiel, objectal et historique, le seul auquel je réserve la dénomination de transfert, il se greffe sur ce processus fondamental qui en est indépendant et pour ainsi dire *autonome.* Isoler ce facteur spécifique correspond à la nécessité même d'en rendre l'étude possible et ne signifie nullement que je cherche à négliger ou à minimiser l'importance du transfert historique. Il me semble, au contraire, qu'en l'enfermant dans ses propres limites, je contribue à une plus grande précision du concept même de « transfert ». Celui-ci ne devrait, en effet, englober que ce qui se passe entre l'analysé et l'analyste par rapport à des références historiques précises, alors qu'en fait on commence par y faire entrer tout ce que la situation analytique induit dans le comportement de l'analysé envers l'analyste, quitte à rechercher, après coup, les justifications historiques de ces conduites, justifications hypothétiques, souvent discutables et discutées. Comme je l'ai précisé, la régression narcissique induite par

---

1. Béla Grunberger, « Considérations sur le clivage entre le narcissisme et la maturation pulsionnelle », conférence faite à la Société psychanalytique de Paris, le 15 novembre 1960. Parue dans la *Revue française de psychanalyse,* 1962, n° 2-3. Repris dans *Le Narcissisme,* Paris, Payot, p. 197-219.

2. « Essais sur la situation analytique, etc., » *Revue française de psychanalyse,* 1957, n° 3.

la situation analytique reproduirait le vécu de certains aspects de la vie prénatale. Donc, même si nous retrouvons ainsi un *modèle* à la régression narcissique dans l'analyse, nous ne pouvons pas vraiment la considérer comme historique, au même titre que le vécu accidentel et personnel à chaque malade que reproduit le transfert.

Cela dit, si j'ai cru nécessaire de souligner l'importance de l'aspect narcissique de la situation analytique, je n'en continue pas moins de penser que le travail analytique proprement dit doit porter essentiellement sur le matériel transférentiel historique. Quant à la régression narcissique, tout en restant la base énergétique, le moteur même de la cure, elle échappe à l'analyse directe, sauf dans certains cas bien délimités :

1. Si cette régression ne s'établit pas, c'est-à-dire si le malade ne s'installe pas dans l'analyse, autrement dit quand il y a *résistance à la régression narcissique* (cette sorte de résistance est assez fréquente et nous savons bien que certaines manifestations transférentielles précoces de la pulsion sexuelle ou de l'agressivité, mises en avant par le malade au début de l'analyse, doivent souvent être considérées comme des défenses, non pas contre d'autres pulsions, mais contre la régression narcissique spécifique) ;

2. Si la régression narcissique est utilisée *secondairement* à des fins de résistance. (Comme nous le savons, seul ce dernier aspect — le narcissisme en tant que résistance — semble avoir retenu l'attention des analystes.)

La connaissance de ce facteur spécifique qu'est la régression narcissique dans la situation analytique n'a cependant pas qu'un simple intérêt théorique mais comporte — comme nous venons de le voir — des implications techniques précises.

Le concept de narcissisme, tel que je l'emploie au cours de cet essai, est celui d'un « narcissisme pur » en quelque sorte, force ou tendance fondamentale sans support pulsionnel et que je considère sous l'angle topique, c'est-à-dire comme une instance [3]. Quant à la cure analytique, je l'envisagerai ici comme un ensemble de processus, se déroulant automatiquement pour ainsi dire, sous l'égide et le contrôle permanent et actif du thérapeute.

L'ATMOSPHÈRE ÉLATIONNELLE DE L'ANALYSE

Comme je l'ai déjà souligné ailleurs, le début de la cure analytique est interprété classiquement de façon contradictoire. On considère,

3. Voir B. Grunberger, « Préliminaires pour une étude topique du narcissisme », *Revue française de psychanalyse*, 1958, n° 3.

en effet, et ceci correspond bien à notre expérience clinique, que les premiers défoulements au cours de la cure concernent généralement la couche œdipienne, d'où la règle classique selon laquelle « l'analyse commence par la superficie et pénètre ensuite dans les couches de plus en plus archaïques ». On ajoute habituellement à ceci que le défoulement se fait dans l'ordre inverse du refoulement, l'un étant en quelque sorte l'image en miroir de l'autre. Or, s'il en est bien ainsi, il n'en est pas moins vrai que le sujet refait dans la cure son évolution psycho-sexuelle et que l'ordre dans lequel les différentes phases de ce processus de maturation se succèdent est l'opposé de celui que la règle susmentionnée indique. De plus, si la première couche atteinte par l'investigation analytique est œdipienne *quant à son contenu,* un des versants constitutifs du complexe d'Œdipe lui fait singulièrement défaut et la tonalité affective dans laquelle la situation œdipienne caractéristique pour cette phase de l'analyse se développe, n'est pas celle d'une tension mais plutôt celle d'une détente (je parle, bien entendu, du déroulement élationnel classique de cette phase, de la « lune de miel » analytique de Freud). Je n'oublie pas cependant que le début de l'analyse peut être différent, voire inverse. Mais les raisons de ces variations devront être l'objet d'une étude ultérieure.

En fait, il semble bien que nous ayons affaire à une évolution double et dont les lignes se croisent. La cure analytique mobilise deux dimensions différentes du psychisme, l'une étant définie par le *contenu* de l'analyse, l'autre gouvernant les *modes* différents de l'émergence et de l'abréaction de ce contenu. Or, si le contenu du début de l'analyse est œdipien, son mode d'émergence est narcissique, comme en témoigne l'atmosphère affective *sui generis* dans laquelle cette phase préambivalente de la cure se déroule. Il s'agit, en effet, d'une atmosphère élationnelle, d'une intensité et d'une qualité qu'aucun vécu historique concomitant et rapporté aux figures parentales ne justifie. Ce mode est dû, en effet, à la situation analytique elle-même et je rappelle ici que j'ai attribué la guérison quelquefois spectaculaire, encore que souvent provisoire, de certains symptômes à cette phase, à une régression narcissique [4], vues que notre regretté Maurice Bouvet a confirmées dans son dernier travail [5].

J'ai montré ailleurs le bénéfice économique qu'une interprétation œdipienne, en diminuant sa blessure narcissique, peut valoir au sujet,

---

4. « Préliminaires à une étude topique du narcissisme », *Revue française de psychanalyse,* 1958, nᵒ 3.

5. « ... que dès les premiers mois de l'analyse, un certain nombre de troubles somatiques d'allure fonctionnelle... avaient disparu comme si, même à très longue distance, le complément narcissique qu'apportait l'analyste « durcissait » la structure somatique », *Dépersonnalisation et relations d'objet,* 1960, Congrès des psychanalystes de langues romanes, Rome, 1960.

mais quant à la solution du conflit lui-même, nous savons qu'insister sur les interprétations œdipiennes à ce moment de l'analyse se traduit rarement par des résultats tangibles et peut, dans certains cas, au contraire, renforcer les résistances. L'analyste ne doit donc pas s'abandonner au mirage du matériel œdipien transparaissant derrière le courant élationnel puissant de la situation analytique à ce stade.

L'Œdipe authentique, celui dont le *mode* coïncide avec le *contenu* et dont l'abréaction est valable et efficace, ne se présente en général comme tel qu'à la fin de la cure, c'est-à-dire après être passé par l'intégration préalable des différentes phases prégénitales. Le conflit œdipien évolue et se structure au cours de l'analyse et nous constatons ce fait paradoxal que si, au début de l'analyse, l'Œdipe n'était qu'une ébauche comportant en même temps une très forte charge émotionnelle, à la fin de la cure, tout en s'étant enrichi, étoffé de composantes pulsionnelles appartenant à tous les stades, sa charge émotionnelle transférentielle diminue progressivement, comme si la maturation œdipienne elle-même allait spontanément dans le sens de la dissolution de la situation analytique. Bien entendu, il s'agit là d'une évolution idéale que de nombreux facteurs peuvent venir perturber. Cependant, il semble bien, comme Freud le laisse entendre dans l'épilogue du *Petit Hans,* que ce soit dans cette ligne que s'inscrive le destin de la situation analytique.

Nous sommes donc obligés de conclure que l'intensité de l'affect spécifique — manifeste ou caché — de la situation analytique à ses débuts (son aspect élationnel) concerne non pas l'élément historique transférentiel œdipien, à peine esquissé à cette séquence de la cure (ni d'ailleurs préœdipien), mais *le processus analytique lui-même,* basé, comme j'ai cherché à le démontrer dans divers travaux, sur une certaine fusion narcissique entre l'analysé d'une part et l'analyste et la situation analytique d'autre part. Nous décelons ainsi dans la cure analytique l'existence de deux courants d'essence différente et de sens opposé, mais le narcissisme ayant besoin pour s'exprimer d'un support pulsionnel, il est difficile de distinguer et d'apprécier les manifestations imputables au narcissisme et celles qui relèvent des pulsions proprement dites. Il est cependant nécessaire de s'appliquer à les différencier et je m'efforcerai de souligner par la suite l'utilité d'un pareil clivage.

LA TRIADE NARCISSIQUE

Nous avons vu que ce qui importe dans l'analyse, ce n'est pas tant le matériel en soi que le mode sur lequel celui-ci se présente et que le même matériel prend, selon le mode sur lequel il émerge de l'inconscient, des significations différentes et quelquefois contradictoires ; ainsi nous avons affaire dans la situation œdipienne, telle qu'elle apparaît au début de l'analyse, à une constellation dont les éléments figurés sont apparemment œdipiens mais dont le mode d'apparition réunit tous les critères du stade narcissique car il est élationnel et préambivalent. Nous savons que l'Œdipe a deux versants (positif et négatif), et que la situation œdipienne implique une attitude différente du sujet envers ses deux parents. C'est une position double caractéristique et même si la scène œdipienne semble dominée par une attitude positive ou négative unique envers l'un des deux parents, l'attitude complémentaire ne manque jamais de se manifester d'une façon ou d'une autre et d'une manière concomitante. Or, l'émotion que comporte la « lune de miel » analytique a un caractère absolument univoque et a ceci de particulier qu'elle a comme source les deux parents à la fois (« vous êtes mon père et ma mère »). Ce n'est donc pas une situation œdipienne authentique, car elle manque de la polarisation propre à l'Œdipe, ni préœdipienne, les deux imagos parentales y étant présentes. C'est une situation relevant d'un système de références appartenant à une dimension non pas relationnelle dans le sens objectal strict, mais — malgré la multiplicité de ses éléments figurés — narcissique. Si, d'une part, la situation œdipienne est bien présente, voire techniquement utilisable, elle camoufle en fait ce que je vais appeler la *triade narcissique* responsable de l'affect spécifique concomitant. Quant à l'analyste en tant que support de cette émotion, il représente — comme nous venons de le dire — les deux parents, aussi bien qu'une image parentale composite, mais il est surtout une surface de projection servant à réfléchir le narcissisme de l'analysé. Cette position est anœdipienne, voire anti-œdipienne, car elle peut constituer une défense contre l'Œdipe en tant que situation conflictuelle. C'est une *position narcissique à trois* [6].

---

6. On pourrait m'objecter que cette façon de voir n'est pas conforme à l'enseignement de la doctrine psychanalytique classique. Sans prétendre à une discussion exhaustive du sujet, je rappellerai cependant que l'homme a des potentialités bisexuelles, comme l'embryologie et l'anatomie le prouvent — que l'origine biparentale de ses chromosomes se trouve représentée dans son inconscient non seulement par la présence d'un principe mâle et d'un principe femelle mais par des idéogrammes figurant les deux principes à l'aide des images du père et de la mère. Ces considérations se superposent plus ou moins à certaines vues jungiennes. Je rappellerai cependant que les analystes freudiens tendent de plus en plus à admettre que le Moi se constitue à l'aide d'*imagos* parentales père et mère, même si l'un des deux parents fait réellement défaut, ce qui prouve que l'*imago* parentale double a sa représentation dans l'inconscient lui-même. Il s'agit là d'une dimension de la vie psychique qui évolue pour son propre compte et qu'il ne faut pas confondre, à mon sens, avec la série relationnelle : auto-érotisme, relation binaire et Œdipe.

On comprend que cette position euphorisante puisse être recherchée, véritable havre de grâce et de quiétude, abri sûr contre certaines situations particulièrement angoissantes. Dans cette position le sujet se trouve à l'opposé de l'Œdipe. Il ne s'agit pas d'aimer un parent et de détester l'autre, mais d'*être aimé par les deux parents à la fois, sur un mode narcissique, absolu, fusionnel et aconflictuel.*

Nous savons que les enfants cherchent à séparer leurs parents, ce qui correspond à l'Œdipe, mais nous n'en savons pas moins qu'ils cherchent aussi à les maintenir ensemble ou à les réunir. Ils font cela, non seulement pour nier le mouvement œdipien, mais pour retrouver cette position narcissique à trois qui est le fondement même de leur Moi. C'est une position éminemment gratifiante et sa frustration double éveille dans l'enfant une agressivité spécifique d'une violence toute particulière. Cette agressivité vise les deux parents à la fois et se traduit par un rejet véhément absolu de ce qui, de près ou de loin, évoque son bonheur narcissique frustré, ce rejet pouvant être déplacé sur les plans les plus différents. Mais tant que cette relation n'est pas conflictualisée, l'enfant cherchera à revenir à cette position fusionnelle à trois et il semble bien que, malgré la prédominance du rôle que joue la mère dans cette fusion, se confondant apparemment avec le maternage, dans le fantasme archaïque correspondant de l'enfant *le père a toujours sa place.* Qu'une position narcissique fusionnelle à trois puisse exister, c'est-à-dire que l'on puisse être trois en un et que l'inconscient en possède une représentation, me semble indiqué dans *le dogme chrétien de la Trinité.*

Cette « triade narcissique » tend, bien entendu, à se conflictualiser spontanément, fort heureusement d'ailleurs, car l'évolution normale et aussi la marche normale de la cure analytique dépendent de cette conflictualisation. Mais le sujet ne doit pas être chassé brutalement de ce « paradis avant le péché » car, tout en étant condamné à le quitter, il doit le faire petit à petit et de son propre gré. Il y restera d'ailleurs toujours attaché dans une certaine mesure.

Le christianisme permet à ses adeptes de vivre par identification un bonheur élationnel comparable — dans un registre différent — à la régression narcissique spécifique du début de la cure [7], encore que la conflictualisation de cette position élationnelle (la religion suivant ici l'évolution individuelle) ait donné au christianisme en définitive une marque profondément différente de celle qui imprègne

---

7. Le tympan de certaines vieilles églises romanes contient un bas-relief représentant le Christ « dans toute sa gloire » trônant au milieu d'une formation ovoïde, ce qui nous ramène à l'origine prénatale de la régression narcissique dont la fusion narcissique avec les *imagos* parentales n'est qu'un aspect.

La triade narcissique : le fantasme du Divin Enfant.
*(*Nativité, *École Florentine. Musée de Fécamp.)*

le début de l'histoire du Christ, je veux parler de l'*image narcissique du divin enfant.*

Le divin enfant apparaît comme étant le centre rayonnant de l'univers. Il est entouré de ses parents dont les images se confondent avec celles des animaux domestiques, l'âne et le bœuf, images archaïques propres au rêve, mais aussi à certains rêves éveillés collectifs qui expriment la nostalgie qu'a gardée l'homme de son paradis perdu. Le petit enfant est divinisé, adoré par tous et les grands de la terre le comblent de présents, autant d'apports narcissiques, marques d'amour et de la *survalorisation narcissique* qui atteint ici son apogée[8]. Il s'agit là, comme nous le voyons, d'un *fantasme primitif universel mégalomaniaque,* celui de l'enfant combien unique au sommet de son bonheur élationnel. Si le sujet en analyse devient, en vivant son transfert historique objectal, l'enfant capable de vaincre toutes les difficultés inhérentes à la conflictualisation obligatoire de sa position œdipienne, c'est à la faveur de cet élan énergétique dont

8. Nous savons qu'une fois par an tous les enfants chrétiens *réalisent* cette identification ; ils sont comblés de cadeaux et d'autres marques d'amour et tous leurs souhaits sont exaucés par un personnage miraculeux qui leur est envoyé du Ciel.

la source se trouve dans la charge émotionnelle de sa position narcissique sous-jacente. Celle-ci est plus ou moins muette, ineffable, échappant à la verbalisation, mais son rôle n'en est pas moins décisif ; elle est la condition de l'installation du processus analytique et le gage de sa réussite.

LA VALORISATION NARCISSIQUE

Nous venons de toucher le lien entre le narcissisme et le besoin d'être aimé, qu'il s'agisse de l'enfant ou du sujet en analyse, du psychisme individuel ou de l'inconscient collectif. Avant de préciser davantage la nature du lien entre le narcissisme et le besoin d'amour, nous devons faire une digression sur un autre aspect de la psyché infantile. Il s'agit de la synthèse entre le narcissisme et les pulsions qui ne se réalise que lentement. Les pulsions restent pendant longtemps séparées du courant narcissique proprement dit, celui-ci gardant un caractère immatériel, désincarné en quelque sorte par rapport aux émois instinctuels. Tout porte à croire, en effet, que l'enfant garde pendant longtemps la nostalgie de son bonheur élationnel narcissique préambivalent et apulsionnel et n'est à même de le troquer contre les satisfactions pulsionnelles qu'à l'aide de certaines compensations. Comme la prégénitalité ne manque pas d'être conflictualisée très tôt, elle reste séparée des manifestations narcissiques et les dérivés des deux mouvements parallèles peuvent être observés longtemps comme deux courants dont l'un charrie des masses liquides tumultueuses et l'autre une eau étale et limpide, les deux coulant séparément dans le même lit pendant quelque temps sans se mélanger. L'enfant isole, en effet, ces deux composantes de son investissement objectal et garde, par conséquent, une *double image* de son objet œdipien, projetant sur la même figure parentale sa pulsion œdipienne culpabilisée d'une part et son narcissisme préambivalent d'autre part, ce qui lui permet de se livrer à ses plaisirs prégénitaux tout en exprimant d'une façon quasi indépendante ses désirs œdipiens francs vécus sur un mode qui, à cette phase, échappe à la culpabilisation (la « dichotomie » de Freud). L'enfant, tout en s'autorisant des gratifications pulsionnelles à un certain niveau, les maintient séparées de sa couche narcissique plus profonde et plus refoulée et s'il devient névrosé il conservera ce clivage d'une façon définitive ; il ne pourra accepter *que* la gratification narcissique *ou* celle de sa prégénitalité pulsionnelle, *mais jamais les deux à la fois.*

Nous voyons ainsi que l'enfant, avant de pouvoir réaliser la synthèse entre ses satisfactions pulsionnelles et ses aspirations narcissiques, a des grandes difficultés à vaincre, car ses élans instinctuels sont extrêmement conflictualisés. Le désir de l'enfant vise l'objet qui reçoit en même temps sa décharge agressive, lui sert de support narcissique et de surface de projection, ce qui met l'enfant devant des problèmes quasi insolubles, surtout tant qu'il ne dispose pas d'*imagos* bien distinctes. C'est ici que l'amour des parents prend pour l'enfant toute sa signification et nous nous trouvons alors au carrefour le plus important de son évolution psychique. En soulignant l'importance qu'a pour l'enfant le fait d'être aimé, nous avons déjà esquissé une réponse à une question qui — par ailleurs — pourrait se poser : « Pourquoi l'enfant a-t-il besoin d'être aimé ? » Car, en fait, si nous savons aujourd'hui que l'enfant, pour se développer harmonieusement, a besoin de l'amour de ses éducateurs [9], nous ne savons pas exactement pourquoi.

Nous disions plus haut que l'enfant conservait le souvenir de son bonheur élationnel narcissique et que, tout en cherchant à investir ses activités prégénitales de *libido* narcissique, il n'y réussissait que partiellement, une partie de ses exigences narcissiques restant ainsi non satisfaite. Il sera d'autant plus sensible à cette insuffisance que celle-ci affectera directement son traumatisme initial, dont il s'agit précisément de corriger les effets, à savoir son trauma narcissique [10].

L'homme naît néoténique, autant dire infirme, et prend — sur un certain mode — très tôt conscience de son infirmité. Or, si sur le plan pulsionnel proprement dit, cette infirmité est vécue comme une insuffisance engendrant un sentiment d'insécurité, sur le plan narcissique c'est une impression de honte qui en résulte, l'enfant se vivant à cause de son insuffisance en face de son idéal narcissique comme une *non-valeur*. Comme nous le savons [11], l'enfant met en œuvre des mécanismes successifs pour rétablir son intégrité narcissique. L'un d'eux consiste dans la projection de sa toute-puissance narcissique sur ses parents ; comme il maintient avec ceux-ci un état fusionnel et conserve par là — sur un certain mode — son identité avec eux, tout en élaborant progressivement une ébauche d'indépendance, il garde une possibilité de récupérer son intégrité narcissique perdue. Son évolution suivra désormais une ligne double, narcissique et pulsionnelle, et chaque séquence de cette évolution se déroulera sous le signe d'une *synthèse* obligatoire de ces deux élans parallèles. Chaque mouvement pulsionnel sera investi narcissiquement et,

---

9. Voir les travaux d'Anna Freud et D. Burlingham, de René Spitz, ainsi que ceux de S. Nacht.

10. Au sujet de la blessure ou trauma narcissique, voir les travaux de Ferenczi, Nunberg, etc.

11. Voir Ferenczi, *Les Degrés de l'évolution du sens de la réalité.*

inversement, chaque élan narcissique sera étoffé par la pulsion, fonctionnant comme un support biologique. C'est au terme de ce processus double de maturation que l'enfant pourra se vivre comme *une valeur en soi,* mais tout le long du processus il aura besoin d'*être valorisé,* et ceci en fonction des dimensions de la marge qui subsistera nécessairement entre son idéal narcissique et ses possibilités réduites et inhibées par la conflictualisation pulsionnelle. Si l'enfant a donc besoin de l'amour de ses parents, c'est pour être valorisé par cet amour, chaque étape de sa progression vers son intégrité narcissique propre étant ainsi *confirmée* par ceux qui, pour lui, possèdent cette intégrité et la partagent avec lui jusqu'au moment où il aura récupéré la sienne et n'aura plus besoin d'une intégrité narcissique d'emprunt. À ce moment-là, la fusion narcissique qui se relâchait de plus en plus au cours d'une conflictualisation pulsionnelle parallèle et qu'il a fini par vivre comme une dépendance contraire à l'affirmation narcissique de son Moi global, n'existera plus.

Edmond Weyl relate, dans un autre contexte, l'épisode suivant, d'observation courante d'ailleurs. Une mère se promène avec son petit garçon et rencontre un groupe de connaissances. On s'arrête et une personne demande au petit garçon s'il va bien. Le petit hésite un instant, ensuite regarde sa mère et quand il découvre dans le sourire de celle-ci l'approbation émue qu'il y cherchait, répond : « Oh, moi, je vais très très bien. » Cet épisode insignifiant ne semble pas — à première vue — digne d'être relevé et analysé, ni s'y prêter d'ailleurs, car, sans parler du caractère fortuit et incomplet de l'observation, un certain nombre de coordonnées possibles de la situation en question nous échappent. Et cependant, je ne pense pas qu'on risque de se tromper en supposant qu'il s'agit là d'une sensation globale à base pulsionnelle que l'enfant cherche à voir confirmée par sa mère avant de pouvoir l'assumer d'une façon consciente et devant les autres. L'hésitation de l'enfant montre en même temps que l'investissement narcissique de son état pulsionnel cœnesthésique manquait de solidité, probablement à cause des composantes œdipiennes et pré-œdipiennes qui la conflictualisaient, et l'enfant avait besoin de cette confirmation narcissisante lui permettant d'intégrer cette situation avec ses différents aspects, voire de l'exhiber, autre indice de la présence de la composante narcissique. Le Moi global de l'enfant se trouve ainsi renforcé et enrichi par cette assomption de son image narcissiquement complète, réfléchie sur l'objet et confirmée et valorisée par lui. Le miroir dans lequel l'enfant peut reconnaître son intégrité narcissique, c'est avant tout le parent qui confirme le narcissisme de l'enfant par son amour. C'est là, me semble-t-il, un des apports fondamentaux que constitue l'amour parental pour l'enfant ; vue sous cet angle, il existe une véritable symbiose entre parents et enfants ; les parents soutiendront l'enfant par leurs apports narcissiques, que l'enfant saura solliciter à son tour sur un mode adéquat, son évolution normale étant conditionnée par le caractère complémentaire et spontané de ces deux mouvements. Si, pour une raison ou une autre, cette collaboration se trouve perturbée, tout le processus se conflictualisera. La frustration narcissique que l'enfant subit, non seulement provoque, en effet, une culpabilisation de sa relation avec son objet, mais ravive également le conflit entre son narcissisme et son Moi, creusant un fossé entre les deux qui ne pourra jamais être comblé. Comme cette frustration peut être extrêmement précoce, on pourrait dire — en simplifiant les choses — que si l'enfant naît narcissique et infirme, il réunit également les conditions qui le mènent, en même temps, à la névrose. L'absence de confirmation narcissique aura pour conséquence qu'*il ne pourra plus accepter les gratifications narcissiques, ni les solliciter d'une manière adaptée et efficace.* Les tentatives dans ce sens qu'il répétera cependant inlassablement seront désormais vouées à l'échec, ce qui bloquera — comme on le pense bien — toute son évolution psychobiologique. Le sujet restera immature et tout ce qu'il pourra faire pour sauver son narcissisme sera la projection de la responsabilité de cet état de choses sur ses objets présents, passés ou futurs. Parmi les éléments qui décideront du degré de la pathologisation du processus, figure l'*intensité du narcissisme* du sujet, encore qu'on puisse incriminer en même temps l'intensité de la blessure narcissique qui elle-même agira dans le sens d'une hypertrophie du narcissisme, le tout aboutissant à l'installation d'un cercle vicieux. De toute façon, plus le sujet sera narcissique (qu'il s'agisse de narcissisme induit ou « constitutionnel ») et donc plus la marge entre ses exigences narcissiques et le sentiment de son impuissance sera grande et plus il aura besoin de confirmation et de valorisation narcissique de la part de ses éducateurs [12].

LA SYNTHÈSE DES ÉLÉMENTS NARCISSIQUES ET PRÉGÉNITAUX

À un degré supérieur de son évolution, l'enfant cherchera à se rendre indépendant de ce support narcissique provenant des parents,

12. Le rôle de la mère est, bien entendu, prépondérant sans ce processus, non seulement pour des raisons qui sont l'évidence même et qu'il est donc inutile de mentionner, mais aussi parce que la mère étant femme est plus narcissique que l'homme et s'identifie plus facilement avec l'enfant, saisissant instinctivement toutes les nuances et ses attitudes diverses itation qui sont — toutes proportions gardées — également les siennes.

car il deviendra assez fort pour s'*approvisionner à ses propres sources* pour ainsi dire et se fournir soi-même la valorisation narcissique en question. Je ne pense pas ici à certains modes très régressifs qu'utilisent les alcooliques, toxicomanes, ainsi que ces pseudo-génitaux, en introjectant l'objet valorisant, toutes tentatives vouées à l'échec, car nécessitant un constant apport extérieur, mais à l'enfant qui *joue.* Plus précisément à l'enfant qui joue *à quelque chose,* c'est-à-dire s'identifie à l'adulte sur un mode narcissique quasi délirant et mégalomaniaque. Ce jeu contient des composantes plus évoluées que le jeu auto-érotique et aboutit à une *véritable synthèse des éléments narcissiques et prégénitaux,* en particulier anaux. L'enfant réalise cette synthèse pour son propre compte, a de moins en moins besoin de ses parents et montrera plutôt de l'impatience quand ceux-ci voudront se mêler de ses occupations ludiques, narcissiques mais autonomes [13]. Nous savons que l'enfant, tout en jouant, n'oublie pas l'existence du monde réel et évolue ainsi avec aisance sur les deux plans, simultanément et sans les confondre. Il s'adapte progressivement au monde des adultes tout en se réservant les satisfactions que son narcissisme ne cesse de réclamer.

LES LOISIRS : AUTOGRATIFICATION NARCISSIQUE

Parmi les critères d'une bonne fin d'analyse, la capacité du sujet de *jouir de ses loisirs* figure en bonne place et c'est, en effet, un test excellent. Or, qui dit loisirs dit à la fois activité d'adaptation sociale et autogratification narcissique. Celui qui s'octroie une détente psychique et physiologique pendant les vacances et en profite, montre déjà qu'il a une relation plus adaptée avec soi-même que le névrosé qui ne supporte pas la détente et que les vacances fatiguent. Mais celui qui jouit réellement de ses loisirs les utilisera pour changer complètement son mode de vie, pour lui imprimer la marque d'un narcissisme libre et bien intégré. Il cherchera à se réaliser narcissiquement à être tel qu'il se veut et à se permettre des occupations qu'il a narcissiquement investies. Se donner pendant les vacances certaines gratifications narcissiques incompatibles avec une vie socialement

---

13. Nous nous trouvons ici à cheval sur la fin de la prégénitalité et le début de la période de latence, cette dernière étant caractérisée par une stagnation, toute relative d'ailleurs, de la sexualité ainsi que du narcissisme. Qu'advienne l'époque de la puberté comportant une nouvelle et forte poussée sexuelle aussi bien que narcissique, et le problème de la synthèse se reposera avec une nouvelle acuité. Le problème de la valorisation narcissique reprendra sa place de tout premier plan et l'on pourra dire que la puberté constitue pendant toute sa durée une crise narcissique avec toutes les conséquences que ce fait comporte sur le plan éducatif, social et pathologique.

adaptée tout le long de l'année, constitue un compromis entre le Moi pulsionnel et le narcissisme, compromis qui ne peut être réalisé qu'à la faveur d'une synthèse préalable entre ces deux facteurs. Ceci nous ramène à la *situation analytique,* car si l'analyse ne rend pas le sujet immédiatement capable de jouir de ses loisirs sur le mode narcissique, elle lui en donne un avant-goût en quelque sorte, un échantillon. En effet, la séance analytique permet au sujet de s'abandonner à cette même liberté narcissique élationnelle, ceci sur un certain mode et dans le cas-type que j'ai placé au centre même de cette étude.

Je rappelle ici que le névrosé a raté en son temps sa première tentative de valorisation et que la cure analytique lui permet de reprendre le processus, censé le faire aboutir à son assomption narcissique dans des conditions plus favorables. Cela dit, je rappelle également qu'il y a — vue sous cet angle — une différence fondamentale entre l'éducation dont il s'agit de pallier les effets et la situation analytique. En effet, quand l'éducateur confirme le narcissisme de l'enfant, il forme un couple narcissique avec l'enfant mais aussi un couple pulsionnel, le narcissisme étant non seulement

« *L'enfant qui joue* à quelque chose *s'identifie à l'adulte
sur un mode narcissique quasi délirant et mégalomaniaque.* »

confirmé et valorisé, mais *agi* en quelque sorte par les deux membres du couple. La valorisation est vécue à la fois sur les plans pulsionnels et narcissiques et se confond avec les gratifications instinctuelles, œdipiennes et pré-œdipiennes que l'enfant y puise. La situation analytique est censée répéter le processus historique ; il ne faut cependant pas oublier qu'il ne s'agit pas d'un processus s'étant déroulé normalement comme dans le cas schématique que je viens de décrire, mais que ceux qui ont recours à l'analyse *ont raté jadis ce processus* et sont victimes de cet échec, vécu par eux comme un traumatisme grave. Par la suite, ils restent fixés à une position inachevée mais conflictualisée, comme s'il s'agissait d'une névrose traumatique et aussitôt qu'ils entament avec l'analyste une relation à laquelle ce dernier participe tant soit peu, ils se trouvent remis dans la position même du trauma, réagissant selon le principe de l'automatisme de répétition. Ils recréent ainsi, pour la n^e fois, le même couple frustré-frustrateur (la frustration pouvant au reste être constituée par des gratifications pulsionnelles intempestives), mais cette fois-ci avec l'analyste comme partenaire, ce qui ne peut aboutir qu'à la conflictualisation de la situation analytique et à son blocage. C'est pourquoi l'analyste doit, comme nous le savons, s'effacer en tant qu'objet réel, se dérober aux ouvertures que l'analysé ne manque pas de lui faire dans ce sens, ne pas entrer dans son jeu, autrement dit conserver la « neutralité bienveillante » qui n'est pas un vain mot. Il séparera ainsi rigoureusement le plan narcissique et le plan pulsionnel et *s'il ne marchande pas à l'analysé sa confirmation narcissique, la plupart du temps tacite mais toujours entière, tout le long de la cure, il refusera d'adjoindre à cette valorisation narcissique pure la moindre composante instinctuelle.*

LE MODÈLE FOURNI A L'ANALYSÉ PAR L'ANALYSTE

Délimiter de cette manière stricte le rôle et la position de l'analyste équivaut en même temps à préciser sa fonction par rapport à la valorisation narcissique. Nous avons distingué, en effet, entre le degré de maturité où le sujet a besoin d'apports narcissiques de la part de l'éducateur, apports directs et enrichis d'éléments instinctuels vécus, et le degré plus évolué quand l'enfant est capable de pourvoir seul à sa valorisation narcissique, ayant tout au plus besoin, pour ce faire, de la présence tutélaire, plus ou moins lointaine, et de l'assentiment tacite de l'adulte. Il semble bien que la situation analytique consiste à opposer au malade une fin de non-recevoir quant à la première modalité, c'est-à-dire apport narcissique avec éléments pulsionnels, plus commode que la deuxième, mais entraînant facilement une fixation régressive permanente. Elle équivaut ainsi au rejet en bloc d'une situation traumatogène que le malade doit apprendre à surmonter en renonçant à la vivre, pour accéder de cette façon — sous la pression de la situation analytique — à la position plus évoluée, celle de l'approvisionnement narcissique autonome, destinée d'ailleurs à être dépassée également en temps voulu.

La présence tutélaire de l'analyste — considérée sous cet angle — est l'incarnation d'une fonction sans support pulsionnel historique, ce qui explique le caractère quelquefois grotesque, quasi délirant du transfert, comme Freud l'avait déjà remarqué. Le modèle que l'analyste fournit ainsi à l'analysé à des fins d'identification ne peut être que schématique, fonctionnel et fantasmatique. L'identification du sujet à l'analyste est composée de projections et d'éléments historiques regroupés en fonction de la situation analytique, mais appartenant à l'analysé et à lui seul. Grâce au clivage entre les strates narcissiques et pulsionnelles, le processus peut ainsi rester à l'abri d'identifications réelles qui, quand elles surviennent, témoignent de perturbations du processus analytique. Elles sont l'expression d'une fixation pathologique et arrêtent l'assomption narcissique à un point où la maturation psycho-biologique du sujet est loin d'être achevée.

Ce processus peut être considéré comme achevé quand le sujet atteint son intégrité narcissique, c'est-à-dire quand il devient semblable à lui-même, ou, en termes œdipiens, quand il est père ou mère pour son propre compte. À ce moment-là, il n'aura — bien entendu — plus besoin de valorisation narcissique, car il aura réalisé l'intégration mutuelle de son narcissisme et de son Moi.

LA RÈGLE DE FRUSTRATION

Le but de l'analyse étant la restructuration du Moi à la faveur de la normalisation des investissements narcissiques du sujet, il en résulte que si — comme l'assainissement du Moi malade l'exige — celui-ci doit être soumis à une investigation objective et implacable, le narcissisme même qui sous-tend le processus devra rester intact. La valorisation narcissique devra donc être absolue, sans faille et ceci du commencement de la cure jusqu'à la fin. Il s'agit là d'une condition *sine qua non* de la réussite thérapeutique et la pratique analytique en tient bien compte, comme le montre l'exigence d'une règle qui, sans avoir été formulée, est tacitement acceptée par tous, mais qu'il y aurait cependant intérêt — me semble-t-il — à expliciter. Freud a bien dit que l'analyse doit se dérouler sous le signe de la frustration et la situation analytique, telle que nous l'entendons, constitue la garantie même du respect de cette règle. Mais nous devons préciser immédiatement qu'il ne s'agit là que de l'aspect pulsionnel de la situation analytique, à l'exclusion de l'aspect narcissique de celle-ci. En fait, *le narcissisme du malade doit rester absolument à l'abri de toute frustration* et cette restriction apportée à la règle est aussi importante que la règle en question elle-même. Nous savons ainsi que l'ironie qui viserait l'analysé est strictement proscrite dans la cure, ainsi qu'une attitude autoritaire, etc., autant de règles élémentaires et que tout le monde respecte. Je voudrais cependant, pour fixer les idées, rappeler ici un exemple pittoresque, mais outré, voire caricatural. Je me souviens de la légende que j'ai vue sous un certain dessin humoristique américain que vous connaissez sûrement, montrant un analysé sur le divan, à qui son thérapeute dit : « Mais non, vous ne souffrez pas de complexe d'infériorité, vous êtes réellement inférieur. » Certes, c'est une plaisanterie grossière et cette réponse venant de la bouche d'un analyste est inconcevable. Mais les attitudes beaucoup moins directes, moins voyantes et moins brutales peuvent causer des blessures narcissiques au malade, attitudes qui, par ailleurs, du point de vue strictement objectif, médical, sont parfaitement justifiables [14]. Et n'oublions pas que si le sujet a recours à l'analyse, c'est pour reconquérir son intégrité narcissique et non pour rater définitivement l'essai de rétablissement narcissique que la cure analytique met à sa disposition.

LE PHALLUS COMME REPRÉSENTANT DE L'INTÉGRITÉ NARCISSIQUE

Comme nous l'avons vu, le narcissisme ne peut pas être intégré sans *valorisation* et il semble que dans l'inconscient l'absence de valorisation soit vécue non comme un simple manque, mais comme une *castration.* C'est pourquoi nous esquisserons, très brièvement, quelques considérations sur le complexe de castration par rapport au narcissisme et à la situation analytique.

---

14. Nous pouvons et, souvent, devons analyser pourquoi le sujet vise tel but, lui montrer la nature de ses difficultés à l'atteindre, mais jamais lui dire qu'il vise trop haut et qu'il ferait bien de mesurer son élan. C'est au cours de l'analyse de ses conflits et au fur et à mesure que sa maturation pulsionnelle progresse qu'il acquerra spontanément l'intégration de son narcissisme et du sens de la réalité, aboutissant ainsi à une connaissance meilleure de ses possibilités. Celles-ci sont en général réelles, car on n'a pas à inhiber ce qui n'existe pas.

Le narcissisme : l'amour de soi

J'ai déjà eu l'occasion de rappeler que le narcissisme avec ses corollaires, bonheur élationnel et toute-puissance, plonge ses racines dans la vie prénatale. Conformément à cette origine, le narcissisme est marqué du sceau de l'*unicité* (le fœtus est unique) et de l'*autonomie*, autrement dit de la complétude. Le narcissisme sous sa forme originelle, tel que le fœtus le vit, est un état de bonheur sans faille et si les conditions cliniques de cet état élationnel ne se trouvent pas toujours réunies, psychologiquement et *a posteriori* il est toujours vécu comme une réalité incontestable. Le fœtus ne fait qu'un avec son milieu, il est à la fois contenu et contenant, ce qui signifie — et sa différenciation sexuelle inachevée le confirme — qu'il est à la fois mâle et femelle. Je rappelle son identification pré- et post-natale aux deux *imagos* parentales sur un mode phylogénétique, comme je viens de l'indiquer plus haut. Or, si nous venons de souligner que l'homme naissait néoténique, infirme et, de ce fait, prédisposé à la conflictualisation, nous pouvons ajouter qu'il naît également incomplet car, au départ, il est doté de virtualités bisexuelles et ce n'est qu'au bout d'une évolution longue et difficile et faite, entre autres, d'identifications successives et complémentaires mâles et femelles — comme s'il ne voulait à aucun prix abandonner sa complétude bisexuelle — qu'il arrive à s'adapter, tant bien que mal, à son unisexualité physiologique définitive [15]. Il semble bien que le narcissisme du sujet souffre de la perte de son autonomie sexuelle (voir la théorie platonicienne citée par Freud), entre autres, par l'union narcissique fusionnelle. Ainsi l'une des fonctions de l'union sexuelle, dans un état élationnel spécifique, semble être celle de rendre au sujet la sensation de sa complétude narcissique, et une synthèse réussie entre son narcissisme et son Moi pulsionnel est propre à le mettre — dans une certaine mesure — à l'abri du sentiment d'insuffisance, vue sous l'angle de cette autonomie. La réalisation de cette synthèse est vécue dans son inconscient comme une sorte de coït à l'intérieur de l'union narcissique, c'est-à-dire à l'intérieur du Moi du sujet, ce qui correspond d'ailleurs vraisemblablement à cette régression narcissique totale qui caractérise — sur un mode différent — l'orgasme lui-même. De toute façon, qu'il s'agisse de l'intégrité narcissique ou de la valorisation (ainsi que de la dévalorisation et de la blessure narcissique), l'inconscient vit tout cela comme un coït ou comme une

---

15. Il semble bien parfois qu'on ne prête pas une attention suffisante à la nécessité de cette *double identification*. Il suffit cependant de considérer la cure en tant que processus, embrassant *toute* la maturation psychosexuelle, pour admettre que le sujet doit revivre en analyse *toutes* les phases de cette maturation, y compris l'identification au parent du sexe opposé. C'est une séquence relativement camouflée et passagère, débordée finalement par l'identification opposée, mais nécessaire cependant, intégrée d'ailleurs dans le Moi sur un mode partiel mais définitif.

COMMENT LES GENS SE VOIENT DANS LA GLACE

Un « rétablissement narcissique » souvent effectué.

impuissance sexuelle et l'idéogramme par lequel le langage de l'inconscient le représente est *le phallus* ou, sous sa forme négative, le phallus manquant ou endommagé, c'est-à-dire la *castration*. Le phallus est un *pont* [16] réalisant la complétude narcissique, comme il réunit les deux membres d'un couple dans le coït. Il représente la virtualité de cette union ainsi que celle de la réalisation *de l'intégrité narcissique dont il est l'emblème et l'image.*

Il serait utile d'étudier les liens entre ce qui précède et le complexe de castration proprement dit, mais ceci nous mènerait loin de notre sujet. Le fait est que c'est la crainte de la castration, c'est-à-dire la

16. Voir Ferenczi.

peur de perdre le gage de la réalisation possible de la complétude narcissique, qui pèse constamment sur le sujet en analyse, d'autant plus qu'en fait, les deux images, pénis sexuel et phallus, se confondent et le pénis-phallus devient ainsi l'objet *unique* dont la possession assure au sujet seul l'intégrité en question, l'autre membre du couple en étant exclu. En effet, qui dit possession unique dit conflictualisation et régression prégénitale, ce qui explique pourquoi les vicissitudes de la cure analytique, processus dont le but est l'acquisition de l'intégrité narcissique, soient vécues par le sujet en termes de castration de l'autre, de peur de castration ou d'auto-castration, et soient chargées d'une culpabilité correspondante. C'est ce qui nous explique également pourquoi il est si difficile à l'homme de se débarrasser de la peur de castration et à la femme de l'envie du pénis, comme l'a montré Freud dans *Analyse terminée et Analyse interminable.*

(Nous pouvons ajouter à ceci que la femme est sujette — comme nous le savons bien — non seulement à l'envie du pénis mais aussi à la peur de castration, comme notre expérience clinique de tous les jours le prouve. En fait, pour la femme, comme pour l'homme, le phallus est le symbole de l'intégration narcissique et tout le long de l'analyse elle sera à la poursuite de ce phallus sur des modes de plus en plus évolués, que nous ne pouvons cependant pas décrire dans le cadre de ce travail.)

Pour revenir au lien entre la valorisation narcissique et le complexe de castration, nous pourrions résumer ainsi le problème : chaque accomplissement pulsionnel ou enrichissement du Moi de l'enfant, propre à accroître le sentiment de sa valeur et confirmé comme tel, revêtira dans son inconscient un caractère phallique, alors que — inversement — l'absence de confirmation ou la dévalorisation non suivie d'une compensation narcissique sera vécue par lui comme une castration.

MISE EN CAUSE DE L'INTÉGRITÉ NARCISSIQUE DANS L'ANALYSE

Dans l'analyse, nous nous trouvons devant la même situation et il en résulte que toute attitude de l'analyste mettant en cause l'intégrité narcissique virtuelle du malade est vécue par celui-ci comme une castration. Il s'agit, en effet, de distinguer entre la frustration d'une satisfaction pulsionnelle et une castration touchant le narcissisme. Pour des raisons qu'il ne nous appartient pas d'examiner ici, la première est relativement bien supportée, se révèle même féconde, alors que le malade réagit mal à toute atteinte de l'image fixe et inaltérable de son idéal narcissique dont l'intégrité est la condition absolue de toute tentative de récupération.

Si, pour nous servir d'un exemple banal, le malade allume spontanément une cigarette pendant la séance et si l'analyste lui explique sur le ton de la neutralité bienveillante qu'il ferait mieux d'y renoncer, tout en cherchant à découvrir avec lui les motivations inconscientes de son geste, ce malade subit une frustration mais n'en souffre pas outre mesure et en tire certainement, en fin de compte, un bénéfice. Si, par contre, l'analyste, usant d'une autorité qui par définition est extra-analytique, lui ordonne sur un ton comminatoire d'éteindre sa cigarette, son ordre est vécu comme une castration. D'ailleurs, toute interdiction *exprimée comme telle* par l'analyste constitue pour l'analysé une blessure narcissique et est incompatible avec la neutralité analytique. La moindre allusion à une situation de dépendance peut être ressenti par l'analysé comme une castration, ne serait-ce que le rappel de sa dépendance dans une relation médecin-malade, relation dont le maniement tant soit peu maladroit par l'analyste peut précipiter le malade de la hauteur de sa mégalomanie « physiologique » dans les ténèbres de son anéantissement narcissique le plus absolu, tant il est vrai qu'en matière de narcissisme, la règle prépondérante est celle du « tout ou rien ». Dans ce sens, il serait erroné de parler même d'un analyste « permissif », car celui qui permet, exerce encore une autorité sur celui qui profite de la permission. Nous savons que *le paternalisme* est facilement considéré par ceux qui en sont l'objet comme la pire blessure narcissique ; n'est-ce pas, en effet, rappeler à l'enfant son impuissance et le « remettre à sa place » ? Cette attitude cache d'ailleurs le plus souvent un sadisme camouflé et l'inconscient de celui qu'il vise s'en rend bien compte.

Certaines analyses anagogiques se trouvent entachées de la même erreur ; elles veulent modifier directement et du dehors en quelque sorte le Moi de l'analysé, c'est-à-dire remplacer le Moi de celui-ci par le leur, ce qui équivaut également à une castration. La « guidance » peut être considérée par ceux qui l'appliquent comme une nécessité sociale qui peut aller, dans certains cas, jusqu'au lavage de cerveau, mais ce n'est pas de l'analyse.

BÉLA GRUNBERGER [17]

---

17. « Considérations sur le clivage entre le narcissisme et la maturation pulsionnelle » (1960), in *Le Narcissisme,* Payot, coll. « Petite Bibliothèque Payot », p. 197-219.

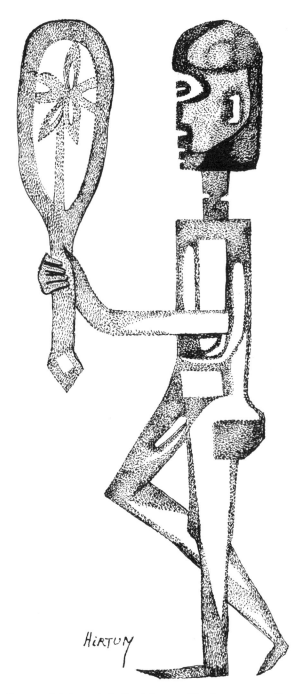

Vers un éclatement de l'unité entre Narcisse et son reflet.
(Narcisse, par Marianne van Hirtum, 1980, coll. part.)

Chapitre III

L'anti-narcissisme

Dans cet article [1], Francis Pasche [2] essaie de se situer dans « le conflit qui oppose les champions du narcissisme primaire *(Federn, Grunberger...) et ceux de* l'amour primaire *(Balint, Bowlby...) ». Selon lui, Freud n'aurait pas tiré toutes les conséquences de l'introduction de la dernière topique (instincts de vie — instincts de mort) en ce qui concerne la théorie du narcissisme. Lorsque le sujet se dépossède d'une partie de sa libido au profit de l'objet, l'auteur y voit une manifestation de l'instinct de mort [3] (Thanatos), puisqu'il y a séparation et dispersion. En même temps, l'objet bénéficiant de cet apport, les buts de l'instinct de vie (Éros) sont également atteints. Le sujet tend à la fois à se dessaisir de sa libido en faveur de l'objet et à s'imprégner de la libido dont l'objet est la source. La tendance primordiale du sujet à renoncer à une part de sa libido au profit de l'objet est désignée par l'auteur comme* anti-narcissisme. *Le sujet, avant même d'effectuer* l'identification primaire *(dont nous rappelons qu'elle est constituée par une identification à un objet encore non différencié du Moi [4]), connaît, selon Francis Pasche, une* admiration primaire, *matrice de son mouvement vers l'objet et de l'identification concomitante. Pasche tire les conséquences de ses hypothèses en ce qui concerne la théorie des psychoses, considérées par la plupart des auteurs comme « le bastion du narcissisme ».*

---

1. Francis Pasche, « L'anti-narcissisme » (1964) in *A partir de Freud,* Paris, Payot, 1969, p. 227-242.
2. Francis Pasche est l'auteur de plusieurs articles publiés dans la même collection. Voir les volumes : *Les Rêves, voie royale de l'inconscient* et *Les Perversions : les chemins de traverse.*
3. Voir *Les Pulsions : Amour et faim, vie et mort,* volume à paraître dans la même collection.
4. Voir le volume *L'Identification : l'autre, c'est moi,* dans la même collection.

Si l'intérêt d'une théorie est de permettre la mise en ordre et en relation des phénomènes observés, la dernière théorie freudienne des instincts, à mesure que le temps passe, se révèle comme aussi heuristique qu'elle pouvait, à sa naissance, le laisser espérer.

On sait le conflit qui oppose les champions du « narcissisme primaire » (Federn, Grunberger...) et ceux de « l'amour primaire » (Balint, Bowlby...) ; selon ceux-ci tout part de l'amour pour la mère et y revient, selon les autres c'est l'amour de soi-même qui est l'alpha et l'oméga de l'affectivité.

Dans la mesure où leurs théories s'excluent on peut penser qu'ils ont également tort, mais si, au lieu de les renvoyer dos à dos, on réunit leurs intuitions et leurs observations on devra admettre qu'ils ont les uns et les autres partiellement raison.

Balint a raison d'insister sur l'obligation de supposer à l'origine un investissement du milieu par le sujet (même si cet investissement n'a de sens que biologique) ; Bowlby a raison de supposer un investissement à orientation objectale d'emblée ; mais Grunberger a raison de soutenir l'ubiquité du narcissisme. Chacun d'eux a tort de minimiser et parfois même de nier la destination libidinale inverse de celle qu'il exalte.

Freud, lui, comme Michel Renard vient de le montrer, a soutenu tranquillement les deux thèses et, selon nous, sa dernière théorie lui aurait permis, s'il en avait eu le temps, de justifier cette apparente contradiction, ce que nous nous proposons de faire tout au long de cet exposé.

INVESTISSEMENT CENTRIPÈTE ET INVESTISSEMENT CENTRIFUGE

Nous croyons en effet que, s'il est admis qu'Éros et Thanatos régissent l'unité somatopsychique du nouveau-né comme ils ont régi celle du fœtus, il faut supposer d'emblée :

— Non seulement un investissement centripète direct, c'est le narcissisme que Tausk et Federn après lui ont décrit et celui que Grunberger postule dans ses travaux.

— Mais aussi un *investissement réellement centrifuge* dont la division des organismes monocellulaires serait l'expression biologique la plus claire. Le sujet tend à se dessaisir de lui-même, à se priver de sa propre substance ou du stock d'amour dont il dispose et cela indépendamment des facteurs économiques. C'est bien une manifestation de Thanatos puisqu'il y a séparation et dispersion mais il ne s'agit pas d'agressivité.

La tendance originelle du sujet à se détruire (qu'il détournera secondairement de lui en attaquant les autres) doit être en effet distinguée de cette tendance, plus originelle peut-être, à se déprendre littéralement de lui-même, à céder de sa libido au profit éventuel de ce qui est au-dehors. Ainsi, autrui pouvant bénéficier de cet apport, les buts d'Éros sont également, sinon toujours atteints, du moins visés.

Le sujet tend donc à la fois à se détruire et à se conserver, d'une part et, d'autre part, à s'appauvrir en faveur de l'objet en même temps qu'à s'imprégner de l'amour dont autrui dispose.

Cet exposé a pour but de mettre en lumière l'existence de cette tendance par laquelle le sujet renonce à une partie de lui-même. Nous proposons de désigner cette tendance par le terme d'anti-narcissisme, au sens où l'on dit anti-matière. La dernière théorie des instincts, si nettement dualiste, en exige selon nous l'individualisation car cette tendance est à la fois corrélative du narcissisme primaire et son complément ; nous essaierons de montrer que la clinique ne l'exige pas moins. Enfin si l'amour objectal est, comme nous en sommes convaincus, autre chose que du narcissisme différé, elle en est le fondement.

Trois conséquences découlent à notre avis de ces propositions.

— Ce ne serait donc pas la faim seulement qui montrerait à l'amour la voie vers le dehors (Freud), cette orientation viendrait de plus loin.

— Ce ne serait pas seulement la présence du milieu externe nourricier (Balint), ni seulement une tendance vers l'objet en tant que tel (Bowlby) qui rendraient raison de l'amour primaire.

— Le masochisme ne serait pas seulement de l'agressivité (rebroussée, ou retrouvant sa destination primitive) additionnée de libido narcissique ; l'anti-narcissisme y aurait sa part.

LA DUALITÉ NARCISSISME-ANTI-NARCISSISME

Ainsi le mode de manifestation le plus essentiel du Je aurait une double polarité simultanée. Ce serait là la nature du Je. Federn a fait ingénieusement correspondre son narcissisme nodal aux expressions telles que : je suis, je vis, je crois (des verbes intransitifs : être, vivre, croître). Eh bien, nous pensons que ces expressions concernent en réalité le tout du sujet qui est à la fois cohérence active et dissociation, narcissisme et anti-narcissisme ; ces verbes ne sont donc pas tout à fait intransitifs.

Est-il nécessaire de souligner que si le sujet n'existe comme tel que par ce double mouvement, la thèse d'un noyau aconflictuel du Moi (Hartmann) est erronée ?

Pour nous, les pulsions qualifiées selon leurs organes et leurs fonctions (orales, anales, etc.) ont toutes pour origine cette double tendance fondamentale du sujet et elles n'en sont que les diverses spécifications ; alors que pour Grunberger l'ensemble des pulsions est distinct du narcissisme et s'y oppose.

Quant à l'agressivité proprement dite, si son apparition semble plus tardive, en ce qu'elle est liée à l'achèvement du dispositif neuro-musculaire et à l'unification du Moi, la pulsion destructrice qui la sous-tend n'est pas moins primitive que le narcissisme et son antagoniste ; elle se manifeste en effet dès le niveau intracellulaire (catabolisme).

Tout est régi par Éros et Thanatos, la dualité narcissisme-anti-narcissisme en est sans doute la première expression sur le plan psychique (elle correspondrait à la première phase orale d'Abraham), néanmoins l'autodestruction et l'hétéro-destruction s'exercent déjà sur le plan somatique en même temps que la croissance se poursuit.

En tout cas, sur le plan psychique, c'est l'anti-narcissisme qui fait courir le risque de chercher au-dehors l'assouvissement des besoins et qui fonde la tolérance à l'inassouvissement du désir.

NAISSANCE D'UN CONCEPT

Mais présenter tout d'abord la définition d'un concept, même développée, n'est-ce pas commencer par la fin ? Nous n'avons procédé ainsi que pour être plus clairs, sans oublier qu'un concept naît, ou devrait naître, de l'observation du concret, du pré-réflexif, du réel en un mot et c'est bien en considérant ce réel selon une certaine perspective que nous est apparu ce concept, ce mythe, à intégrer dans le système théorique que Freud lui-même a appelé sa mythologie. Justement cette perspective nous a été donnée il y a plusieurs décennies dans *Le Narcissisme, une introduction* et dans *Psychologie collective et analyse du Moi.*

L'OBJET, VIDEUR D'ÉNERGIE

Freud, en effet, y décrit l'amour objectal par opposition à l'amour narcissique comme une sorte de vidage libidinal du sujet dans l'objet qui est ainsi survalorisé, alors que le sujet se trouve diminué, rabaissé d'autant, jusqu'à ce que l'objet l'investisse en retour et lui redonne ainsi quelque valeur. Ce rabaissement est douloureusement ressenti si la déperdition est trop forte, si l'objet tarde à répondre à l'amour qui lui est témoigné. Le sujet peut souffrir de la perte de sa libido comme il peut souffrir de son trop-plein et c'est là, selon Freud, le fondement du conflit entre libido objectale et libido narcissique. Ainsi se trouve posée l'éventualité d'un investissement à fonds perdus, ou qui risque de le rester ; ne sera-t-il pas question dans *Au-delà du principe du plaisir* de « certaines cellules pouvant pousser jusqu'au sacrifice d'elles-mêmes l'accomplissement de cette fonction libidinale » ?

Tausk, en 1919, comme par une application anticipée de cette phrase de Freud : « l'objet absorbe, dévore pour ainsi dire le Moi », a émis l'hypothèse que, dans les psychoses, le contre-investissement de l'objet et du corps projeté était dû à la crainte d'une perte irréparable en libido, le malade ayant l'impression d'être en quelque sorte aspiré, vampirisé par l'objet. Cette notion nous paraît tout à fait essentielle depuis que Michel Renard en a montré toute l'importance [5]. Ainsi l'objet n'est pas seulement redoutable en ce qu'il peut être ressenti comme destructeur et destructible mais aussi parce qu'il peut être ressenti, par sa présence même dans l'horizon affectif du sujet, comme soutireur de forces vives, videur d'énergie. Ceci implique évidemment une tendance correspondante chez le sujet, que des dispositions intérieures et des facteurs extérieurs peuvent exagérer.

Mais si l'état amoureux et la psychose rendent manifeste cette effusion permanente du Je que nous appelons l'anti-narcissisme, celui-ci est à l'œuvre dans toutes nos relations au monde tant réel qu'intériorisé. Si le philosophe a raison qui affirme que « la perception du point O est au point O », il faut donc que, d'une certaine manière, le sujet s'y transporte tout en restant où il est. L'*ek-stase* et le « pro-jet » des existentialistes sont des notions qui peuvent fort bien être intégrées dans notre métapsychologie, à condition toutefois de redonner du corps à ce Je qu'ils identifient au néant. Justement parce que le sujet n'est pas qu'un trou, n'est pas vide, n'est pas creux, n'est pas rien, il ne peut donner aux objets quelque chose de lui-même sans le soustraire de soi. Si regarder c'est prendre et même parfois dévorer, c'est aussi et tout d'abord atteindre à partir de soi ce qui est à regarder, puis s'y arrêter, s'y fixer et pour cela détacher de soi et laisser en place cette portion d'intérêt sien, de libido sienne sur l'objet. Même après que nous en soyons détournés, il reste pour nous comme étant toujours là, comme existant au dehors (il en est ainsi du monde en général), ou, s'il s'agit d'un objet changé ou détruit, comme ayant existé. Nous ne sommes certains de la subsistance du monde que parce

---

5. Dans « Le Narcissisme », in *Traité de psychanalyse*.

que nous l'irriguons continuellement de notre propre sang. Il reste investi, comme on dit, cela signifie que nous y laissons quelque chose de nous-mêmes dont nous ne disposons plus tant que dure l'investissement. L'accès au-monde n'est pas gratuit.

LA DESTINATION EXTÉRIEURE DE LA LIBIDO

La notion d'expansion narcissique est donc à critiquer en ce qu'elle implique souvent dans l'usage qu'on en fait une conception mystique de la libido assimilée à une substance dilatable à l'infini sans rien perdre de sa concentration. Or si le Je est le centre d'un noyau énergétique contenant une certaine quantité de libido, celle-ci peut-elle atteindre les lointains sans s'étirer, s'étendre sans se diluer, se partager entre de multiples objets sans se diviser, diffuser sans diminuer ; si cette libido qui émane de lui n'est pas rien, le Je ne s'en prive-t-il pas par cette émanation même ? Le point de vue économique cesserait-il d'être applicable à l'extérieur de l'unité somatopsychique ?

Cela ne signifie pas, bien entendu, que l'on pourrait détecter et mesurer la quantité de libido répandue sur les êtres et les choses qui nous intéressent [6], mais cela signifie que nous leur sommes voués, que nous les visons avec une intensité proportionnelle à l'importance qu'ils ont pour nous et aux obstacles qui nous en séparent. Disons que l'anti-narcissisme se définit par la *destination extérieure* plus ou moins lointaine de la libido. Cela ne signifie pas non plus un appauvrissement global de l'énergie impartie à chacun, mais une répartition nouvelle de cette énergie doublement orientée dans une aire psychique d'étendue variable dont le Moi, avec son corps et les autres instances, n'est que le centre.

La métaphore de l'amibe doit être utilisée avec circonspection pour ne pas glisser dans une sorte de pan-narcissisme qui ferait croire que celle-ci ne projette ses pseudopodes que pour ramener à elle et en elle tout ce qu'elle a pu saisir afin de le digérer.

Cela n'est vrai en effet que de l'introjection qui aboutit à l'identification dans le Moi (encore cela n'exclut-il pas la possibilité de l'établissement d'une distance intérieure entre cette nouvelle

---

6. Néanmoins l'objet-sujet, s'il perçoit l'investissement qui lui est destiné, reçoit quelque chose. Il peut en être angoissé ou rabaissé ou au contraire assouvi ou valorisé. L'amour qu'autrui nous porte ressenti, s'il est d'une certaine qualité, est capable de refusionner nos tendances désintriquées, de nous rendre ou d'augmenter notre propre estime. L'objet n'est pas seulement efficace par son absence et ses mauvais procédés.

identification et les autres) [7], mais cela est faux de toutes les autres introjections, car en réalité l'objet installé au-dedans, quoique réduit à son image, garde son statut d'objet et se maintient à « distance » du Je.

L'univers psychique doit donc rester étendu et conserver ses deux pôles, cela contredit l'hypothèse d'une orientation unique de la libido que les seuls facteurs externes contraindraient à quelques détours. L'écartèlement permanent du sujet jusqu'aux confins objectaux est la preuve de la mise en œuvre simultanée de deux tendances de même niveau, dérivée chacune d'Éros et de Thanatos, mais d'orientation opposée : le narcissisme et l'anti-narcissisme.

LA CONSCIENCE ALIÉNÉE DU PSYCHOTIQUE

Mais si les relations normales avec le monde semblent nous donner raison, l'existence même des psychoses ne réfute-t-elle pas en bloc notre théorie en ce qu'elles sont traditionnellement considérées au moins dans leur première phase, soit comme la preuve de la toute-puissance du narcissisme, soit comme la conséquence d'un appauvrissement narcissique localisé (Federn) et non d'un jeu de tendances contraires ?

Or, il en est tout autrement. Quand l'objet paraît véritablement abandonné au profit du Moi et que les investissements retournés ne se fixent sur aucune image, le Je n'hésite pas à se scinder pour rétablir une distance et recréer un objet-sujet ; le vassal ensorcelé de la mégalomanie, l'organe hypocondriaque et, *a fortiori,* le persécuteur témoignent de l'irréductibilité de l'anti-narcissisme. L'explication de ce besoin de sortir de soi à tout prix pour élire un objet par le malaise dû à la surcharge n'est que descriptive et économique [8], elle est provisoire et réclame une élaboration qui permette de l'intégrer à la métapsychologie. Bien plus, une analyse du sentiment d'emprise magique, sous-tendu par l'impression d'être vidé de sa substance par un autrui maléfique, nous permettra de mieux fonder notre concept et de le préciser.

On sait que le problème des psychoses est dans l'incertitude constante du Je quant à son autonomie. Il ne s'agit pas, comme dans la dépression, d'être, ou non, « quelqu'un », ni, comme dans le

---

7. D'ailleurs, s'identifier (en dehors évidemment de l'identification narcissique) ce n'est pas seulement prendre en soi l'objet, c'est aussi, et du même coup, hériter les objets de l'objet. C'est, par exemple, pour un fils, aimer désormais la mère à la façon du père, investir un nouvel aspect de la mère. C'est aussi tenter de se faire aimer par le Ça, par le Surmoi.

8. *Le Narcissisme, une introduction.*

syndrome de culpabilité, d'être, ou non, coupable, mais simplement d'être en tant que sujet séparé et un, d'être un pour-soi. L'aliénation psychotique correspond subjectivement à cette impression d'être soumis à une volonté étrangère, à un autre sujet, non pas à la façon de qui, intérieurement libre, doit obéir à des ordres mais, dit le malade, à la façon d'un possédé, d'un envoûté ; nous dirons, nous, à la façon *d'un organe du corps mû par la volonté* du sujet. Quand le malade emploie des métaphores de causalité physique, ce n'est que pour rendre plus naturelle cette emprise magique qui l'angoisse. La situation d'ailleurs peut être inversée ; au début et à la fin du processus en particulier, on se sent exercer sur autrui un pouvoir tout aussi exorbitant que celui que l'on va subir ou vient de subir, c'est la mégalomanie. Mais dans tous les cas le psychotique se mesure avec un *autre* ressenti comme situé au-dehors ou provenant du dehors et c'est le caractère d'altérité et d'extériorité de cet autre affirmé par le sujet (alors que tout se passe sur le modèle des relations existant à l'intérieur d'*un* organisme) qui donne à ce pouvoir exercé ou subi la signification d'une tyrannie surnaturelle.

Il est légitime de rechercher l'origine de cette « conscience aliénée » dans la prime enfance [9], c'est, vous le savez, ce que Tausk a' fait avec une profondeur inégalée depuis (« La machine à influencer »). Insistant sur l'importance du morcellement physiologique du nouveau-né dû à la non-myélinisation, il suggère avec une grande vraisemblance que les mouvements de celui-ci et les causes de ses sensations intéroceptives ayant été appréhendés tout d'abord comme lui étant extérieurs, leur progressive appropriation par le Je donne lieu à des impressions ambiguës de maîtrise et de sujétion mêlées que le psychotique revit, mais cette fois avec angoisse. Or, cette conquête projective à partir du Je ne s'arrête pas à la périphérie du corps. Que peut-on supposer du mode primitif d'investissement de la mère ?

LA SUBORDINATION « ORGANIQUE » À LA MÈRE

Il est certain que non seulement l'apport de nourriture et les actes de la mère sur l'enfant de quelques semaines à quelques mois, mais les mimiques et les gestes de celle-ci en tant qu'exprimant des sentiments, même quand ils ne lui sont pas adressés, ont un effet direct

---

9. À condition de ne pas projeter dans cette prime enfance des désirs élaborés, des représentations et des affects tous imperceptibles au moment même et d'ailleurs incompatibles avec le degré de maturation du nouveau-né.

« L'aliénation psychotique
correspond subjectivement à cette impression
d'être soumis à une volonté étrangère. »
(Personnage méditant sur la folie, *par René Magritte, 1928. Coll. part.*)

sans médiation soit en agissant sur son état cénesthésique, ses sens et sa motricité, c'est-à-dire sur les ébauches constituant l'infrastructure du Moi, soit en imprimant des schèmes d'imitation. Freud a fait remarquer que les paroles que l'enfant prononce quand il commence à parler lui ont été tout d'abord véritablement mises dans la tête. Au début, il est effectivement mû par la mère dans nombre de ses actes, il ne peut en effet ni choisir ses réponses, ni les suspendre, ou à un faible degré, alors que plus tard l'on devra l'inciter, le solliciter puis le commander ou le prier. Sa sensibilité est également livrée à la mère et il ne peut se soustraire à l'empreinte du style de comportement et des sentiments de celle-ci. À cet égard cet enfant n'est pas moins aliéné que l'adulte qui souffre d'un délire d'influence, mais l'angoisse est en moins. Tausk l'a bien vu.

Ces réflexions ne préjugent pas de l'importance du patrimoine génétique et de la spontanéité motrice mais tendent à faire sa part à l'induction parentale précoce indépendamment du nourrissage. Enfant et mère constituent à eux deux une unité complexe, où la mère est le centre annexe, mais essentiel et même dominant de la vie somatopsychique de l'enfant, vie qu'elle entretient, coordonne et modèle. C'est dire que le terme même d'unité que nous employons n'implique pas seulement une contiguïté spatiale plus ou moins étroite et d'importants services physiques mutuellement rendus, mais un investissement réciproque qu'il faut préciser.

Certes, il est utile de rappeler que si l'enfant est passif, dépendant, effectivement suspendu à la mère, cette passivité n'est pas simple inertie, elle est active, orientée vers ce qu'il est convenu d'appeler le pré-objet. La périphérie du corps est le siège d'une tension qui appelle, recherche les excitations comme par une sorte de turgescence. Si l'enfant était exclusivement narcissique il n'aspirerait à rien, il manquerait de quelque chose, ce qui est différent, les excitations du dehors ne l'atteindraient pas, ou à la façon de traumatismes. C'est ce qu'exprime l'expression « appétit de stimuli ». Mais cette tension n'a-t-elle pour but que d'amener l'objet au contact et finalement à l'intérieur du sujet ? Est-ce le besoin, identifié à la faim, qui fait tout d'abord sortir de soi et commande l'accès au monde extérieur ? Cela n'est plus soutenable depuis *Au-delà du principe de plaisir,* le besoin est devenu, en effet, comme tout autre investissement, l'une des formes de combinaison des deux instincts. Ceci implique que les premiers investissements ne seraient pas seulement de fusion et d'interpénétration mais aussi de distinction et de séparation, ce qui a pour résultat de faire apparaître à côté du désir de rejection et de celui d'absorption un désir de confirmer en quelque sorte l'objet dans son statut et à sa place.

R. Spitz a fait remarquer que le nourrisson, dès qu'il voit, tète en fixant son regard sur le visage de sa mère. Est-ce une sorte de captation par les yeux analogue et de même sens que la succion du sein, ou en est-ce la contrepartie ? La deuxième éventualité ne doit pas, selon nous, être écartée. Si le nourrisson boit sa mère des yeux, il l'intronise aussi, et du même regard, dans sa réalité et dans son ascendant sur lui. Ce serait par cette oblation libidinale dont le regard n'est que le mode le plus manifeste que serait conféré à la mère ce pouvoir régulateur et formateur que la prématuration en elle-même permet mais qu'elle n'exige pas.

Il ne s'agit pas de supprimer le plus tôt possible une tension mais de se livrer à l'Autre en l'investissant d'une puissance à laquelle on se soumet. Naturellement, il ne peut être question pour le nourrisson d'investir une « valeur » qu'il se représenterait, pour la bonne raison qu'on ne peut lui supposer aucune représentation de ce genre, néanmoins il n'investit pas seulement la mère nourriture, selon l'*avoir* il investit aussi cette mère comme formatrice en ce qu'il en attend l'*être* en se livrant à elle [10], ce qui ne signifie pas qu'il la perçoit.

Ainsi l'enfant est situé d'emblée dans une hiérarchie somato-psychique de la dyade alors qu'il s'agira plus tard d'une hiérarchie familiale et, plus tard encore, sociale, mais à ce début de développement la mère est jusqu'à un certain point l'âme du corps de l'enfant. Ceci se situe bien avant le stade du miroir, où intervient le rôle inducteur de sa propre image, et précède immédiatement le rôle inducteur de l'image parentale dans sa totalité, il les préfigure comme il préfigure ce que nous décrivons comme admiration primaire et l'état amoureux. Voilà pour ce qui s'ensuit. Quant à l'origine de cette relation nous nous référons à la thèse freudienne de l'hérédité des caractères acquis reprise récemment par les biologistes cybernéti-ciens. Nous croyons en effet que l'enfant est héréditairement voué à un investissement *ascendant* en même temps que pourvu de schèmes objectaux potentiels que l'acquisition de l'activité sensorielle et l'aspect de la mère actualiseraient et spécifieraient.

Le sujet ne peut donc être considéré à part de l'objet, il lui est « promis » de fondation, il en apporte avec lui les rudiments en venant au monde. La monade de Leibniz par où rien ne peut entrer ni sortir est un fantasme narcissique, même si l'on accorde qu'elle peut s'entrouvrir pour se refermer à la fin. C'est pourquoi l'investissement narcissique participe de Thanatos en ce qu'il rompt avec l'objet qui est toujours déjà là, et c'est pourquoi l'investissement anti-narcissique en participe aussi en ce qu'il tend, à la limite, à aliéner le sujet de soi-même. L'unité naturelle n'est pas le Je mais le Je *avec* l'Autre, ce qui justifie la notion de nostalgie de l'objet perdu, elle ne pourrait être justifiée autrement.

LA DÉPENSE LIBIDINALE DES NÉVROTIQUES

La question surgit aussitôt de se demander pourquoi le psychotique s'efforce de nier la réalité des relations objectales élaborées pour revenir à la situation infantile d'emprise sans médiation, qu'il ressent comme si angoissante. L'examen clinique nous semble montrer que

---

10. C'est pourquoi le terme de dyade mère-enfant est difficile à maintenir, car l'un des pôles est dédoublé ; en tant que la mère formatrice est le prédécesseur du père, elle lui garde sa place qui est ainsi déjà marquée et qu'il occupera comme exemple et conscience de l'enfant.

le phénomène basal des états psychotiques est l'impression de se vider de sa force vitale, d'être « vampirisé » : on lui vole sa pensée, sa virilité, on lui prend sa personnalité, on le contraint à des actes épuisants (masturbation, surmenage...). Tout cela traduit une dépense libidinale qui n'est pas tolérée par le Je parce qu'elle l'appauvrit en libido narcissique et libère l'activité de l'Instinct de Mort. Tout se passe comme si le Je ne parvenait pas à régler et à limiter la quantité d'investissement dévolue à l'objet, ou comme s'il était dans l'impossibilité de recevoir en échange l'amour de cet objet. Il en résulte l'affect d'angoisse désintégrante dite psychotique.

Quelle peut être la cause lointaine de cette incontinence ?

Quelle est la part des facteurs congénitaux, héréditaires, des accidents précoces, du manque d'amour ou de l'agressivité profonde de la mère au début de la vie ? Probablement ne doit-on pas s'en tenir à une cause univoque et, de plus, faire la part des traumatismes plus tardifs. En tout cas le sujet fuit l'objet et ses images et, pour les contre-investir, se surinvestit, il rassemble en lui tout l'amour dont il dispose ; on sait que ceci est également générateur d'angoisse, ce à quoi il s'efforce de remédier par la mégalomanie, l'hypocondrie et finalement la projection. Trois procédés qui rétablissent l'anti-narcissisme dans sa fonction, donc la distance, mais au prix d'une scission du Je, c'est là la *spaltung* fondamentale. Ainsi la projection n'est pas une simple trajectoire de boomerang, il faut qu'un sujet second, ici cellule-fille du premier, renvoie la balle. Le mégalomane psychotique, à l'encontre du maniaque, exerce à la façon du moteur immobile d'Aristote sa puissance sur « autrui », l'hypocondriaque donne à tel de ses organes un statut d'« autrui », le persécuté schizophrène crée de toutes pièces son double. Or, celui-ci a les caractères de la mère du premier âge, le malade est assujetti à son persécuteur comme un membre l'est au système nerveux central, son langage ne peut plus être que d'organe, ce sont des esprits animaux qui circulent entre eux sans solution de continuité ; l'expression de Minkowski, « l'espace sombre », exprime admirablement cette situation. La mégalomanie n'est que la forme inversée de cette relation.

La psychose [11], qui est la reviviscence affirmée d'une certaine altérité et d'une certaine extériorité (la mère est à côté de l'enfant), se déroule néanmoins à l'intérieur d'un seul champ psychobiologique. C'est là son paradoxe. Une seule tendance libidinale (le narcissisme), même assaisonnée d'agressivité, ne peut en rendre raison.

---

11. Ce que nous disons ici vaut tout autant pour la paranoïa et la psychose hallucinatoire qui nous paraissent être des schizophrénies plus ou moins maîtrisées.

L'IDENTIFICATION PRIMAIRE MÉGALOMANIAQUE

Bien différente, et survenant après la subordination « organique » à la mère telle que nous venons de la décrire, est l'attitude fascinée de l'enfant en présence de l'adulte ou du grand aîné au moment où celui-ci lui apparaît prestigieux, au moment où l'enfant est capable de ressentir et d'exprimer l'admiration. Sidéré, avec une perte manifeste du sentiment de soi, il est *hors de lui,* tout entier dans l'objet de sa contemplation et comme anéanti par elle, car il ne s'y ajoute pas nécessairement de participation à la puissance de l'objet. Il est dessaisi de sa libido en faveur de celui-ci, mais ce n'est plus un pouvoir magique qui serait exercé sur lui qu'il investit, mais un prestige, une force, et non un sortilège.

Eh bien, l'identification primaire mégalomaniaque nous paraît dialectiquement liée à cet état qui l'annonce et dont elle procède. Ce que nous appellerons *l'admiration primaire* est le premier temps d'un processus qui aboutit à cette identification. Or les états dépressifs se rattachent à ce processus, alors que les psychoses se rattachent à la première relation mère-enfant et ceci fonde à notre avis la distinction de Freud, tardive mais, nous semble-t-il, inévitable, entre ce qu'il appelle les « névroses narcissiques » (la mélancolie et les syndromes voisins), et les psychoses. C'est que la différence de structure est ici globale, nous avons affaire à une autre « forme ». Si, en effet, dans la mélancolie le Je reconnaît la loi du Surmoi à laquelle il ne se soumet que trop, s'il en approuve le verdict, pas un instant il ne met en doute son autonomie par rapport à ce juge qu'il sait pourtant être intérieur. Ce sentiment d'autonomie est d'ailleurs la condition même de la reconnaissance d'une loi. Par ailleurs, il se désintéresse complètement des autres en tant que Je extérieur.

LE SYNDROME MANIAQUE DÉPRESSIF

Rien de semblable à la psychose définie par le contre-investissement obstiné du dehors, l'affirmation erronée de l'extériorité du pseudo-objet, le sentiment d'emprise magique, définie aussi comme résultant d'un vidage libidinal poursuivi jusqu'à la scission du Je inclusivement. Dans la mélancolie tout se passe à l'intérieur d'un sujet dont le Je reste un et ne commet aucune erreur topique, de plus il ne nie pas autrui, il s'en détourne ; le délire dans lequel versent certains mélancoliques, le syndrome de Cottard sont contingents, la clinique en fait foi. Le maniaque ne met pas en cause non plus l'existence d'autruis distincts, il les « domine » par des actes et par des mots qui gardent leur signification habituelle ; sa fuite des idées, son agitation et la multiplicité, la précipitation, la labilité de ses entreprises témoignent d'une conscience profonde de la réalité d'un monde immense et résistant, monde que le schizophrène croit pénétrer et mouvoir sans bouger ni même penser.

Quant au phénomène normal d'admiration primaire, s'il y a vidage libidinal, il est en faveur d'un objet dont la puissance est *naturelle* et peut s'exercer sur les tiers et sur les choses autant que sur lui. Tout aussi naturelle est la toute-puissance de l'identification primaire mégalomaniaque.

En un mot, qu'il s'agisse du syndrome maniaque dépressif ou de sa préfiguration normale, nous sommes déjà sous le règne du principe de réalité. Cela est lié sans doute à la prise en considération du père en tant que tel. La distinction entre ce type d'investissement (admiration primaire et identification primaire) et les autres investissements fonde, en effet, du côté des instincts le triangle pré-œdipien. Le père et la mère réels n'occupent pas nécessairement chacun l'un des angles de ce triangle, ou ne l'occupent pas nécessairement chacun à la place de son sexe et de ses titres ; en tout cas il apparaît alors une bipartition des attitudes de l'enfant entre celles qui appellent l'assouvissement, l'« avoir », et celles qui sont liées à l'apprentissage (c'est essentiellement la mère qui est en cause), d'une part, et, d'autre part, celles qui magnifient tel parent (dans l'évolution normale la mère d'abord, puis le père) et soi-même. Auparavant, il y avait le pôle du sujet et le pôle dédoublé d'un même objet : la mère, maintenant le triangle est devenu triade.

LE NARCISSISME, SOURCE DE L'EFFUSION LIBIDINALE

Il est vraisemblable que ces deux types d'investissement sont en relation économique et dynamique. Michel Renard a déjà émis l'hypothèse que les frustrations orales normales seraient par une sorte de compensation psychique à l'origine de la mégalomanie infantile normale et que les mêmes frustrations excessives seraient la cause de l'hypertrophie de celle-ci et de sa persistance chez les prédisposés à la dépression. Freud fonde cette hypothèse par cette notion rarement reprise depuis, selon laquelle la libido issue d'un objet peut « neutraliser », au moins partiellement, l'instinct de mort (c'est-à-dire les processus qui en dérivent) du sujet. Or, l'anti-narcissisme à l'œuvre dans l'admiration primaire relève de Thanatos en ce que le sujet se sépare de sa libido. Il s'ensuit qu'un apport libidinal excessif pourrait bloquer ou entraver le processus de l'admiration primaire, donc de l'identification, alors qu'un apport libidinal insuffisant exagérerait ce processus. En particulier l'admiration primaire peut-elle s'établir sans excès ni défaut, si l'enfant n'est pas assez admiré ou trop ? Et, comme le Surmoi et l'idéal du Moi dérivent de l'identification primaire mégalomaniaque on peut trouver là une justification théorique des faits d'observation bien connus que certains enfants *précocement* trop gâtés édifient plus tard un Surmoi débile et un idéal du Moi assez bas situé, alors que certains autres qui ont été *précocement* trop frustrés [12] sont promis à un Surmoi sévère et à un idéal du Moi trop élevé.

En tout cas, quelles que soient les conditions qui règlent l'effusion libidinale en faveur de l'objet admiré, du Surmoi, ou de l'idéal du Moi, elle ne peut être expliquée en elle-même par le narcissisme. Cette résignation du Je, allant d'ailleurs parfois jusqu'à l'abnégation, ne peut être comprise sans faire intervenir un second concept ; ce ne peut être par narcissisme que l'on renonce à son narcissisme fût-ce partiellement, fût-ce provisoirement. Le Je, certes, doit composer avec la réalité et en particulier être amené sous la pression de celle-ci à renoncer à sa mégalomanie en faveur d'un idéal mais, justement, il renonce, et il faut rendre compte de cette disposition à renoncer.

LE DOUBLE MOUVEMENT DE LA LIBIDO

Nous nous sommes proposé dans ce travail de compléter la symétrie du *Narcissisme, une introduction* à la lumière de la dernière théorie des instincts et de fonder ainsi l'amour objectal en face de l'amour narcissique sans qu'aucun des deux n'ait le pas sur l'autre.

Il nous est apparu alors indispensable de proposer un concept nouveau et de le désigner par un terme nouveau : l'anti-narcissisme.

Selon la dernière théorie des instincts (*Au-delà du principe de plaisir*), la vie est régie par la compulsion de répétition qui se manifeste selon deux modes : une tendance à la fusion, à l'organisation (Éros) et une tendance contraire à la dispersion, à la décomposition (Thanatos). Aucune de ces deux tendances ne peut être isolée, la forme la plus simple sous laquelle on puisse les saisir est l'angoisse, où elles sont intimement mêlées, et qui résulte justement de leur mélange [13].

---

12. Tout ceci relativement aux exigences de l'enfant qui peuvent être exorbitantes sur certains plans, ou, au contraire, minimes. D'autres facteurs également innés sont déterminants. Enfin des événements ou des situations ultérieurs sont aussi à considérer.

13. *L'Angoisse et la théorie freudienne des instincts*, F. Pasche.

Dès le niveau du narcissisme et de l'anti-narcissisme un plus grand degré de complexité est atteint, s'il existe, comme nous le croyons, une relation originelle sujet-objet ou, plus exactement, une prédétermination originelle de cette relation, chacun de ces deux courants libidinaux relève à la fois d'Éros et de Thanatos en ce que l'investissement ne peut se diriger vers l'un des pôles (objet ou sujet) sans s'écarter de l'autre.

Ce double mouvement se montre dans sa plus grande pureté à la phase pré-ambivalente que, d'ailleurs, il caractérise. Naturellement l'équilibre entre ces deux tendances antagonistes n'est probablement jamais atteint, ou aussitôt rompu. Et ceci nous amène à poser le problème de l'agressivité dont nous nous sommes efforcés de ne pas parler jusqu'ici pour être plus clairs, mais qu'il faut situer par rapport aux investissements étudiés. Que l'effusion libidinale soit excessive relativement à l'apport extérieur, le narcissisme (la force de cohésion) s'en trouve appauvri et les forces de dissociation interne prédominent, mais elles prédominent aussi quand le Je reprend aux objets et à son profit la libido qui leur est destinée car la surcharge libidinale entraîne la désintrication pulsionnelle (le Moi et le Soi). Tout excès dans un sens ou dans l'autre est au profit de Thanatos. Cette dissociation a lieu à l'intérieur, elle n'est pas cette fois en faveur de l'objet, elle est ressentie, dans la mesure où elle entre en conflit avec la tendance contraire, comme affect d'angoisse. À la phase pré-ambivalente cette angoisse s'exprime et s'apaise par une décharge motrice incoordonnée ; quand le système volontaire strié sera mûr, il y sera mis fin par une conduite agressive. C'est seulement à ce moment-là que l'on peut parler d'agressivité ; celle-ci résulte, selon Freud, et nous adhérons entièrement à cette hypothèse, de la conversion du « masochisme primaire » en tendance destructrice dirigée vers le dehors par le Je qui ainsi s'épargne. Si l'agressivité n'est pas primaire, elle n'en est pas moins enracinée dans le sujet puisqu'elle dérive des instincts fondamentaux, elle n'est pas engendrée *ex nihilo* par les violences du monde extérieur.

L'agressivité se combinera au courant libidinal centrifuge ou s'y substituera, mais c'est celui-ci qui lui aura montré la voie, il en sera de même de l'investissement de retour sur le sujet. Freud pensait-il le contraire [14] qui a dit que la haine montrait le chemin à l'amour ? Nous ne le pensons pas. Il faut en effet distinguer entre l'objet investi et l'objet perçu, entre l'effet de l'objet (sur le sujet) en ce qu'il existe, et son effet en ce qu'il est reconnu par le sujet comme tel. L'opération la plus primitive de celui-ci qui a pour fin d'absorber l'objet dès qu'il

----

14. *Les Pulsions et leur destin, La négation.*

est mis en sa présence présuppose une distance préalable et son franchissement par l'émission libidinale. Il n'est jamais question, dans les travaux psychanalytiques modernes, que du mouvement de prise en soi et jamais de celui qui permet tout d'abord d'atteindre l'objet et de s'y arrêter ; les conséquences théoriques, et peut-être cliniques et techniques, de cette omission ne nous paraissent pas négligeables, c'est pourquoi nous avons cru nécessaire d'introduire la notion d'anti-narcissisme.

L'ANTI-NARCISSISME : TENDANCE CORRÉLATIVE DU NARCISSISME

Freud n'a pas eu le temps de tirer toutes les conséquences de sa dernière théorie des instincts, ni de reprendre certains de ses textes antérieurs à la lumière de cette théorie. Nous avons essayé de réexaminer dans cette perspective la notion de libido objectale qu'on a trop souvent et trop brillamment identifiée au narcissisme. Narcissisme dérangé, narcissisme différé mais narcissisme. À moins qu'on ne prenne le parti contraire de voir l'investissement objectal partout et qu'on n'admette que le narcissisme secondaire, ce qui revient à faire de celui-ci un simple avatar de l'investissement objectal.

Ces positions extrêmes résultent d'un rejet implicite ou déclaré de la dernière théorie des instincts. Si l'on s'en tient au contraire à celle-ci, il nous semble indispensable d'introduire la notion d'anti-narcissisme. Pourquoi ce mot nouveau ? Pour donner à cette tendance corrélative du narcissisme, de même niveau et de sens contraire, une dignité conceptuelle égale à celle de sa contrepartie, ce qui doit nous prémunir contre le risque d'une subordination réductrice de l'une à l'autre.

Nous nous sommes efforcés de mettre en évidence l'anti-narcissisme dans la perception, puis nous avons abordé ce qui passe pour le bastion le plus solide du narcissisme : les psychoses, nous croyons y avoir mis en évidence son contraire et avons avancé à partir de là quelques hypothèses sur les modes d'investissement les plus précoces, enfin nous avons essayé d'éclaircir le problème de l'identification primaire mégalomaniaque et les conséquences pathologiques lointaines de ses ratés, c'est-à-dire le syndrome maniaque dépressif et ses formes atténuées. C'est par une mise en place rapide de l'anti-narcissisme par rapport aux instincts fondamentaux et à l'agressivité que nous avons conclu.

FRANCIS PASCHE [15]

15. « L'anti-narcissisme » (1964), in *A partir de Freud,* Payot, p. 227-242.

*Le danseur humain, conscient de lui-même, peut-il atteindre
la perfection de la marionnette ?
(Un danseur du « Tanz Forum » de Cologne.)*

Chapitre IV

La rage narcissique

Heinz Kohut est un auteur américain (Chicago) qui est actuellement un chef d'école suivi avec passion par les uns et contesté par les autres. Il est difficile aux psychanalystes français de comprendre à la fois l'engouement extrême dont il est l'objet et les querelles que sa théorie suscite. Certes, il semble posséder un certain charisme et il succède à une autre personnalité charismatique de l'école de Chicago, non moins passionnément suivie et non moins contestée, le psychanalyste américain d'origine hongroise, Franz Alexander. Il est possible que la psychanalyse européenne, du fait des travaux de Winnicott en Angleterre, de Béla Grunberger en France et de Sacha Nacht (dans une perspective quelque peu différente) qui ont insisté sur l'importance de la prise en compte du narcissisme du patient ou de la présence de l'analyste, soit généralement moins sensible que la psychanalyse américaine aux apports de Kohut qui tendent à privilégier le narcissisme du patient et à infléchir de ce fait la technique psychanalytique. (Nous laissons ici volontairement de côté la théorie et la technique lacaniennes qui s'écartent très sensiblement de cet ensemble de travaux.) Il nous a paru plus fructueux dans cette présentation d'insister sur les points communs entre l'apport de Kohut et certains travaux européens que sur les différences notables qui les séparent [1]. Il est indubitable par exemple qu'on ne saurait comprendre la théorie du narcissisme de Kohut sans se référer à la psychologie du Moi américaine qui la sous-tend.

Un certain nombre de travaux de Kohut ont été réunis sous le titre The Analysis of the Self (1971) [2].

---

1. Voir le volume *Les Écoles psychanalytiques : la psychanalyse en mouvement*, à paraître dans la même collection.
2. Volume traduit en français sous le titre *Le Soi*, Paris, P.U.F., 1974.

Le narcissisme : l'amour de soi

L'article[3] dont nous présentons ci-dessous de larges extraits est postérieur à la publication de ce volume. Le lecteur pourra entrevoir ce que l'auteur entend par Soi (Self). Peut-être trouvera-t-il assez évidentes et assez simples un certain nombre de propositions liées au concept de rage narcissique dont l'auteur étudie l'étiologie, les conséquences dans la vie individuelle et la psychologie du groupe, l'élaboration dans la cure analytique.

Depuis que j'ai lu l'histoire de Kleist, intitulée *Sur le théâtre de marionnettes,* durant mes années scolaires, j'ai été intrigué par l'effet mystérieux de ce simple récit sur le lecteur. Un danseur de ballet mâle, nous raconte-t-on, affirme, dans une conversation imaginaire avec l'auteur, que par comparaison avec la danse de l'être humain, celle des marionnettes est presque parfaite. Le centre de gravité de la marionnette est son âme ; l'animateur de marionnettes doit simplement se penser lui-même à ce centre pendant qu'il active la marionnette, et les mouvements des membres de celle-ci atteindront un degré de perfection inimaginable pour un danseur humain. Étant donné que les marionnettes ne sont pas soumises à la pesanteur et que leur centre physique et l'âme font un, elles ne sont jamais ni artificielles, ni prétentieuses. Le danseur humain, par comparaison, est conscient de soi-même, artificiel et prétentieux. L'auteur, en réponse au danseur, se souvient comment, quelques années auparavant, il avait admiré la grâce avec laquelle son compagnon mâle, tout nu, avait placé son pied sur une chaise. Malicieusement, l'auteur lui avait demandé de répéter le geste. Il rougit et essaya, mais devint embarrassé et maladroit. « ...à partir de cet instant, écrit Kleist, une transformation étrange s'empara du jeune homme. Il commença à se poster pendant des jours devant le miroir ; ... une force incompréhensible parut emprisonner... le jeu de la mobilité qui jusqu'alors avait si librement exprimé ses émotions ».

Il n'est pas dans mon intention d'appliquer nos connaissances psychanalytiques à cette histoire. Mais le lecteur habitué à la psychanalyse n'aura aucune difficulté à reconnaître les problèmes qui préoccupaient l'auteur de l'histoire. Des appréhensions par rapport à la vie du Soi et du corps, la répudiation de la peur par l'affirmation que l'inanimé peut avoir de la grâce et même être parfait. Il est fait allusion aux thèmes de l'homosexualité (voir Sadger, 1909) ; de l'équilibre, de l'exhibitionnisme ; de la honte et de la conscience de

3. Heinz Kohut, « Réflexions sur le narcissisme et la rage narcissique », traduit de l'anglais par Jacques Palaci, *Revue française de psychanalyse,* 1978, vol. 42, n° 4, p. 683-719.

soi ; de même qu'à celui de la mégalomanie dans le fantasme de voler — la notion d'« absence de pesanteur » — et dans celui de fusionner avec un milieu omnipotent qui vous dirige — l'animateur de marionnettes. Enfin, nous avons la description d'un changement profond chez un jeune homme, annoncé par le symptôme inquiétant de longue contemplation devant le miroir.

De tous les aspects du narcissisme, un seul manque dans le récit de Kleist ; l'agression, telle qu'elle prend naissance dans le déséquilibre narcissique. L'unité des forces créatives dans les profondeurs de la personnalité d'un grand écrivain est prouvée à l'évidence par le fait que Kleist avait traité du même sujet un ou deux ans auparavant dans l'histoire de *Michael Kohlhaas* (1808), description émouvante d'une soif insatiable de vengeance après une blessure narcissique — œuvre surpassée, je le crois, dans ce domaine, par une seule, celle de Melville, *Moby Dick*. L'histoire de Kleist montre le destin d'un homme qui, tel le capitaine Achab, se trouve sous l'emprise d'une rage narcissique sans fin. Le thème de la revanche n'a jamais été traité de façon plus parfaite dans la littérature allemande, thème qui joue un rôle important dans la destinée nationale du peuple allemand, dont la soif de revanche, après la défaite de 1918, entraina presque la destruction de toute la civilisation occidentale.

Ces dernières années, j'ai étudié certains phénomènes se rapportant au Soi, à sa cohésion et à son morcellement. Dans la mesure de mes moyens, j'ai mené ce travail à sa conclusion. L'étude présente m'offre l'occasion de quitter le sujet précédent pour celui de la relation entre le narcissisme et l'agression. Je vais cependant commencer par traiter du travail qui a précédé, attirer l'attention sur des points qui ont besoin d'être élaborés et indiquer les domaines qui fourniront la base de formulations à venir.

L'INFLUENCE DE L'ATTITUDE PARENTALE SUR LA FORMATION DU SOI

Si l'on me demandait ce que je considère comme le point le plus important par rapport au narcissisme, je répondrais : sa ligne autonome de développement, du niveau le plus primitif au plus évolué, au plus adapté et culturellement valable. Ce développement a des déterminants innés importants, mais ce sont les effets réciproques particuliers entre l'enfant et son milieu qui vont favoriser ou entraver l'organisation cohésive du soi et la formation de structures psychiques idéalisées. Cela mérite d'être examiné plus en détail, surtout en partant de l'observation des différents transferts narcissiques. Dans ce travail,

271

je ferai seulement une petite mise au point par rapport aux résultats dont j'ai déjà rendu compte, c'est-à-dire que l'existence simultanée de lignes de développement dans le champ du narcissisme et dans celui de l'objet-pulsionnel est intimement liée à l'attitude des parents envers l'enfant ; tantôt ils s'associent à lui dans un fusionnement narcissique empathique, considérant de psychisme de l'enfant comme faisant partie du leur, et tantôt ils réagissent à l'enfant en tant que centre indépendant qui a sa propre source d'initiative, c'est-à-dire qu'ils l'investissent de libido objectale.

POUR UNE ATTITUDE POSITIVE — THÉORIQUE ET PRATIQUE — D'ACCEPTATION DU NARCISSISME

Ma seconde remarque rétrospective se rapporte à une vaste question. En postulant une ligne autonome du développement dans le secteur narcissique de la personnalité, qui mènera à l'acquisition de qualités maturantes, adaptatives et culturellement valables émanant du champ narcissique, j'ai, bien sûr, essentiellement affirmé une attitude positive à l'égard du narcissisme. Mais, tout en me convainquant de la justesse de cette position affirmative par rapport au narcissisme, je suis également conscient que l'on peut opposer nombre d'arguments à l'idée du narcissisme comme ensemble intégral et autonome de fonctions psychiques, plutôt que comme résultat d'une régression ; qu'il existe nombre d'obstacles à sa reconnaissance comme potentiellement précieux, ayant une fonction adaptative plutôt que nécessairement malade et maléfique.

Un des aspects de la théorie classique — et du conservatisme, généralement justifié, des psychanalystes en ce qui concerne toute modification de la théorie — doit accidentellement jouer un rôle à ce propos. Nous sommes habitués à penser la relation entre narcissisme et amour d'objet d'une façon qui correspond à l'image des niveaux fluides d'un tube en U. Si le niveau du fluide s'élève à l'un des bouts, il descend à l'autre. Il n'y a pas d'amour où il y a mal de dents ; il n'y a pas de douleur où il y a amour passionnel. Ces formes de pensée devraient cependant être abandonnées, quand elles ne sont pas conciliables avec les données de l'observation. L'estime de soi accrue, qui accompagne l'amour d'objet, démontre la relation qui existe entre les deux formes de l'investissement libidinal, et qui ne correspond guère à celle des oscillations dans un système de tube en U. Bien que le comportement des niveaux fluides dans le tube en U et la similitude que pose Freud avec l'amibe (1914) soient des images qui illustrent de façon pertinente l'attention exclusive du patient à son mal de dent, et l'insensibilité de l'amoureux qui attend, à la pluie et au froid, ces phénomènes s'expliquent facilement en termes de distribution de l'investissement d'attention, et ne nécessitent guère la théorie du tube en U.

Quoi qu'il en soit, encore plus remarquable que le contexte scientifique dans lequel le terme de narcissisme semble avoir acquis une signification légèrement péjorative désignant un produit de régression ou de défense, est un climat émotionnel particulier, défavorable à l'acceptation du narcissisme comme constellation psychologique saine, à laquelle on donne son approbation. Le système des valeurs de l'Occident, profondément enraciné (qui infiltre la religion, la philosophie, les utopies sociales de l'homme occidental), approuve l'altruisme et le souci des autres, et déprécie l'égoïsme et le souci de soi. Cependant, ce qui est valable pour les désirs sexuels de l'homme l'est également pour ses besoins narcissiques : ni une attitude méprisante envers les forces psychologiques puissantes qui s'affirment dans ces deux dimensions de la vie humaine, ni une tentative de l'extirper totalement, ne mèneront à un progrès anthentique de la maîtrise de soi chez l'homme ou de son adaptation sociale. Le christianisme, tout en laissant la porte ouverte à l'accomplissement narcissique dans le domaine du fusionnement avec le soi-objet omnipotent, avec la figure divine du Christ, essaye de refréner les manifestations du soi grandiose. Le rationalisme matérialiste courant dans la culture occidentale, d'autre part, tout en donnant une plus grande liberté à l'enchérissement du soi, tend à déprécier, ou (par exemple dans les milieux où règne un athéisme militant) à proscrire les formes traditionnelles de relations institution-nalisées à l'objet idéalisé.

LES INVESTISSEMENTS LIBIDINAUX DU SOI

En raison de l'ostracisme et de la répression, les aspirations du soi grandiose semblent en effet diminuer, et le désir de fusionner avec le soi-objet idéalisé est repoussé. Les structures narcissiques réprimées, mais toutefois inchangées, se renforcent cependant que leur expression est bloquée ; elles se fraieront un passage à travers les défenses fragiles et donneront lieu soudainement, non seulement dans les individus, mais dans des groupes entiers, à la poursuite effrénée de buts mégalomanes et au fusionnement, sans résistance aucune, avec le soi-objet omnipotent. Il me suffit de mentionner les ambitions impitoyables de l'Allemagne nazie et l'abdication totale du peuple à la volonté du *Führer,* pour illustrer ma pensée.

« Le christianisme...
essaye de refréner les manifestations du Soi grandiose. »
(Le Cathéchisme en images, *1908.)*

Pendant des périodes historiques calmes, l'attitude de certaines couches de la société envers le narcissisme ressemble à l'hypocrisie de l'époque victorienne envers la sexualité. Officiellement, l'existence des manifestations sociales émanant du soi grandiose et du soi-objet omnipotent est niée ; mais, quoique désavouée, sa prédominance est visible partout. Je pense qu'aujourd'hui il est aussi nécessaire de vaincre notre attitude d'hypocrisie envers le narcissisme, qu'il l'a été de surmonter l'hypocrisie sexuelle au siècle passé. Nous ne devons pas nier nos ambitions, notre désir de dominer, de briller, et notre envie de nous confondre avec des personnages omnipotents, mais nous devons au contraire apprendre à reconnaître la légitimité de ces forces narcissiques, comme nous avons appris à admettre la caractère légitime de notre désir pulsionnel d'objet. Nous serons alors à même, comme on peut l'observer dans l'analyse thérapeutique systématique des troubles de la personne narcissique, de transformer notre mégalomanie archaïque et notre exhibitionnisme en estime de soi réaliste et capacité de jouir de nous-mêmes, et notre désir de faire un avec le soi-objet omnipotent, en une capacité, socialement utile, d'adaptation, pleine de joie, d'enthousiasme et d'admiration pour les grands, dont la vie, les actes et la personnalité peuvent servir de modèles aux nôtres.

AUTONOMIE DU MOI ET PRÉDOMINANCE DU MOI

Dans le contexte de la reconnaissance d'une importante transformation (plutôt que suppression) des structures archaïques narcissiques pour l'homme en tant qu'il participe aux affaires humaines — *l'homme engagé* — j'aimerais mentionner une distinction conceptuelle que j'ai trouvée utile, à savoir la démarcation entre la *prédominance du Moi* et *l'autonomie du Moi.* Il y a une place pour l'autonomie du Moi : le cavalier hors de la monture ; l'homme qui réfléchit, froidement, sans passion, en particulier quand il examine minutieusement les données de ses observations. Mais il y a également une place pour la prédominance du Moi : le cavalier *sur* la monture : l'homme qui réagit aux forces qui s'exercent en dedans de lui-même tout en façonnant ses buts et modelant ses réactions majeures au milieu ; l'homme en tant que participant efficace sur la scène de l'histoire. Dans le domaine du narcissisme, la prédominance du Moi augmente notre aptitude à réagir avec la gamme entière de nos émotions : avec désappointement et rage, ou avec un sentiment de triomphe, avec maîtrise, mais sans contrainte. (...)

LES TROUBLES PSEUDO-NARCISSIQUES
ET LES NÉVROSES DE PSEUDO-TRANSFERT

La relation entre le foyer du développement de la lutte pulsionnelle d'objet, le complexe d'Œdipe, et le foyer du développement dans le domaine du narcissisme, la période de formation du soi, sera plus amplement élucidée en comparant deux types paradigmatiques de psychopathologie : psychopathologie nucléaire œdipienne masquée par un épais rideau de troubles narcissiques ; et troubles narcissiques cachés par une soi-disant symptomatologie œdipienne.

Concernant la première, une brève remarque suffira. Tout psychanalyste a observé l'apparition graduelle des passions et angoisses œdipiennes cachées derrière une large couverture de vulnérabilités et de plaintes narcissiques, et sait que l'observation attentive du transfert œdipien révélera également comment les manifestations narcissiques sont apparentées aux expériences centrales œdipiennes. Comment, par exemple, un sentiment d'amoindrissement de l'estime de soi renvoie à des comparaisons phalliques et à un sentiment de castration, comment un cycle d'alternance entre une confiance en soi éclatante et la dépression s'associe aux phantasmes de succès œdipiens et à ceux de la découverte qu'on est exclu de la scène originaire, et ainsi de suite. Je n'ai certainement pas besoin de m'étendre là-dessus.

Passons maintenant au second type de psychopathologie. J'ai choisi de me concentrer sur un type particulier, quelque peu complexe, de trouble narcissique qui, quoique relativement peu fréquent, se révèle néanmoins très instructif à l'examen approfondi. (Il faut ajouter que les cas où le choc narcissique subi par l'enfant dans la période œdipienne mena à un premier effondrement incontestable du soi sont beaucoup plus courants.) Je pense que parmi les troubles en principe analysables, ce sont ceux-là qui mettent le psychanalyste devant une des tâches thérapeutiques les plus pénibles et difficiles. Ces patients, au début, donnent l'impression d'une névrose classique. Cependant, quand leur psychopathologie apparente est abordée par l'interprétation, le résultat immédiat est presque catastrophique : nous assistons à un passage à l'acte *(acting out)* désordonné, violent, ils accablent l'analyste de demandes œdipiennes d'amour, de menaces de suicide — bref, bien que le contenu (des symptômes, des phantasmes et du transfert manifeste) soit entièrement triangulaire œdipien, la franchise même de leurs désirs infantiles, le peu de résistance qui s'oppose à leur expression ne sont pas en accord avec l'impression du début.

Que la symptomatologie œdipienne dans ces cas-là ne soit pas authentique, on l'admet généralement. Cependant, contrairement à ce qui me semble généralement admis (que nous avons affaire à une psychose latente ou à des personnes dont l'équilibre psychique est menacé par une fragilité extrême du Moi), je me suis convaincu qu'un grand nombre de ces patients souffrent d'un trouble de la personnalité narcissique, qu'ils vont développer une des variétés de transfert narcissique et sont par conséquent traitables par la psychanalyse.

La psychopathologie nucléaire de ces individus concerne le soi. Étant menacés dans le maintien d'un soi cohérent, par suite du manque dans l'enfance de confirmations adéquates (« en miroir ») de la part de l'environnement, ils font appel à l'autostimulation pour maintenir la cohésion de leur soi agissant et ressentant. La période œdipienne, y compris ses conflits et ses angoisses, devient para-doxalement un stimulant réparateur, son intensité même étant mise à profit par le psychisme pour contrebalancer la tendance du soi au morcellement — de même qu'un jeune enfant se mutilerait (par exemple, le cognement de tête) pour maintenir le sentiment de vie et de cohésion. Les patients chez qui la psychopathologie remplit cette fonction défensive réagiront aux interprétations du psychanalyste concernant les aspects pulsionnels-objectaux de leur comportement avec la peur de perdre la stimulation qui empêche leur morcellement, et ils réagiront avec une intensification de la dramatisation œdipienne, tant que l'analyste ne s'adresse pas à la défectuosité du soi. C'est seulement lorsqu'un changement dans les interprétations de l'analyste indique qu'il est maintenant plus proche empathiquement du soi menacé de morcellement du patient, que la stimulation du soi par des expériences œdipiennes forcées (dramatisation dans la situation analytique, passage à l'acte *(acting out)*) commence à diminuer. (...)

L'INFÉRIORITÉ D'ORGANE ET LA HONTE

Jusqu'ici mes remarques peuvent être considérées comme un essai de mettre de l'ordre dans la maison avant d'entreprendre un voyage. La maison, c'est le travail sur les aspects libidinaux du narcissisme — travail déjà fait, mais auquel je désire mettre la dernière main, avant de quitter la maison. Le voyage nous mènera sur le terrain accidenté de la rage narcissique et, plus tard, dans les régions lointaines de la psychologie de groupe. Un dernier coup d'œil, cependant, sur un sujet qui se situe pour l'essentiel dans le champ familier de l'investissement libidinal du soi — mais qui s'étend néanmoins sur le territoire peu connu du narcissisme et de l'agression — devrait, de par sa position intermédiaire, donner confiance en cette nouvelle entreprise.

Permettez-moi d'introduire la question par un terme [4] discrédité de nos jours, celui « d'infériorité d'organe » (Adler, 1907).

Dans ses *Nouvelles Conférences d'introduction* (1933, p. 66), Freud réprimande l'écrivain Emil Ludwig (sans le nommer, cependant) ; Ludwig avait, dans un des romans biographiques (1926) dont il avait la spécialité, interprété la personnalité de l'empereur Guillaume II selon les théories d'Alfred Adler. En particulier, il avait expliqué la tendance des Hohenzollern à être blessés et à se tourner vers la guerre comme une réaction à un sentiment d'infériorité d'organe précis. L'empereur était né avec un bras atrophié. Le membre défectueux devint la plaie sensible de toute sa vie et donna lieu à la formation du caractère particulier qui, selon Ludwig, fut un des principaux facteurs déclenchants de la Première Guerre mondiale.

Il n'en est pas ainsi, dit Freud. Ce n'est pas à la blessure de naissance en soi qu'est due la sensibilité de l'empereur Guillaume à l'affront narcissique, mais au rejet par sa mère orgueilleuse, laquelle ne pouvait supporter un enfant imparfait.

Il suffit de peu pour ajouter à la formulation génétique de Freud les subtilités psychodynamiques appropriées. L'absence chez la mère de réponses « en miroir », confirmation et approbation envers son enfant, empêche la transformation des investissements narcissiques archaïques du soi-corporel de l'enfant, qui accomplit normalement grâce à la sélectivité grandissante des réponses admiratives et approbatrices de la mère. L'investissement narcissique rudimentaire et intense du soi-corporel grandiose (dans le cas de l'empereur Guillaume : le bras atrophié) reste ainsi inchangé, et la mégalomanie archaïque et l'exhibitionnisme ne peuvent être intégrés dans le reste du psychisme qui, lui, progressivement atteindra la maturité. La mégalomanie archaïque et l'exhibitionnisme se détachent en conséquence du Moi-réalité (« clivage vertical » du psychisme) ou sont séparés de lui par le refoulement (« clivage horizontal »). Privés de la fonction médiatrice du Moi-réalité, ils ne sont alors plus modifiables par les influences externes ultérieures, quel que soit leur caractère d'acceptation ou d'approbation, c'est-à-dire que la possibilité de « l'expérience émotionnelle corrective » est inexistante (Alexander *et al.*, 1946). D'autre part, le soi (-corporel) grandiose-exhibitionniste archaïque va de temps en temps réaffirmer ses revendications, soit en contournant la barrière du refoulement par la voie du secteur du psychisme clivé verticalement, soit en pénétrant les défenses fragiles du secteur central. Il va soudainement inonder le Moi-réalité

---

4. Freud (1914) mentionne cependant « le travail important qu'il (Adler) a fait sur l'infériorité d'organe » (p. 51).

d'investissements exhibitionnistes non neutralisés et accabler le pouvoir de neutralisation du Moi, qui, se sentant paralysé, éprouve une honte et une rage intenses.

Je ne connais pas suffisamment la personnalité de l'empereur Guillaume pour juger si la formulation précédente s'applique bien à celui-ci. Je pense cependant être sur un terrain plus solide quand je suspecte Emil Ludwig de ne pas avoir réagi avec bienveillance à la critique de Freud. Quoi qu'il en soit, il écrivit plus tard une biographie de Freud (Ludwig, 1947) où s'exprime ouvertement la rage narcissique — sous une forme si grossière que ceux mêmes qui étaient hostiles à la psychanalyse et à Freud considérèrent l'attaque vulgaire de Ludwig comme gênante et s'en désolidarisèrent.

Quoi qu'il en soit de l'empereur Guillaume et de son biographe, je ne doute pas que la sensibilité omniprésente concernant les défectuosités et les insuffisances du corps puisse être facilement expliquée dans le cadre métapsychologique des vicissitudes des investissements libidinaux du soi grandiose et en particulier du soi-corporel grandiose-exhibitionniste.

Le thème particulier du sentiment d'infériorité des enfants au sujet de la petitesse de leurs organes génitaux (chez le garçon, par comparaison avec le pénis de l'homme adulte ; et chez la petite fille avec l'organe du garçon), mérite quelques remarques spéciales. La sensibilité des enfants au sujet de leurs organes génitaux arrive à son point culminant pendant le stade phallique, stade capital du développement psycho-sexuel — les susceptibilités ultérieures concernant les parties génitales doivent être considérées comme des séquelles (par exemple pendant la latence) ou comme des réactivations (pendant la puberté) de l'exhibitionnisme du stade phallique. L'importance des organes génitaux pendant le stade phallique est déterminée par le fait qu'à cette période ils constituent la *zone principale du narcissisme (corporel) de l'enfant* — ils ne sont pas seulement les instruments d'interactions *libidinales d'objet* intenses (phantasmées), mais ils supportent également des investissements *narcissiques* énormes. (L'investissement narcissique des fèces pendant le stade anal du développement et l'investissement narcissique de certaines fonctions autonomes du Moi pendant la latence sont des exemples de la prédominance initiale et à venir des zones du narcissisme de l'enfant pendant les stades premiers et ultérieurs de son développement.) Les parties génitales sont le foyer des aspirations et des sensibilités narcissiques de l'enfant pendant le stade phallique. Si nous gardons en tête ces faits et soulignons en plus que la composante exhibitionniste du narcissisme infantile est en grande partie non neutralisée, nous comprendrons également la signification si contestée de l'envie infantile du pénis. Ce sujet a suscité beaucoup de discussions peu scientifiques et acrimonieuses, offrant même le spectacle grotesque de batailles rangées entre les hommes qui attribuent le phénomène exclusivement aux femmes, et les femmes qui nient ou son existence ou son importance.

Une partie des difficultés peuvent être résolues si l'on tient compte de l'intensité des investissements exhibitionnistes et si, en particulier, nous ne sous-estimons pas dans ce contexte l'importance des parties génitales *visibles :* autrement dit, si nous nous souvenons que les demandes narcissiques de la période phallique ne sont — ni plus, ou ni moins ! — qu'une instance particulière et importante dans la série des demandes, au cours du développement, de réponses immédiates qui sont le reflet des aspects du corps de l'enfant ou de ses fonctions physiques ou mentales concrètement exhibées. Le fait que ce pénis va grandir n'est que menue consolation pour le petit garçon ; en fait, qu'un système complexe et invisible va se développer qui lui permettra de mettre au monde un enfant est un mince réconfort pour la petite fille, dans le contexte de la psychologie de l'exhibitionnisme infantile — en dépit de l'existence simultanée d'autres sources directes de gratifications narcissiques et de substituts « en miroir » réfléchissant l'acceptation qui renforcent l'acquisition de sublimations chez les enfants des deux sexes.

La honte de l'adulte également, lorsqu'une partie défectueuse de son corps est vue par d'autres — en fait sa conviction que les autres le fixent du regard —, est due à la pression de la libido inchangée, archaïque, exhibitionniste qui continue d'investir l'organe défectueux. Et la gêne concernant l'organe défectueux et la tendance à rougir lorsqu'il est observé par d'autres sont les corrélatifs psychologiques et psychophysiologiques de la pensée des investissements exhibition-nistes inchangés. (Je reviendrai sur ce sujet dans le contexte de la métapsychologie de la rage narcissique.)

LA RAGE NARCISSIQUE

Sous son aspect non dissimulé, la rage narcissique est une expérience familière qui est généralement facile à identifier pour l'observateur empathique du comportement humain. Mais quelle est son essence dynamique ? Où doit-elle être classée ? Comment cerner le concept et définir la signification du terme ? (...)

La rage narcissique se présente sous plusieurs aspects, qui ont cependant tous en commun un goût psychologique particulier qui leur donne une position distincte dans le vaste champ des agressions humaines. Le besoin de vengeance, pour réparer un tort, pour dissiper une blessure par n'importe quel moyen, et une impulsion profondément ancrée, inexorable, à la poursuite de tous ces buts, qui ne laisse aucune paix à ceux qui ont subi la blessure narcissique — voilà les traits caractéristiques du phénomène de la rage narcissique sous tous ses aspects, traits qui la distinguent de toutes les autres formes d'agression. Quelle est la signification particulière du genre de blessures narcissiques (comme le ridicule, le dédain, et la défaite apparente) qui tendent à provoquer la rage narcissique ; et comment ces provocations extérieures particulières réagissent-elles réciproquement avec les aspects sensibilisés de la personne encline à la rage et à la vengeance ?

L'inclination à la rage narcissique chez les Japonais, par exemple, est attribuée par Ruth Benedict (1946) à leurs méthodes d'éducation, qui font appel au ridicule et à la menace d'ostracisme, et à l'importance socioculturelle donnée au Japon à la dignité et au maintien du décorum. Est-il étonnant, par conséquent, dit Benedict, que « parfois les gens éclatent dans des actes extrêmement agressifs ? Ces actes d'agression sont suscités chez eux non pas quand leurs principes ou leur liberté sont mis en question, mais quand ils perçoivent une insulte ou un dénigrement ».

Le désir de convertir une expérience passive en expérience active (Freud, 1920), le processus d'identification à l'agresseur (A. Freud, 1936), les tensions sadiques maintenues dans les individus qui pendant l'enfance ont été traités sadiquement par leurs parents — tous ces facteurs aident à expliquer la facilité avec laquelle l'individu enclin à la honte réagit à une situation qui potentiellement pourrait provoquer de la honte, par l'emploi d'un remède simple : infliger activement aux autres le genre de blessures narcissiques dont il a lui-même le plus peur.

M. P..., par exemple, qui était excessivement enclin à la honte et narcissiquement vulnérable, était maître dans un art particulier du sadisme social. Quoique originaire d'une famille conservatrice, il avait acquis des opinions politiques très libérales. Il était, cependant, toujours avide de savoir le passé national et religieux de ses connaissances, selon lui avec le souci d'être objectif et de ne pas leur porter préjudice ; il les embarrassait dans des réunions de société en introduisant dans la conversation le sujet de leur statut minoritaire. Bien qu'il se défendît par des rationalisations minutieusement élaborées contre la reconnaissance de la signification de ces manœuvres malveillantes, il était parfois conscient du fait qu'il éprouvait une excitation légèrement érotique à ces moments-là. Il y avait, selon sa description, un bref moment de silence dans la

L'importance donnée à la dignité et au maintien du décorum expliquerait l'inclination à la rage narcissique chez les Japonais.
(Scène de drame, *par Kuivi Yoshi. Paris, galerie M. Bérès.)*

conversation, pendant lequel la victime semblait lutter pour retrouver son sang-froid, après que l'attention générale avait été dirigée vers son désavantage social ; et, bien que tous se comportaient comme s'ils n'avaient pas remarqué l'embarras de la victime, la signification émotionnelle de la situation était claire pour tout le monde. La compréhension progressive par M. P... de la vraie nature de ses attaques sadiques qui soulignaient une insuffisance sociale, et la prise graduelle de conscience de sa propre peur d'être découvert et ridiculisé, ramena le souvenir d'émotions violentes de honte et de rage de sa jeunesse. Sa mère, la fille d'un pasteur fondamentaliste, non seulement avait embarrassé et humilié le petit garçon en public, mais avait avec insistance mis à découvert et examiné ses organes génitaux — en prétendant devoir se rendre compte s'il s'était masturbé. Enfant, il avait formé des fantasmes de vengeance — les précurseurs de ses procédés sadiques actuels —, dans lesquels il exposait cruellement sa mère à son propre regard et à celui des autres.

L'existence d'un sadisme grave, le choix d'une ligne de conduite d'attaque préventive, le besoin de revanche, et le désir de convertir une expérience passive en expérience active, cependant, ne rendent pas compte entièrement de certains des traits les plus caractéristiques de la rage narcissique. Dans son aspect typique, il y a un dédain absolu pour toute restriction raisonnable et un désir illimité de réparer une blessure et d'obtenir la revanche. L'irrationalité de cette attitude de vengeance devient encore plus effrayante du fait que — chez les personnalités narcissiques comme le paranoïaque — la capacité de raisonner, en même temps qu'entièrement sous la domination et au service primordial de l'émotion, est souvent non seulement intacte mais même aiguisée. (Ce trait dangereux de la psychopathologie individuelle est le pendant d'un phénomène social tout aussi redoutable : la subordination d'un groupe raisonnable de techniciens à un chef paranoïde et l'efficacité — et même l'éclat — de la façon amorale dont ils coopèrent à l'exécution de ses desseins.)

LE CONTENU DE L'EXPÉRIENCE DE LA RAGE NARCISSIQUE

Les différentes formes de la rage narcissique, la réaction catastrophique dans des cas de lésion cérébrale, et l'indignation de l'enfant ayant subi une blessure douloureuse sont des expériences très éloignées l'une de l'autre quant à leurs répercussions psychologiques et à leurs conséquences sociales. Cependant, fondamentale dans ces états émotionnels est l'intransigeance sur la perfection du soi-objet idéalisé et sur le pouvoir et le savoir illimités du soi mégalomane qui doit demeurer l'équivalent du « plaisir purifié » (Freud, 1915). Le fanatisme du besoin de revanche et la compulsion interminable à devoir régler des comptes après une offense ne sont donc pas les attributs d'une agressivité conforme aux desseins matures du Moi — au contraire, une vexation de cet ordre indique que l'agressivité a été mobilisée au service d'un soi mégalomane archaïque et qu'elle se déploie dans le cadre d'une perception archaïque de la réalité. L'individu enclin à la honte, qui est prêt à éprouver un échec comme une blessure narcissique et à y répondre par une rage insatiable, ne reconnaît pas son adversaire comme centre autonome d'initiative dont les desseins semblent opposés aux siens. Les agressions utilisées à la poursuite d'objectifs matures ne sont pas illimitées. Quoique mobilisées avec force, leur but est précis : la défaite de l'ennemi qui obstrue la voie vers le but caressé. Le blessé narcissique, d'autre part, ne peut trouver la paix jusqu'à ce qu'il ait anéanti l'agresseur, vaguement perçu, qui a osé le contredire, être en désaccord avec lui ou l'éclipser. « Miroir, miroir qui me regardes, dis-moi quelle est la plus belle ? » demande le soi mégalomane exhibitionniste. Et lorsqu'on lui répond qu'il y a quelqu'un de plus beau, plus intelligent ou plus fort, alors, comme la diabolique belle-mère dans *Blanche-*

Neige, il ne peut plus trouver la paix, car il ne peut effacer l'évidence qui a démenti sa conviction d'être unique et parfait.

L'adversaire qui devient la cible de nos agressions matures est ressenti comme séparé de nous, que nous l'attaquions parce qu'il nous entrave dans l'accession à nos buts libidinaux d'objets ou le haïssions parce qu'il fait obstacle à l'accomplissement de nos désirs narcissiques adaptés à la réalité. L'ennemi cependant, qui suscite la rage archaïque du sujet narcissiquement vulnérable, est vu par lui non pas comme une source autonome d'impulsions, mais comme *une imperfection de la réalité perçue narcissiquement.* Il est une part récalcitrante d'un soi élargi sur lequel il espère exercer une maîtrise totale et dont la simple indépendance ou l'altérité est une offense.

Il est maintenant évident que la rage narcissique survient quand le soi ou l'objet déçoivent les aspirations absolues qui font appel à leur fonction — que ce soit pour l'enfant, qui, plus ou moins conformément au stade approprié, reste attaché à la mégalomanie et à l'omnipotence du soi et du soi-objet, ou pour l'adulte, narcissiquement fixé, dont les structures archaïques narcissiques sont restées inchangées, séparées du reste du psychisme en cours de croissance, après que les demandes narcissiques infantiles appropriées au stade ont été traumatiquement frustrées. Pour décrire le schéma psychodynamique en d'autres termes, nous pouvons dire : quoique tout le monde ait tendance à réagir à la blessure narcissique avec embarras et colère, les expériences les plus intenses de honte et les formes les plus violentes de rage narcissique surviennent chez les individus pour qui le sentiment d'exercer un contrôle absolu sur un environnement archaïque est indispensable, car le maintien de l'estime de soi — et naturellement du soi — dépend de la disponibilité inconditionnelle des fonctions réfléchissantes d'acceptation « en miroir » d'un soi-objet admiratif, ou de la possibilité, à jamais présente, de fusionnement avec un soi-objet idéalisé.

La rage narcissique se présente sous une variété de formes qui occupent un large spectre de manifestations comportementales diverses et divergentes, allant de la rancune inflexible et extrêmement profonde du paranoïaque, à la rage apparemment fugitive de l'individu narcissiquement vulnérable après un affront mineur. Toutes les manifestations de rage narcissique ont, néanmoins, certaines caractéristiques en commun parce qu'elles découlent toutes d'une même matrice, la vision narcissique ou prénarcissique du monde. C'est ce mode archaïque d'expérience qui explique le fait que ceux qui sont sous l'emprise de la rage narcissique démontrent un manque total d'empathie pour l'agresseur. Ceci explique le désir intransigeant d'effacer l'offense perpétrée envers le soi mégalomane et la fureur impardonnable qui surgit quand le contrôle sur le soi-objet « en miroir » est perdu ou quand le soi-objet omnipotent n'est pas disponible. L'observateur empathique n'aura aucun mal à comprendre la signification plus profonde du fait qu'un agacement apparemment mineur ait pu provoquer une rage narcissique, et il ne sera pas surpris par l'intensité, en apparence disproportionnée, de la réaction.

Évidemment ces réflexions sont également valables dans le cadre de la situation psychanalytique. Chacun tend à réagir à la psychanalyse comme à une blessure narcissique, car elle dément notre conviction que nous exerçons une maîtrise totale de nos facultés. Les résistances narcissiques les plus intenses à l'analyse, cependant, surviendront chez les patients chez qui le besoin archaïque de proclamer leur omniscience et leur contrôle absolu est resté relativement inaltéré, du fait qu'ils ont été privés prématurément, ou de manière inappropriée au stade, d'un soi-objet omniscient, ou encore ont reçu une confirmation inadéquate, lors de la phase appropriée, à leur conviction de la perfection du soi.

LA PSYCHANALYSE PERMET-ELLE DE RÉALISER LA DOMINATION DU MOI SUR LA RAGE NARCISSIQUE ?

La rage narcissique peut-elle être maîtrisée, c'est-à-dire peut-elle être soumise à la domination du Moi ? La réponse est oui — mais ce « oui » doit être pris dans un sens restreint et défini.

La transformation de la rage narcissique n'est pas achevée directement — c'est-à-dire par voie d'appel au Moi pour augmenter la maîtrise des impulsions de colère — mais indirectement, secondairement à la transformation graduelle de la matrice du narcissisme d'où la rage découle. L'exhibitionnisme archaïque et la mégalomanie de l'analysé doivent être progressivement transformés en estime-de-soi, à visées restreintes, avec des ambitions réalistes ; et son désir de fusionner avec le soi-objet omnipotent archaïque doit être remplacé par des attitudes placées sous le contrôle du Moi, c'est-à-dire par un enthousiasme pour des idéaux sensés avec la capacité de s'y consacrer. Simultanément à ces modifications, la rage narcissique va progressivement se calmer et les agressions modulées de façon mature seront au service d'un soi sécurisé, fermement établi, au service des valeurs qui lui sont chères.

Le renoncement aux revendications narcissiques — première condition pour l'apaisement de la rage narcissique — n'est cependant pas absolu. En acceptant l'existence d'une vie psychique inconsciente, par exemple, nous ne renonçons pas sans réserve à un état narcissique qui a maintenu la cohésion du soi, mais nous déplaçons le centre de notre narcissisme sur des contenus idéationnels différents et nous modulons la neutralisation des investissements narcissiques. Au lieu de soutenir notre sentiment de confiance en soi par la conviction de l'étendue infinie de notre conscient, nous puisons maintenant une estime de soi renouvelée dans des dérivés qualitatifs du soi mégalomane, omniscient, telle la satisfaction de connaître l'existence d'un inconscient ; ou dans des dérivatifs émanant de la relation avec le soi-objet omniscient et omnipotent, telle la joie de l'approbation du Surmoi concernant notre capacité à tolérer les aspects désagréables de la réalité, ou la joie d'être à la hauteur de l'image du maître admiré, Freud.

Mon insistance sur le fait que le narcissisme n'a pas à être aboli, mais qu'il peut être transformé, est en harmonie avec mon souci d'une attitude non ambiguë envers le narcissisme comme force psychologique *sui generis,* qui a sa propre ligne de développement et qui ne devrait — et effectivement ne pourrait — pas être délaissée. Dans la situation psychanalytique, également l'attitude sans ambiguïté de l'analyste envers le narcissisme, sa connaissance des formes et des transformations de cette constellation psychique, et son acceptation sans aucune censure de sa valeur biologique et socioculturelle vont diminuer la résistance et la rage narcissique de l'analysé envers le processus psychanalytique. L'acceptation objective du psychanalyste envers le narcissisme du patient ne peut évidemment éliminer toute la résistance et la rage narcissique, mais va réduire la résistance non spécifique initiale à un procédé par lequel une autre personne peut connaître une partie de nos pensées et de nos désirs avant que nous n'en ayons connaissance nous-mêmes. La diminution des résistances narcissiques *non spécifiques,* cependant, facilite la compréhension des résistances narcissiques *spécifiques* en tant que répétition et transfert.

L'analyste ne doit donc pas, au début, s'allier sans réserve avec le Moi-réalité du patient quand ce dernier rejette les revendications inchangées du soi mégalomane ou quand il essaye de nier le besoin infantile d'une maîtrise totale sur le soi-objet investi narcissiquement. Au contraire, il doit même être compréhensif et tolérant vis-à-vis de la rage qui émerge chez le patient quand ses besoins narcissiques n'ont pas été entièrement et immédiatement satisfaits. Si le psychanalyste maintient son attitude empathique envers les besoins du patient et envers sa colère, et si en réponse à l'attitude de l'analyste le Moi-réalité du patient, lui aussi, apprend à accepter avec compréhension les demandes du Moi mégalomane et son inclination à la rage, alors seulement il y aura diminution des résistances non spécifiques pour lesquelles le patient, se sentant traité comme un enfant méchant, commence effectivement à se comporter comme un enfant incompris. Seulement alors les résistances spécifiques contre la révélation des besoins, désirs et attitudes réprimés sont mises en jeu. Les résistances narcissiques non spécifiques sont en général accompagnées de beaucoup de rage ; les résistances spécifiques, elles, sont habituellement caractérisées par la présence d'hypocondrie et de peurs vagues. La réactivation dans le transfert des besoins originaux d'acceptation « en miroir » et de fusionnement avec l'objet idéalisé archaïque augmente la tension narcissique et mène à l'hypocondrie que crée la vague menace d'avoir à souffrir à nouveau le rejet traumatique ancien d'un environnement qui ne répondra pas empathiquement aux besoins narcissiques ravivés de l'enfance.

LA TRANSFORMATION DE LA RAGE NARCISSIQUE EN AGRESSION MATURE

Il est souvent plus révélateur d'examiner un phénomène transitionnel que les extrêmes d'un spectre de manifestations contradictoires ; et il est souvent plus instructif d'étudier les points intermédiaires d'une succession dans le développement que de comparer son début et sa fin. Cet aphorisme est également valable pour l'étude de la transformation de la rage narcissique en agression mature : les points de repère de ce développement et les imperfections qui subsistent méritent notre attention.

Le Surmoi insuffisamment idéalisé d'un patient, A..., ne pouvait lui fournir un approvisionnement interne adéquat de subsistance narcissique, il avait besoin d'approbation externe pour maintenir son équilibre narcissique. Il devint en conséquence démesurément dépendant de personnages idéalisés de son milieu, dont il sollicitait ardemment l'éloge. Chaque fois que ceux-ci restaient froids, ne percevant pas son besoin, il se mettait en fureur et les critiquait avec amertume et causticité pendant les séances de psychanalyse. Lorsque, cependant, par suite de la perlaboration étendue de son transfert idéalisé, sa défectuosité structurelle fut améliorée, sa rage se modifia. Il continuait à se plaindre des représentants actuels de personnages idéalisés archaïques (son père qui l'avait déçu dans son enfance), mais ses attaques devenaient moins amères et moins sarcastiques, acquérant un mélange d'humour, admettant de mieux en mieux les insuffisances vraies de ceux qu'il critiquait. Il existait un autre changement remarquable : tandis qu'auparavant il entretenait ses rancunes dans l'isolement (même pendant les séances d'analyse ses plaintes étaient essentiellement des monologues, pas un message), il rejoignait maintenant ses compagnons de travail et était à même de savourer en leur agréable compagnie le plaisir de longues séances de bavardage sans fin, dans lesquelles les patrons étaient mis en pièces. À des stades plus avancés même de son analyse, quand le patient avait déjà maîtrisé une grande partie de ses difficultés psychologiques, et particulièrement quand certains phantasmes homosexuels dont il avait très honte avaient disparu, une certaine colère continuait à se manifester envers des personnages idéalisés, qui l'avaient privé de leur approbation — mais, outre que l'humour inoffensif s'était substitué au sarcasme et la camaraderie à l'isolement, il avait acquis la capacité de voir certaines caractéristiques positives chez ceux qu'il critiquait.

Dans l'exemple précédent, je me suis limité à présenter un cas clinique qui démontre comment la rage narcissique peut diminuer (et être progressivement remplacée par des agressions soumises à la maîtrise du Moi) grâce à la transformation par la psychanalyse de la matrice narcissique de laquelle elle découle.

IMPLICATIONS THÉRAPEUTIQUES

J'ai atteint ici un point où la convergence de l'expérience clinique et des réflexions théoriques me permet de résumer et de reformuler certaines conclusions.

Notre dessein thérapeutique concernant la rage narcissique n'est ni la transformation directe de la rage en agression constructive, ni l'établissement direct du contrôle de la rage par le Moi autonome. Notre objectif principal est la transformation graduelle de la matrice narcissique de laquelle émerge la rage. Si ce but est atteint, c'est alors que les agressions dans le secteur narcissique de la personnalité seront employées au service d'ambitions et de desseins réalistes, d'un soi sécurisé, fermement établi et au service des idéaux et des objectifs chers d'un Surmoi qui a remplacé la fonction de l'objet omnipotent archaïque et s'est rendu indépendant de lui. (...)

CONCLUSION

Nombre des thèmes traités dans cet essai, particulièrement ceux abordés dans le rappel rétrospectif de mes travaux antérieurs (c'est-à-dire la question de l'investissement libidinal du soi), ont été par nécessité sommairement formulés et demandent à être élaborés. Mais, plus que l'insuffisance de cette présentation condensée, je regrette de n'avoir pu dans ce texte démontrer l'application de mes formulations théoriques premières sur le narcissisme et sur la rage narcissique traitée ici, à la psychologie de groupe, au comportement de l'homme dans l'histoire. J'espère vraiment que des efforts ultérieurs dans ce domaine s'avéreront fructueux. Mais cela, c'est pour l'avenir ; je voudrais seulement mentionner ceci : j'ai entrepris un travail qui se poursuit dans deux directions. D'abord, en ce qui concerne l'influence de la compréhension du narcissisme sur la compréhension de la formation et la cohésion de groupes : en particulier le fait que la cohésion de groupes est fournie et maintenue non seulement par un idéal du Moi que possèdent en commun les membres du groupe (Freud, 1921), mais aussi par leur participation à une mégalomanie commune dirigée vers le sujet, c'est-à-dire par un soi mégalomane commun. Évidemment, il existe des groupes dont le maintien est caractérisé par ce dernier lien — c'est-à-dire, pour parler grossièrement, par les ambitions communes plutôt que par les idéaux partagés. Deuxièmement, la vie psychique des groupes, de même que celle des individus, présente des transformations régressives dans le domaine du narcissisme. Quand le déploiement de formes évoluées du narcissisme est contrecarré (comme dans le domaine du soi mégalomane, par le blocage d'issues acceptables vers le prestige social ; et dans le domaine de l'image parentale idéalisée, par la destruction des valeurs de groupe, par exemple des valeurs religieuses), alors le narcissisme du groupe régresse, ce qui entraîne des conséquences nuisibles pour le comportement de celui-ci. Des régressions de cet ordre deviennent manifestes, en particulier en ce qui concerne l'agressivité du groupe, qui alors présente un arrière-goût évident ou masqué de la rage narcissique, sous sa forme aiguë, ou, ce qui est encore plus inquiétant, sous sa forme chronique.

Mais ce travail demande à être complété, même dans sa forme préliminaire, et il me faut résister à la tentation d'en dire davantage sur ce point.

HEINZ KOHUT [5]

---

5. « Réflexions sur le narcissisme et la rage narcissique », *Revue française de psychanalyse*, 1978, vol. 42, nᵒ 4, p. 683-719.

« L'émergence des affects lors de l'épisode alcoolique... »
(La Buveuse, *par Toulouse-Lautrec. Musée d'Albi.)*

Chapitre V

Narcissisme et organisations limites

Otto Kernberg est l'actuel directeur du département de psychiatrie de l'hopital Cornell à New York (White Plains). Formé en Amérique latine, puis psychiatre à la célèbre fondation Menninger de Topeka, il est l'un des rares psychanalystes américains à avoir intégré les théories de Melanie Klein à ses conceptions personnelles de la psyché. Auteur du livre Borderline Conditions and Pathological Narcissism *(1975) dont la première partie vient de paraître aux éditions Privat sous le titre* Les Troubles limites de la personnalité, *il propose de substituer le terme d'organisation limite à celui d'état limite. En effet, selon lui il existerait une structure particulière constituée par un ensemble de mécanismes donnant lieu à la formation de symptômes et de traits de caractère constituant une organisation assez souple et cohérente, alors que l'état limite supposerait que nous nous trouvions en présence d'un ensemble de défauts dans l'organisation psychique qui rendraient cet état « éventuellement instable, pouvant verser d'un moment à l'autre dans la psychose ». L'organisation limite suppose au contraire une certaine permanence alliée à des caractères spécifiques, positifs (et non seulement à des défaillances) qu'il s'agira de délimiter. C'est le statut du narcissisme de ces patients qui est au cœur du problème ainsi posé. Ces patients ne sont en général pas des cas d'indication de cures types [1] mais constituent plutôt des indications de psychothérapie psychanalytique. Un psychotique et un patient possédant une organisation limite ne répondent pas de la même manière aux interprétations liées à leurs mécanismes de défense, même si les deux présentent des défenses*

---

1. Voir *La Cure psychanalytique : sur le divan,* à paraître dans la même collection.

d'ordre essentiellement psychotique comme celles que le lecteur pourra découvrir dans l'extrait qui suit [2].

J'ai déjà parlé de ces mécanismes caractéristiques des patients limites : clivage, idéalisation primitive, identification projective, déni, omnipotence. Je me limiterai ici à montrer comment ces opérations défensives apparaissent cliniquement et à proposer pour chacune d'elles une conduite psychothérapeutique.

LE CLIVAGE

Il est nécessaire de noter une fois de plus qu'on utilise ici le terme de « clivage » dans un sens limité et restreint qui se rapporte uniquement au processus actif de maintien séparé des introjections et identifications de qualités opposées ; il faut distinguer cette utilisation d'une utilisation plus large qu'en font d'autres auteurs. On peut illustrer ces manifestations de clivage par un exemple clinique.

La patiente, une femme célibataire d'une quarantaine d'années, était hospitalisée pour alcoolisme et toxicomanie. Après une période initiale de rébellion, elle semblait faire à l'hôpital des progrès certains et remarquables. Plusieurs mois avant sa sortie, elle entreprit une psychothérapie et la poursuivit ensuite à l'extérieur. Alors qu'auparavant sa vie et son travail étaient perturbés, elle paraissait correctement adaptée dans son travail et dans la vie quotidienne, mais elle eut plusieurs liaisons de quelques mois avec des hommes qui l'exploitaient et avec qui elle établissait des relations masochistes. La thérapie avait un aspect superficiel, la patiente maintenait un climat d'amitié conventionnelle. Un sentiment diffus de « vide » semblait cacher une forte suspicion qu'elle déniait vigoureusement et n'admit que par la suite à son médecin mais non à son psychothérapeute. Après plusieurs mois de totale abstinence, elle but, se déprima, eut des idées de suicide et dut être réhospitalisée. À aucun moment, elle n'informa le thérapeute de ces événements et ce dernier ne les apprit qu'après la réhospitalisation. Lorsqu'elle fut de nouveau sortie, elle dénia toute cause affective ou transférentielle à ce nouvel épisode alcoolique. Il faut noter qu'elle gardait le souvenir des vifs sentiments de colère et de dépression qu'elle avait éprouvés au moment de l'intoxication, mais elle ne sentait plus aucun lien avec cette partie d'elle-même et

---

2. Otto Kernberg, *Les Troubles limites de la personnalité* (1975), Privat, coll. « Domaines de la psychiatrie », p. 127-138.

répétait sans arrêt qu'il ne s'agissait pas d'elle et qu'elle était incapable de voir comment un tel épisode pourrait à nouveau survenir.

Ce fut le début pour le thérapeute d'un long effort de plusieurs mois pour faire le rapprochement entre l'attitude habituelle « amicale », « vide » mais distante de la patiente, et l'émergence des affects lors de l'épisode alcoolique ainsi que ses efforts pour cacher cet épisode au thérapeute. Après deux nouveaux épisodes identiques, à quelques mois d'intervalle, entre lesquels la conduite semblait adaptée et le fonctionnement satisfaisant, il devint enfin évident qu'elle ressentait le thérapeute comme un père froid, distant, hostile, qui refusait de la protéger d'une mère encore plus rejetante et agressive. C'est alors que la patiente expliqua à son thérapeute avec une profonde émotion comment, une fois dans son enfance, sa mère qui ne voulait pas que ses activités professionnelles puissent être perturbées, l'avait abandonnée à la maison alors qu'elle souffrait de ce qui par la suite s'avéra être une maladie grave et dangereuse. La patiente avait le sentiment que si elle exprimait au père-psychothérapeute combien elle avait réellement besoin de lui et combien elle l'aimait, elle risquait de le détruire du fait de l'intensité de sa colère provoquée par une si grande et si longue frustration. La seule solution était de conserver ce qu'elle estimait être la meilleure relation possible avec le thérapeute, une amitié distante, tout en clivant sa recherche d'amour, sa soumission à des représentants paternels sadiques dans une soumission masochiste à des hommes qui ne l'aimaient pas, et la protestation contre ce père lors des épisodes alcooliques où les affects de rage et de dépression étaient totalement dissociés à la fois du thérapeute et de ses partenaires.

Les efforts pour amener tout ce matériel dans le transfert augmentèrent considérablement l'angoisse de la patiente ; elle devint encore plus méfiante et en colère à l'égard du thérapeute, reprit son ancienne habitude d'excès de boisson, associée à des fréquentations chaotiques et tous les efforts pour traiter cet *acting out* par des moyens uniquement psychothérapeutiques échouèrent. On prit la décision de la réhospitaliser. Il faut noter que, en surface, il semblait que la patiente avait été tout à fait bien en début de psychothérapie et que maintenant elle semblait très perturbée. Néanmoins, le psychothérapeute avait la conviction que pour la première fois il s'occupait d'une personne « réelle », il souhaitait poursuivre la psychothérapie en même temps que l'hospitalisation, tant qu'elle serait nécessaire, ce qui pourrait lui permettre finalement de dépasser ce type de transfert fondamental et stable qu'on vient de souligner.

Ce cas illustre l'extrême prédominance du mécanisme de clivage, sa fonction défensive contre l'émergence d'un transfert primitif essentiellement négatif, avec pour conséquence évidente cet aspect superficiel de la thérapie. On ne pouvait avec cette patiente établir une alliance thérapeutique avant d'avoir surmonté suffisamment le mécanisme de clivage. C'est en insistant sur l'interprétation de la participation active chez la patiente à rester « compartimentée » qu'on put finalement changer cet équilibre pathologique stable. Il fallut faire des efforts importants pour que se rejoignent des états conflictuels du Moi exprimés de façon indépendante les uns des autres, et au cours du traitement il fallut rechercher et clarifier les défenses secondaires qui protégeaient cette dissociation. Avec ces patients, il y a lieu non pas de rechercher un matériel refoulé et inconscient, mais de regrouper et d'intégrer ce qui en surface semble être deux ou plusieurs états du Moi indépendants sur le plan émotionnel mais présents en alternance.

L'IDÉALISATION PRIMITIVE

L'idéalisation primitive se manifeste dans la thérapie comme une forme extrêmement archaïque et non réaliste d'idéalisation. Cette idéalisation semble avoir pour principale fonction de protéger le thérapeute de la projection d'un transfert négatif par le patient. Il y a projection sur le thérapeute d'une représentation de soi et d'objet primitive « totalement bonne » et un effort concomitant pour empêcher la contamination de cette « bonne image » par de « mauvaises » représentations de soi et d'objet du patient.

Un patient estimait qu'il avait beaucoup de chance d'avoir un thérapeute qui représentait, selon lui, la meilleure synthèse de la « supériorité intellectuelle » caractéristique du pays d'origine du thérapeute, et de l'« esprit libéral » caractéristique d'un autre pays où le patient pensait qu'il avait longtemps vécu. Apparemment, le patient semblait rassuré par cette relation de dépendance à un tel thérapeute « idéal » et protégé contre ce qui était pour lui un environnement hostile, froid, rejetant, grâce à l'union magique au thérapeute. Il apparut bientôt que c'était uniquement par des efforts permanents et énergiques pour se décevoir, et décevoir son thérapeute que ce patient estimait pouvoir conserver cette bonne relation. Si en réalité le thérapeute apprenait ce que le patient pensait de lui-même, celui-ci ne pourrait jamais l'accepter et risquait de le haïr et de le mépriser. Ceci illustre, en fait, les effets néfastes d'une trop grande idéalisation dans la possibilité d'utiliser le thérapeute comme une bonne introjection surmoïque au lieu d'une introjection trop idéalisée et exigeante. Il s'avéra par la suite que cette idéalisation représentait une défense contre la dévalorisation et la dépréciation du thérapeute considéré comme une image parentale vide, prétentieuse et hypocritement conventionnelle.

Il est difficile d'exposer brièvement l'aspect non réaliste de l'idéalisation que ces patients donnent au thérapeute, aspect qui confère aussi à leur transfert une qualité tout à fait différente de l'idéalisation moins régressive qu'on peut voir chez les patients névrotiques. Cette forme particulière d'idéalisation représente une importante défense dans les structures narcissiques. Les psychothérapeutes qui, eux-mêmes, présentent de fortes tendances narcissiques, peuvent parfois être facilement entraînés par leurs patients dans une sorte d'admiration magique et mutuelle et apprendre à travers une amère désillusion combien cette défense peut miner l'établissement d'une véritable alliance thérapeutique. C'est une tâche difficile de combattre constamment cette idéalisation, de confronter le patient encore et encore aux aspects non réalistes de son transfert déformé, tout en reconnaissant les sentiments positifs qui font aussi partie de cette idéalisation, parce que sous cette idéalisation on trouve souvent des craintes paranoïdes et des sentiments primitifs agressifs directement dirigés contre l'objet du transfert.

LES FORMES PRÉCOCES DE PROJECTION ET EN PARTICULIER L'IDENTIFICATION PROJECTIVE

L'identification projective est une manifestation fondamentale du transfert des patients qui présentent une organisation limite de la personnalité. Heimann et Rosenfeld ont décrit les manifestations cliniques de cette opération défensive. Une patiente qui avait déjà interrompu deux fois une psychothérapie, au beau milieu de projections massives et presque délirantes de son hostilité, avait pu finalement conserver son troisième thérapeute mais s'arrangeait pour le maintenir dans une position de quasi-immobilité pendant plusieurs mois. Le thérapeute devait être très prudent même en posant des questions ; par un simple haussement de sourcils, la patiente pouvait indiquer qu'une question était mal venue et par conséquent le thérapeute devait changer de sujet. La patiente estimait qu'elle avait le droit d'avoir des secrets et de garder le silence sur les principaux problèmes de sa vie. Elle utilisait la thérapie de façon superficielle comme une sorte de rituel magique et apparemment à un niveau plus profond comme un *acting out* de ses besoins d'exercer un contrôle sadique de l'objet transférentiel sur lequel elle projetait son agressivité.

Au cours des séances, chez cette patiente, on ne pouvait modifier l'*acting out* de son besoin d'exercer un contrôle sadique total sur son objet transférentiel. Le thérapeute pensait que tout essai pour limiter l'*acting out* ou confronter cette patiente aux motivations de cette conduite aurait pour seul résultat des explosions de colère et une interruption du traitement.

Ceci pose la question de la conduite à adopter avec les patients qui engagent une psychothérapie par ce type d'*acting out* et qui tentent de fausser la thérapie jusqu'à un point tel que, soit le thérapeute donne satisfaction à leurs exigences non réalistes, soit la poursuite du traitement en est menacée. Certains thérapeutes pensent qu'on peut avoir intérêt à laisser un patient commencer une thérapie sans heurter ses demandes non réalistes, souhaitant que, par la suite, lorsque la thérapie est mieux assurée, on pourra progressivement contrôler l'*acting out.* Après avoir pu suivre pendant longtemps toute une série de cas semblables, il semble préférable de ne pas entreprendre de psychothérapie dans ces conditions non réalistes. Si le thérapeute craint qu'une tentative de contrôle prématuré d'un *acting out* puisse conduire à une interruption de la psychothérapie, on pourra envisager la nécessité d'une hospitalisation et on pourra en discuter avec le patient. Une des indications de l'hospitalisation est précisément de protéger le début de la relation psychothérapeutique chez des patients où on ne peut contenir l'*acting out* du transfert pendant la régression à l'aide de seuls moyens psychothérapeutiques, et où la confrontation du patient à ses défenses pathologiques menace d'induire une régression excessive. Dans ces conditions, l'hospitalisation peut aider au diagnostic, avoir un rôle de protection, et on peut aussi l'envisager pour des patients qui, même sans psychothérapie, auraient très probablement pu continuer à fonctionner sans hospitalisation. S'il y a une indication de psychothérapie, et si un *acting-out* prématuré entraîne une limitation peu réaliste de la psychothérapie, il est préférable d'hospitaliser le patient, même si c'est une cause de tension, afin d'entreprendre la psychothérapie au cours de laquelle la structuration qui est nécessaire est entravée par cette pathologie même qui représente l'indication d'une structuration rigoureuse.

L'identification projective est la principale responsable parce qu'elle crée dès le début de la thérapie une relation patient-thérapeute non réaliste. Les conséquences directes des attaques hostiles du patient dans le transfert, ses efforts acharnés à pousser le thérapeute dans une position où il réagira finalement par une contre-agression, et ses efforts sadiques pour contrôler le thérapeute, peuvent produire une sorte de paralysie sur la thérapie. On a déjà dit que du fait de ces risques, une structuration rigoureuse de la thérapie est nécessaire, qui empêche efficacement un acting-out du transfert, et donc plus simplement qu'il faut protéger le thérapeute de situations chroniques et insolubles. C'est une tâche difficile que d'associer à cette structuration rigoureuse, les interprétations et les éclaircissements destinés à réduire les mécanismes projectifs.

LE DÉNI

Chez ces patients, le déni peut se manifester comme une simple méconnaissance d'un secteur de leur expérience subjective ou d'un secteur de leur monde externe. Lorsqu'on le pousse, le patient peut prendre conscience de ce secteur qui était dénié, mais ne peut l'intégrer au reste de son expérience affective. Il est relativement aisé de reconnaître l'opération de déni lorsqu'elle entraîne une perte manifeste de l'épreuve de réalité. Le patient agit comme s'il n'avait absolument pas conscience d'aspects tout à fait contraignants et urgents de sa réalité.

Un patient qui approchait du jour fatidique de la soutenance d'une thèse pour obtenir un diplôme et pouvoir travailler, ne parla plus de sa thèse au cours des séances dans les deux semaines précédant cette date. Il avait évoqué avec son thérapeute sa crainte et sa colère face aux membres du jury chargé d'examiner son travail, et son déni avait ici pour but initial de le protéger de ses craintes paranoïdes que les enseignants l'évincent ou le remarquent pour, pensait-il, l'humilier en public. Le thérapeute confrontait souvent le patient à son absence de soucis à finir cet article et à son absence d'efforts pour le compléter. Tout en interprétant les causes inconscientes de ce refus, le thérapeute confrontait le patient aux différents moyens par lesquels, dans la réalité, il s'empêchait de terminer son article.

Dans le transfert, le déni peut prendre des aspects complexes tels que le déni défensif de certains aspects réels de la thérapie, afin d'obtenir une satisfaction des besoins transférentiels.

Une patiente qui essayait de surmonter sa colère parce que le thérapeute n'avait pas voulu répondre à ses tentatives de séduction, développa des fantasmes sur les intentions masquées de l'analyste de la séduire dès qu'elle lui aurait exprimé ses désirs de relations sexuelles, soumise et sans défense. Ce fantasme se modifia alors et elle eut le fantasme qu'elle se réjouissait d'être violée par son père et par l'analyste et à ce moment elle développa une intense angoisse, fermement convaincue que l'analyste était réellement son père, qu'il voulait la violer de façon sadique, et que ceci pouvait aboutir à un désastre. En dehors des nombreuses conséquences de cette évolution du transfert, le besoin de dénier la réalité de l'absence de réponse de l'analyste à ses avances sexuelles et la colère qui en avait résulté, paraissaient prédominer. L'analyste lui fit remarquer que dans une certaine partie d'elle-même, elle savait très bien que l'analyste n'était pas son père, qu'il n'allait pas la violer, et que aussi effrayant que soient ses fantasmes, ils lui permettaient encore de dénier sa colère à l'égard de l'analyste pour n'avoir pas répondu à ses avances sexuelles. Il n'y avait à ce moment aucun élément œdipien dans ses propos. La patiente se détendit presque aussitôt, et l'analyste évoqua alors sa répugnance à avoir une relation intime avec son fiancé parce qu'elle craignait que ses exigences coléreuses et non réalistes à l'égard de ce dernier la conduisent sur le chemin d'un plaisir sexuel, et parce que la projection sur son fiancé de sa propre colère risquait de transformer leur actuelle intimité en une menace de viol sadique. Ceci ouvrit la voie d'un *insight* ultérieur sur son déni des pulsions agressives aussi bien que de la réalité.

Ce dernier exemple montre ce que tente de réaliser le travail de perlaboration sur les défenses pathologiques qui prédominent chez les patients limites. La perlaboration de ces défenses accroît l'épreuve de réalité et permet de consolider le Moi plutôt que d'induire une régression secondaire. Ce dernier exemple est aussi une illustration de l'aspect partiel de l'interprétation du transfert et de la déflection de celui-ci à l'extérieur de la thérapie.

Parfois le patient a particulièrement besoin de dénier les aspects positifs du transfert parce qu'il a peur de se rapprocher dangereusement du thérapeute s'il exprime ses sentiments positifs. Le patient craint que cette trop grande proximité libère son agressivité dans le transfert, de même que l'agressivité (projetée) du thérapeute à son égard. Schlesinger, lorsqu'il donne des exemples d'utilisation particulière du déni, estime qu'il faudrait respecter celui-ci dans le cadre de la réaction transférentielle positive, parce qu'il faut vraiment permettre au patient de se maintenir à la distance optimale du thérapeute.

OMNIPOTENCE ET DÉVALORISATION

Ces deux opérations défensives, très proches l'une de l'autre, omnipotence et dévalorisation, ont trait à l'identification du patient à une représentation de soi et d'objet hyperidéalisée, à une forme primitive de l'idéal du Moi, pour se protéger du besoin et de l'investissement menaçant des autres. Une telle « idéalisation de soi » suscite habituellement des fantasmes magiques d'omnipotence, une conviction que lui, le patient, recevra finalement la satisfaction qu'il est en droit d'attendre et la conviction que les frustrations, la maladie, la mort, ou le cours du temps, ne peuvent l'atteindre. Le corollaire de ce fantasme est la dévalorisation des autres, la conviction chez le patient de sa supériorité sur ceux-ci, y compris le thérapeute. La projection de cette omnipotence magique sur le thérapeute, et le sentiment de constituer avec lui une union magique ou de se soumettre à ce thérapeute omnipotent, sont les autres formes que peuvent prendre ces défenses.

En fait, cette opération défensive se rattache à l'idéalisation primitive déjà évoquée. Découper ainsi ces opérations défensives qui caractérisent les patients limites peut clarifier leur fonctionnement mais c'est aussi une excessive simplification du problème. Il y a des complexes inter-connections entre toutes ces défenses qui se combinent de façon variable.

Une patiente, qui avait une obésité importante et des sentiments de grande insécurité dans ses relations sociales, prit finalement conscience qu'elle avait la profonde conviction de pouvoir manger ce qu'elle voulait et d'attendre que, quel que soit son aspect extérieur, on puisse encore l'admirer, la dorloter, et l'aimer. C'est seulement dans son discours qu'elle admettait que son obésité pouvait diminuer son pouvoir de séduction sur les hommes, et elle se fâchait violemment avec le thérapeute quand il insistait sur la réalité de cette considération. La patiente, en commençant sa psychothérapie, croyait qu'elle pourrait venir n'importe quand à ses rendez-vous, emporta à la maison les magazines de la salle d'attente, et ne prit aucune précaution pour ne pas laisser de cendres de cigarettes sur les meubles. Quand on lui fit remarquer les conséquences de cette conduite, elle approuva, souriante, la « perspicacité du thérapeute » mais aucun changement n'apparut. C'est uniquement lorsque le thérapeute lui eut précisé clairement qu'il y avait des limites rigoureuses à ce qu'il pouvait tolérer, qu'elle se mit en colère et exprima ouvertement son mépris à l'égard du thérapeute qui représentait l'autre versant de ses propres sentiments de grandeur. Consciemment cette malade éprouvait un sentiment d'insécurité sur le plan social et des sentiments d'infériorité. Ses sentiments sous-jacents d'omnipotence restèrent longtemps inconscients.

OTTO KERNBERG [3]

3. *Les troubles limites de la personnalité* (1975), Privat, coll. « Domaines de la psychiatrie », p. 127-138.

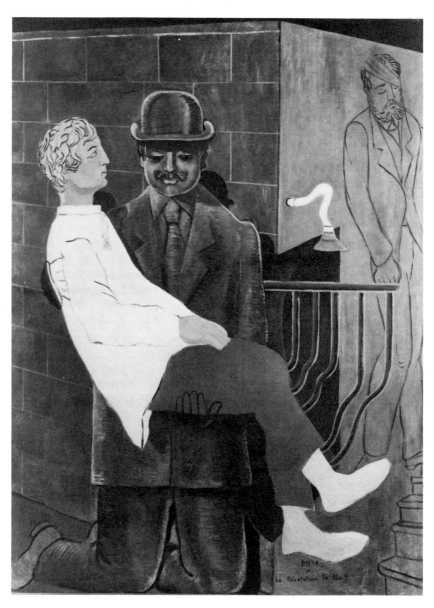

L'analyste est en rapport non seulement avec son patient,
mais avec lui-même, son monde intérieur et la psychanalyse.
(La Révolution la nuit, 1923, par Max Ernst, Londres, coll. Penrose.)

Chapitre VI

Le narcissisme de l'analyste.

En février 1977, eut lieu à Estoril, près de Lisbonne, un congrès de la Fédération européenne de psychanalyse (organisme groupant toutes les sociétés psychanalytiques européennes affiliées à l'Association psychanalytique internationale) sur le thème : « Le narcissisme du psychanalyste ». Il nous a paru intéressant de clore ce volume par une étude consacrée à ce problème qui met en évidence que le narcissisme de l'analysé n'est pas seul en cause dans la cure, mais que celle-ci est affectée de façon positive ou négative par celui de l'analyste ; cette question fait partie intégrante du contre-transfert de l'analyste, concept dont nous aurons à traiter dans le volume consacré à la cure.

Le texte d'Éric Brenman [1], psychanalyste britannique appartenant à l'école kleinienne, introduit le lecteur de façon vivante, humoristique et humaine dans le cabinet de l'analyste qui se trouve aux prises avec des difficultés techniques où son narcissisme est parfois mis à rude épreuve.

Dans la pièce d'Euripide « Les Bacchantes », les citoyens de Thèbes s'enorgueillissent de leur rationalité et de leur vie intellectuelle. Le dieu Dionysos se présente et demande à être reconnu : la répudiation de Dionysos va nous montrer les conséquences maléfiques de la manifestation d'une forme extrême de cannibalisme narcissique.

Freud, dans « Analyse terminable et interminable » [2], un de ses derniers articles, met en question l'efficacité de la psychanalyse. Il

---

1. Éric Brenman, « Le narcissisme de l'analyste et la façon dont il affecte la pratique clinique », *Bulletin de la Fédération européenne de psychanalyse,* n° 13, 1978, p. 21-29.
2. S. Freud in *Revue française de psychanalyse.*

indique que la puissance des forces et des défenses primitives est si forte, qu'il se pourrait bien que notre croyance en la possibilité de changer l'humanité par le pouvoir du savoir soit une illusion narcissique. La description des processus psychiques est une chose, changer la pratique clinique en est une autre.

Freud avait déjà compris que percevoir et comprendre par le pouvoir de l'intelligence ne suffisaient pas. Il reconnaissait la puissance de l'amour dans le transfert et se faisait l'avocat de l'adoption d'une position neutre. Plus tard, le transfert devint un outil clinique.

Aujourd'hui nous utilisons notre compréhension du transfert et du contre-transfert de façon de plus en plus complexe et nous savons que nos expériences ne sont pas seulement celles que nos patients nous apportent, mais qu'elles vont se trouver en interaction avec notre propre personnalité et notre pathologie. Le narcissisme de l'analyste ne fait pas exception.

Dans « Pulsions et destins des pulsions » (1915 [3]) Freud défendit l'idée que le narcissisme et la haine étaient les pulsions originelles modifiées plus tard par l'amour. Si nous acceptons ce point de vue et y ajoutons le fait que Freud croyait que toutes ces forces se trouvent en chacun de nous, le psychanalyste doit donc reconnaître que l'amour, la haine, la recherche de la vérité sont constamment modifiés par sa propre subjectivité, et que la vérité s'en trouve déformée. Son propre narcissisme participe à cette opération et pas au dernier rang. Ayant goûté aux fruits de l'arbre du savoir, la tentation de devenir Dieu s'accroît.

LA NEUTRALITÉ DE L'ANALYSTE

La psychanalyse s'exercice dans un cadre qui est le meilleur que nous connaissons pour essayer d'atteindre la vérité d'un psychisme, et pourtant nous organisons rendez-vous et honoraires pour notre propre bénéfice tout autant que pour celui du patient. Nous recherchons le savoir en partie pour nous-mêmes, et nous sommes contents de voir nos patients répondre au traitement et se développer. Nous tirons satisfaction de ce développement, et explicitement ou non, le patient le sait. Nier ceci, il faut bien l'admettre, serait nier le rôle que joue le patient dans notre vie ; extrême forme de narcissisme, semblable à celui d'une mère faisant sentir à son enfant qu'elle ne tirait pas grande joie de sa naissance, que cela ne lui apportait ni plaisir, ni orgueil, que la maternité ne lui apportait aucune satisfaction.

---

3. S. Freud in *Métapsychologie* (Gallimard).

Ainsi l'adoption d'une position de neutralité est un problème complexe qui demande un grand raffinement dans l'interprétation.

J'aimerais approcher ce problème à partir de quelques aspects de ce que nous savons du narcissisme et examiner la façon dont il opère chez l'analyste.

Freud, dans « Les deux principes du fonctionnement mental » [4], énonça que le renoncement au principe de plaisir en faveur du principe de réalité était facilité par l'amour des éducateurs. Ceci souligne une quête de l'amour avec toutes ses résonances narcissiques, non seulement chez l'enfant ou le patient, mais aussi le plaisir que l'analyste éprouve à voir ce développement stimuler une activité narcissique excessive.

L'ANALYSTE PEUT SE COMPORTER COMME UN SEIN IDÉAL

J'assume que ce désir de fusion et d'union est à la fois une défense contre la séparation et un désir narcissique profond. Je crois que l'analyste et le patient peuvent tous deux prendre part à cet exercice et peuvent être encapsulés dans ce qu'on appelle communément une analyse pour parer à la réalité. L'analyse peut avancer et satisfaire les deux parties sans grands résultats.

Si nous considérons les processus narcissiques cannibaliques décrits par Abraham et plus tard développés par Klein, où nous voyons l'enfant incorporer sans scrupule tous les éléments de l'objet qu'il juge bons et désirables, tout en projetant simultanément dans l'objet tous les éléments maléfiques, nous devons nous demander dans quelle mesure ce processus peut être inconsciemment perpétré par l'analyste. Ce processus, similaire au narcissisme destructeur décrit par Rosenfeld, peut se prêter à une négation de toute valeur en la personne du patient, l'analyste se comportant comme un sein idéal plutôt que comme une personne qui a peut-être quelque chose d'utile à dire. Cela peut aussi mener à une désensibilisation de ce que la position du patient peut représenter, et aussi affecter le rôle de l'analyste comme objet de transfert.

SURESTIMATION OU HAINE DU PATIENT

Même le fait de pouvoir se mettre à la place du patient afin de le comprendre, ce qui est considéré comme le *sine qua non* de la

---

4. S. Freud in Standard Edition, vol. 12.

pratique psychanalytique, et se trouve à la base de tout intérêt qu'on porte aux gens, contient un élément de partage qui est essentiel. Mais en même temps si l'analyste ne se met pas à distance suffisante du patient, cela peut mener à une identification narcissique trop poussée. Lorsque nous essayons de comprendre quelqu'un en nous mettant à sa place nous ne pouvons nous empêcher de le voir, dans une certaine mesure, comme « notre enfant », ce sentiment est nécessaire. Le patient doit ressentir un certain degré d'appartenance, mais en même temps une certaine distance et un certain degré de séparation sont essentiels à la croissance. Cependant le fait que nous voyions le patient comme « notre enfant » peut aussi amener une surestimation du patient ou une haine du patient car il déçoit les espoirs du psychanalyste.

A une époque, l'identification projective était considérée à sens unique, et les seules humeurs perçues par l'analyste considérées comme importantes. Le patient se rend bien compte de l'attitude réelle du psychanalyste, tout autant que de ce qu'il s'imagine de son attitude, et il se préoccupe constamment des vrais sentiments du psychanalyste. Le processus analytique ne transcende pas la réalité des relations intersubjectives, il n'est qu'un instrument pour une conscience plus aiguë.

TITILLER SON NARCISSISME

Les qualités nécessaires à la psychanalyse peuvent se prêter à une complaisance narcissique. Le danger existe de voir un patient, qui a besoin de se contenir et d'être contenu, être exposé à un système d'interprétations très compliqué qui satisfait le narcissisme de l'analyste, mais au prix de forcer le patient à faire face à ce qu'il ne veut pas et ne peut pas voir ; même chez un patient relativement bien portant. Il m'est arrivé durant une séance d'élaborer mes interprétations, à la suite de quoi la patiente eut le rêve suivant : « Mon mari avait ramené des tas de légumes à la maison, beaucoup plus que quiconque puisse jamais manger, et il attendait de moi non seulement que je les prépare, mais aussi que je les mange, les fleurs avec le reste. » Bien qu'elle ne se plaignît pas directement, il était évident que la séance précédente avait été vécue comme trop raffinée et indigeste. Les problèmes ne sont jamais simples et dans cet exemple étaient présents des éléments d'envie et un désir de titiller mon narcissisme, en même temps qu'un sujet de plainte très justifié.

Il n'en reste pas moins qu'aucun amour n'a de sens si celui qui le donne ne se sent pas quelque peu concerné. L'amour d'une mère ne peut se mesurer que dans la mesure où on voit le sacrifice de sa propre personne qu'elle accomplit. L'interaction entre l'égoïsme et l'intérêt qu'on porte aux autres doit être équilibrée, sinon des conséquences néfastes peuvent en résulter, dans un sens ou dans l'autre.

L'ANALYSTE, RÉCIPIENT MODÈLE

L'analyste est en rapport non seulement avec le patient, les relations que le patient a avec d'autres gens, mais aussi avec son propre rapport à lui-même, son monde intérieur, la psychanalyse et son propre psychanalyste. Tout ceci limite ses possibilités de sentir de façon neuve. Il a besoin de racines sans être étouffé par elles. Je me suis souvent demandé ce que les psychanalystes faisaient avec leur contre-transfert avant qu'il soit officiellement sanctionné. S'identifiaient-ils avec la psychanalyse et leur Moi idéal, la contre-partie étant un Surmoi sévère qui les restreignait? Par contre pouvons-nous maintenant tant surestimer l'importance de nos propres réactions jusqu'à leur permettre de nous faire négliger un matériel de valeur?

Dans la pratique clinique la recherche de la vérité et un Moi assez fort pour supporter la vérité vont la main dans la main. Cette force est dérivée de relations avec des êtres humains limités qui nous soutiennent de façon externe ou interne. Ceci soulève la question de savoir jusqu'à quel point l'analyste peut se laisser entraîner lors des séances dans des situations où l'anxiété est présente, et la tolérer. Je pense qu'il y a toujours un danger que l'analyste se détache trop de la situation d'une façon narcissique et se pose comme le récipient modèle, comme le modèle du surhomme sans reproche. Ce qui peut amener une autre identification narcissique de la part du patient et fausser l'expression de sa personnalité, amener par la suite un certain épuisement accompagné par des tentatives dangereuses d'agir. Il nous semble pourtant juste de faire un effort pour contenir ceci autant que possible.

Nous connaissons les difficultés qu'Abraham avait à comprendre le point de vue de Freud pour lequel les reproches que le mélancolique dirigeait vers le Moi étaient des attaques sur son objet. Cela était d'autant plus difficile pour Abraham qu'il était très déprimé par la mort de son propre père, et ne pouvait au départ se rendre compte des reproches dirigés contre la figure paternelle en lui. Cependant il réussit à surmonter la blessure infligée à l'estime qu'il se portait et réussit à faire un bond immense vers la compréhension que nous avons de la dépression.

A travers l'histoire de la psychanalyse, d'autres ont accru énormément nos connaissances. Ils ont poursuivi la recherche de ce qui nous permet de comprendre, de façon courageuse sinon héroïque, mais la poursuite d'une forme du sens peut nous amener à étouffer d'autres aspects du sens tout aussi importants. Ceci fait partie du processus de la croissance : nous ne pouvons, à mon avis, découvrir de sens nouveau sans une lueur de narcissisme, sans être fasciné par ce moment où nous nous écrions : « Euréka, j'ai trouvé », quitte plus tard à remettre sur l'ouvrage notre idéalisation narcissique. Freud nous en montre l'exemple en révisant constamment ses théories.

Il semble que le narcissisme soit devenu un bien gros mot — l'ennemi de l'amour de l'objet, qu'il est si souvent d'ailleurs, qui fait cliver des éléments de la personnalité qui se haïssent et se rejettent comme dans la tragédie grecque des Bacchantes. Cependant dans ce que nous choisissons d'appeler normalité, narcissisme et amour porté à l'objet vivent côte à côte, pas seulement en conflit, mais aussi dans un certain degré d'harmonie.

INCORPORATION CANNIBALE OU ACQUISITION NORMALE

Le fait de savoir si nous pouvons séparer totalement la fusion narcissique du sens de l'appartenance et de la communion, demeure en suspens. Il y a une distinction assez fine à établir entre les frontières de l'incorporation cannibale et l'acquisition normale par l'enquête et la découverte. Où s'arrête un orgueil normal et où commence le sens de l'omnipotence ? Cela peut être difficile à discerner et, à mon avis, avoir été privé de l'expérience d'une situation où nous sommes perçus comme importants est un élément qui renforce le sentiment d'omnipotence. Il doit y avoir un équilibre entre se placer du point de vue des autres et mener sa propre vie. C'est en soi-même un sujet de débat et trop analyser ce problème, au lieu de simplement le vivre, est en soi-même une maladie narcissique.

L'éclairage particulier que j'ai choisi de donner à ce problème est celui d'une situation où deux personnes, l'analyste et le patient, s'apportent l'un et l'autre un sens, adéquat ou inadéquat, à la situation. Lorsque nous parlons d'attaques contre le sens que nous donnons aux choses et contre la façon dont nous nous lions à elles, quelle situation peut nous y mener par excellence, sinon celle où deux personnes attaquent leurs points de vue respectifs ? Ceci doit précéder les attaques sur le lien sexuel unissant les parents.

Peut-être que la situation narcissique la plus difficile à soutenir pour l'analyste est celle où on lui fait sentir que sa croyance au pouvoir de la psychanalyse n'est qu'une illusion futile, et qu'il est lui-même dénué de sens. La façon dont l'analyste réagit à cette situation est extrêmement importante, car s'il ne peut y faire face et différencier le bon et l'utile de l'inutile, il ne peut rencontrer la position dépressive en lui-même et n'est pas en mesure alors d'offrir au patient une introjection suffisamment forte pour l'aider à faire face à la dépression. Comme nous le savons tous, il y a des patients très habiles à produire cet état d'esprit chez l'analyste et qui essaient de nous faire réagir en nous amenant à les rassurer psychologiquement et physiquement. Ils peuvent amener l'analyste à ressentir du désespoir — l'analyste peut précipiter dans l'*acting out* son expérience de rejet en se désintéressant du patient ou en adoptant une attitude par trop rigide, qui bloque toute nouvelle expérience.

Les exemples cliniques qui vont suivre se rapportent tous à la façon dont le narcissisme de l'analyste et sa confiance en lui sont tous deux attaqués et sur-stimulés jusqu'à devenir de la séduction.

PREMIER EXEMPLE CLINIQUE

Le patient, un homosexuel américain, de cinquante ans, bel homme, vint me consulter en se plaignant d'être déprimé. Ce que je pus reconstruire de ses parents et de sa famille m'amena à considérer son héritage familial comme pathogène. Avant de venir me voir il avait déjà pendant de longues périodes suivi divers traitements psychanalytiques.

Une des premières choses qu'il me déclara était qu'il était sûr que j'allais vouloir le guérir de son homosexualité, à laquelle il tenait à tout prix. Il me laissa entendre que je faisais preuve d'un narcissisme arrogant en voulant l'attribuer à des origines psychogènes, et que j'allais attaquer quelque chose qui pour lui était quelque chose de vital. Cette affirmation ne s'appliquait pas seulement à son homosexualité mais aussi à d'autres traits. Son homosexualité se manifestait de deux façons :

1) L'adulation des sadiques impitoyables qui le sodomisaient ; il avait peur que la puissance de ses pulsions l'amenât un jour à choisir un meurtrier ; le choix sexuel d'un Narcisse impitoyable.

2) L'adoration et le désir de fusion avec de jeunes éphèbes, beaux et pareils à des dieux, et qu'il pensait être la perfection même. Il prenait plaisir à se les procurer et à triompher de ses compagnons homosexuels. Un processus narcissique compliqué.

Dans ses choix sexuels, il s'identifiait aux sadiques narcisses et destructeurs qui le réduisaient à rien ; il idéalisait la figure de la jeunesse parfaite et vide. Cependant dans ses relations personnelles, c'étaient là les personnes avec lesquelles il était en guerre constante.

Dans sa vie privée, présente et passée, il était préoccupé par la haine de ces brutes qui l'humiliaient et lui faisaient sentir — comme il disait lui-même — qu'il était moins que rien. Il était constamment préoccupé par la haine qu'il ressentait pour de tels personnages et conspirait constamment à leur chute. De la même manière, il détestait l'omnipotence de personnages narcissiques, qui étaient vides, se comportaient comme de faux dieux et s'attendaient à être adorés — ces deux thèmes allaient se retrouver très présents dans le transfert.

Au début de nos relations, son comportement d'omnipotence méprisante et caustique, mené de façon élégante, sophistiquée, intelligente, cultivée, et à ses yeux charmante, me donna l'impression que s'il m'insultait ainsi (parallèle à peine déguisé de la sodomie), il s'attendait à ce que je sois captivé par son brio — une tentative de me faire occuper un rôle pervers où j'étais supposé prendre plaisir aux insultes (extension de la sodomie) et adorer son éloquente perfection.

Ses connaissances et son érudition dans le domaine de la culture me mettaient parfois dans la position de public captif. Il essayait de m'attirer dans son camp pour mener des attaques contre les philistins et m'amener à des attaques perverses contre tout effort humain et toute image se ramenant aux qualités du sein maternel, tout en se considérant comme l'objet idéal. Ses efforts pour m'attirer dans ce jeu narcissique avait des qualités de séduction telles que je devais constamment en être conscient et m'en garder. Le pouvoir de ses paroles était tel que j'étais amené à me demander sérieusement si l'analyse que j'offrais, ou ce que je croyais, avait aucun sens comparé à ses paroles. En fait, parfois je devais m'obliger à me souvenir combien il était malade, et me retourner vers moi-même pour réagir face à ce sentiment qu'offrir des interprétations était simplement surestimer de façon narcissique mon propre travail. La difficulté était de montrer ces forces à l'œuvre sans nier ce qui était vraiment valable en lui, sinon j'allais le traiter comme il me traitait.

L'humour et les ruses de sa conduite peuvent peut-être être illustrés par les mots qui ouvrirent une séance : « Je lisais Keats la nuit dernière. A propos, Brenman, vous savez, Keats est un poète anglais connu. »

Je trouvai cela séduisant et plein d'humour. De façon parallèle il m'associait à lui et simultanément niait toute possibilité de culture en moi. Mais relever cela, sans rassembler toute une série d'associations, aurait été perçu par lui comme faisant preuve d'un amour-propre très égocentrique de ma part. Surtout, cela aurait fait de l'analyse elle-même une occupation prétentieuse au plus haut point.

Toute technique que j'essayai d'utiliser pour lui montrer ce qui se passait, était considérée comme une simple manifestation de parade narcissique. En vérité, lorsque votre propre importance est niée mieux vaut se méfier de toute extériorisation de ce genre. Je découvris que me limiter à des interprétations de fond et lui montrer combien il était persécuté par de semblables attaques contre sa personne de la part de ses collègues, était la voie qui me permettrait de faire glisser l'accent sur la réalité des rapports humains. Surtout le fait de contenir les attaques narcissiques et la stimulation lui fit vivre une expérience différente de celle de son monde intérieur.

Les séparations lors de week-end amenaient une détérioration. Je pensais que lui faire remarquer cela serait interprété comme une manifestation de mon narcissisme. J'interprétai à la fois la rupture et sa remarque attendue comme quoi je m'accordai une importance disproportionnée ainsi qu'à l'analyse en faisant une telle remarque. Sa réponse fut : « Pas mal, Brenman, 4 sur 10. Mais ne te décourage pas. Encore un effort. Tu arriveras peut-être à avoir 5 sur 10. Je ne peux rien promettre, mais ça vaut toujours la peine d'essayer. »

Quels que soient les autres processus en opération, il me mettait toujours en position de presque insignifiance : avec de la persévérance peut-être deviendrais-je acceptable.

Selon moi, il me faisait sentir ce qu'il en était d'être humilié avec juste assez d'insistance pour me permettre de continuer à fonctionner sans ressentir une dépression trop profonde (son symptôme). L'interprétation en elle-même était relativement facile. Ne pas réagir du tout aurait signifié que non seulement ses attaques me laissaient froid, mais que son problème aussi me laissait froid. Il avait besoin que j'interprète de façon à ce qu'il sût que je comprenais la souffrance et ne chercherais pas à me venger ; que je pouvais supporter cette souffrance et établir une relation différente.

Une fois il me vit lors d'une représentation de *Fidelio* et me dit : « Je vous ai vu à l'Opéra. Comme vous le savez il n'y a dans *Fidelio* que trois airs qui valent le déplacement, vous devez vraiment aimer la musique pour vous déplacer seulement pour ces trois airs. »

Tout le travail sur les nuances infinies qui avait marqué si souvent le passé, me permit de me limiter à son allusion quant à mes prétentions et à mon ignorance, à mon incapacité totale de jouir de la vie comme un tout : il me montrait combien mes préoccupations narcissiques me rendaient infirme. J'interprétai cette image de moi et je lui rappelai sa propre présence à l'Opéra.

La nuit suivante il fit un rêve. Il préfaça le rêve par une remarque sur le fait que Graham Greene avait été en psychanalyse, ce qui ne lui avait servi à rien. Il me raconta ensuite son rêve durant lequel il pénétrait sous terre, puis sous la mer, et là découvrait un homme attaché à un siège dans des cabinets ; cet homme était mort et se trouvait là depuis longtemps et cet homme c'était lui et il avait peur.

Il me donna de nombreuses associations — fait rare pour lui — et j'en communiquerai deux, seulement.

1) Une amie qui avait renoncé à sa vie assujettie à un sadique.

2) Combien il s'était mis à détester le Kaiser lors d'un programme à la télévision, lorsque celui-ci, apprenant la mort de son père, n'avait pu qu'éprouver de la joie et déclarer : « Père est mort, maintenant je suis empereur d'Allemagne. »

L'INTERPRÉTATION DU NARCISSISME DE L'ANALYSTE

J'eus à décider de savoir si comme dans le passé il maintenait que cette analyse était inutile, et si j'étais le sadique auquel il était asservi, ou la figure anale morte. Par contraste avec les fois précédentes, j'avais l'impression qu'il parlait surtout de lui-même et de son monde intérieur. Le patient se rendait compte lui-même que la partie de sa personnalité où le bien vivait était morte depuis longtemps, et il haïssait la partie de lui-même unie au narcissisme et liée au sadisme et au triomphe absolu (il avait peur d'un Surmoi persécuteur).

La remarque principale que je voudrais faire est que le développement qui prit place était dû à mon avis à l'interprétation du narcissisme de l'analyste en tant qu'image du transfert, par projection tout comme dans la réalité. Il niait mon importance et mettait à l'épreuve ma capacité de fonctionner et de montrer que je m'intéressais à lui sans m'engager dans des contre-attaques vicieuses.

Après avoir assimilié cela, il devint évident que toute sa vie était dominée par le sentiment que les gens lui faisaient sentir qu'il était moins que rien et que toutes ses ressources intellectuelles étaient tendues vers un but : faire sentir à ses objets qu'ils n'étaient rien. Il ne pouvait venir à une vie pleine s'il n'avait aucun sens, pas plus que mon analyse qui était frappée du même sort. Une seule personne à la fois pouvait prendre un sens. Par conséquent aucune vraie relation entre deux personnes, ayant toutes deux un sens, ne pouvait exister. C'était là son symptôme principal — et je pense que c'est ce fait qui constitue la base de beaucoup, sinon de tous les problèmes de perversion.

Je ne peux parler ici de la souffrance liée au retour à la vie de cette partie infantile de lui-même, ni de la culpabilité liée au rôle qu'il jouait dans sa destruction ; bien sûr cela était important.

Dans ce cas, la haine des parents narcissiques qui avaient réagi au propre narcissisme du patient par une haine réciproque plutôt qu'en essayant d'atteindre quelque chose de meilleur, jouait un rôle crucial. Des tentatives étaient constamment faites pour recréer cette situation par une compulsion de répétition dont le modus vivendi était qu'une des parties fasse que l'autre se sente de plus en plus narcissique et abandonnée sans amour. Je fus soumis à une stimulation énorme pour m'obliger à revivre cette situation et à douter de mes attributs parentaux.

DEUXIÈME EXEMPLE CLINIQUE

La patiente était une femme de 38 ans, mère de 4 enfants, en instance de divorce. Elle semblait coopérante, bien disposée, très capable d'amour. Elle réagissait bien aux interprétations mais en m'idéalisant, idée qu'elle rejetait lorsque je la lui proposai. Tout cela était émaillé de crises qui suivaient presque toujours une interruption. Durant ces crises, elle brisait tout, et comme elle le disait, était possédée par le démon qui prouvait que je ne m'intéressais pas à elle. Tout cela pouvait être lié au fait qu'elle réalisait qu'elle n'était pas quelque chose d'unique pour moi.

Elle avait une sœur plus âgée et une plus jeune qu'elle. D'après la patiente, la mère était « débranchée ». La patiente et la plus jeune sœur, tout comme la mère, idéalisaient le père. La patiente se détacha du monde à cause du désespoir qu'elle éprouvait à cause de sa mère, désespoir contrebalancé par une excessive idéalisation du père, amenant un problème du transfert difficile, stimulant mon rôle narcissique en tant que père et bloquant le transfert sur l'image de la mère. La sœur aînée avait la réputation d'être de nature rebelle, réclamant beaucoup pour elle ; elle fut envoyée dans un pensionnat et devint psychotique par la suite. La patiente avait l'impression d'avoir été une « jeune fille rangée », qui nettoyait les allées du jardin et était liée à son père par une idolâtrie qui était d'ailleurs mutuelle. J'avais des raisons de penser que cette situation serait répétée dans le transfert, ce qui se réalisa par des tentatives pour stimuler mon narcissisme et créer une idéalisation mutuelle. Par moments l'analyse était trop facile pour être vraiment saine et productive.

Après un rêve complexe, il devint évident qu'elle était épouvantée à l'idée que je pourrais la rencontrer en dehors du cadre de l'analyse et la voir telle qu'elle était vraiment. J'avais donc bien raison de croire qu'elle sentait qu'une collusion narcissique existait entre elle et moi et que nous avions à perdre nos illusions respectives.

Sa sœur psychotique, Joan, était un personnage très important : de bien des façons elle était admirée, et perçue comme étant le seul membre authentique de la famille. Ceci était dangereux, car Joan détruisit sa santé mentale et dut être envoyée hors de la famille. Parfois la patiente avait l'impression qu'elle était tout à fait comme Joan, d'autres fois qu'elle ne lui ressemblait pas du tout. Il y avait beaucoup de rêves où la patiente était identifiée à Joan.

Elle admirait la manière dont je contrôlais la situation. Peu à peu il apparut que le père intériorisé s'en tirait en utilisant une série de techniques qui lui permettaient d'éviter tout engagement personnel : dans le transfert souvent manquait quelque chose qui aurait dû être présent dans la relation parent-enfant. On y était trop à l'aise. Une fois elle m'annonça, bien à l'avance, qu'elle avait l'intention de manquer une séance le vendredi pour des raisons de famille qui semblaient parfaitement valides. Il y avait des signes évidents montrant qu'elle réagirait de façon violente à la séparation prolongée du week-end dans les rêves où elle s'associait à l'image de sa sœur Joan. Elle revint le lundi en déclarant que tout avait bien été, et apporta le rêve suivant : « Je faisais la queue pour avoir de la nourriture, on m'offrait du poulet, mais je ne voulais pas de poulet, je voulais autre chose. Et on me faisait payer trop cher, et j'avais une dispute violente avec le vendeur. »

Cela soulève beaucoup de questions, mais je me limiterai au rôle du narcissisme de l'analyste. Est-ce que je lui offrais une attitude poltronne (*Am I feeding her chicken-heartedness?*) et sapais la croyance qu'elle avait dans son aptitude à se tirer de la situation — une accusation qu'elle avait faite avant la rupture ? Était-ce une référence à moi-même en tant qu'image de transfert, la mère qui se retire de la situation (*to chicken out*) en retournant à ses propres besoins et/ou le père qui se retire de la situation (to chicken out, toujours le jeu de mots autour de « chicken », poulet) en utilisant des techniques qui évitent tous les problèmes — ma technique psychanalytique ? Étais-je trop narcissique lorsque j'insistais sur l'importance de chaque séance — faisant preuve de narcissisme en surestimant notre travail ensemble qui lui permet de faire face ? Aurais-je dû être plus ferme à propos de la séance manquée et par là étais-je devenu complice inconsciemment et l'avais-je renvoyée comme ses parents avaient renvoyé Joan ? S'agissait-il d'un progrès lorsqu'elle avait une dispute au sujet du prix qu'il lui fallait payer pour faire face aux conflits, y compris le montant des honoraires qu'elle devait payer pour la séance qu'elle avait manquée ?

IL N'Y A AUCUN ANALYSTE QUI PUISSE PRATIQUER L'IMMACULÉE CONCEPTION

Les problèmes étaient multiples, mais ne pas y inclure les doutes, imaginaires et réels, à propos de ma psychalanyse ferait preuve d'une pratique narcissique la plus évidente.

Le débat met en jeu non seulement le bien-être du patient, mais aussi le narcissisme de l'analyste lorsqu'il se pose la question de savoir s'il a tort ou raison, s'il est trop faible ou trop énergique, trop confiant ou trop plein de doutes, optimiste ou pessimiste, trop plein d'indulgence ou trop sévère — le problème auquel nous avons à faire face lorsque nous décidons de terminer une analyse. Tout comme dans la relation mère-enfant, le patient apprend selon la façon dont l'analyste répond aux besoins, anxiétés et attaques. Il n'y a aucune mère, ni aucun analyste, qui puisse pratiquer l'immaculée conception et toute tentative de croire que cela est possible nie la réalité des faits de la vie.

Nous réagissons à l'intérieur de nous-mêmes, au mieux des contenants acceptables. Tout comme une mère a besoin d'un père, nous avons besoin d'avoir accès à des ressources internes, le savoir psychanalytique et l'aide de nos collègues pour examiner les interactions qui sont à l'œuvre dans nos engagements, et tirer un enseignement de nos expériences.

Ne pas tenir compte de tout cela amène, à mon avis, les excès que nous avons décrits dans la première partie de cette communication. Comme les citoyens de Thèbes, nous ignorons notre narcissisme au péril de la santé de nos patients et à notre propre péril.

ÉRIC BRENMAN [5]

---

5. « Le narcissisme de l'analyste et la façon dont il affecte la pratique clinique », *Bulletin de la Fédération européenne de psychanalyse*, n° 13, 1978, p. 21-29.

BIBLIOGRAPHIE

Liste des abréviations :

— *NRPsa* : *Nouvelle Revue de psychanalyse.*
— *RFPsa* : *Revue française de psychanalyse.*
— *Psychoanal. Quarterly* : *The Psychoanalytic Quarterly.*
— *Int. Univ. Press* : *International University Press.*
— *Int. J. of Psa* : *International Journal of Psychoanalysis.*
— *Int. R. of Psa* : *International Review of Psychoanalysis.*
— *JAPA* : *Journal of American Psychoanalytic Association.*

ABRAHAM (K.), « Études cliniques. La valorisation narcissique des excrétions dans le rêve et la névrose » (1920), *Œuvres complètes*, T.2 (1913-1925), Paris, Payot, 1966.

ALTMAN (L.), « A case of narcissistic personality disorder : the problem of treatment », *Int. J. of Psa*, 1975, vol. 56, n° 2.

ANDREAS-SALOME L., « The dual orientation of narcissism », *Psychoanal. Quarterly*, 1962, vol. 31, n° 1.

ANZIEU (D.), « L'enveloppe sonore du soi », *NRPsa*, 1976, n° 13 ; « La structure nécessairement narcissique de l'œuvre », *Bulletin de psychologie*, 1977-1978, XXL (336), n° 12-17.

BACH (S.), « Narcissism, continuity and the uncanny », *Int. J. of Psa*, 1977, vol. 58, n° 2.

BALINT (M.), « Primary narcissism and primary love », *Psychoanal. Quarterly*, 1960, vol. 29, n° 1.

BAUDRILLARD (J.), « Le corps ou le charnier de signes », *Topique*, octobre 1972, n° 9/10.

BENASSY (M.), « Psychanalyse générale et problème du narcissisme », *Bulletin de psychologie*, 1966, vol. XIX, n° 248.

BERKOWITZ (D.A.), SHAPIRO (R.L.), ZINNER (J.) et SHAPIO (E.R.), « Family contributions to narcissistic disturbances in adolescents », *Int. J. of Psa*, 1974, vol. 1, n° 3.

BERNSTEIN (I.), « The role of narcissism in moral masochism », *Psychoanal. Quarterly*, 1957, vol. 26, n° 3.

BIGRAS (J.), *Les Images de la mère*, Paris, Hachette-littérature, 1971.

BONAPARTE (M.), *Introduction à la théorie des instincts*, Paris, Denoël et Steele, 1934.

BRAUNSCHWEIG (D.), « Le narcissisme dans la cure », *RFPsa*, 1970, XXXIV, n° 22.

BRAUNSCHWEIG (D.) et FAIN (M.), « *Éros et Antéros* », *Réflexions psychanalytiques sur la sexualité*, Paris, Payot, 1971. (« Narcisse », p. 139-158).

BURSTEIN (B.), « Some narcissistic personality types », *Int. J. of. Psa*, 1973, vol. 54, n° 3.

CHASSEGUET-SMIRGEL (J.), *Essais sur l'idéal du moi. Contribution à l'étude de la maladie d'idéalité,* Paris, Tchou, 1975.

CHILAND (C.), « Narcisse ou le meilleur des mondes possibles », *NRPsa,* 1976, n° 13.

COLLOQUE DE LA SOCIÉTÉ PSYCHANALYTIQUE DE PARIS, Artigny, 7-8 mars 1964. *Le narcissisme, RFPsa,* 1965, T. 29, n° 5.

CORMAN (L.), *Narcissisme et frustration d'amour,* Bruxelles, Dessart, 1975.

COSNIER (J.), « A propos de l'équilibre des investissements narcissiques et objectaux dans la cure analytique », in *RFPsa,* 1970, vol. 34, n° 4.

DAMISCH (H.), « D'un Narcisse l'autre », *NRPsa,* 1976, n° 13.

EISNITZ (A.J.), « On the metapsychology of narcissistic pathology », *JAPA,* 1974, vol. 22, n° 2.

ELLIS (H.), « The conception of narcissism », *The Psychoanalytic Review,* 1927, vol. 14, n° 2.

FEDERN (P.), *La Psychologie du moi et les psychoses,* Paris, P.U.F., 1979.

FLOURNOY (O.), « Entre Narcisse et Œdipe : une image-écran ou un souvenir-écran », *NRPsa,* 1976, n° 13.

FREUD (S.), *La Vie sexuelle,* trad. de l'allemand par Denise Berger, Jean Laplanche et al., Paris, P.U.F. coll. « Bibliothèque de psychanalyse », 1969.

GREEN (A.), « L'Angoisse et le Narcissisme », *RFPsa,* 1979, vol. 43, n° 1 ; « Un, Autre, Neutre : valeurs narcissiques du même », *NRPsa,* 1976, n° 13, « Le narcissisme primaire : structure ou état », *L'Inconscient,* n° 1, janvier-mars 1967 et n° 2, avril-juin 1967.

GRUNBERGER (B.), *Le Narcissisme. Essais de Psychanalyse.* Paris, Payot, 1971 ; « Préliminaires à une étude topique du narcissisme », *RFPsa,* 1958, vol. 22, n° 3.

GUYOTAT (J.), « Aspects du narcissisme dans les psychoses », *Évolution psychiatrique,* 1970, XXXV ; fasc. 2.

JACOBSON (E.), *Le Soi et le monde objectal,* trad. de l'anglais par Anne-Marie Besnier, Paris, P.U.F., 1975.

KAFKA (J.), « The analysis of phallic narcissisṃ », *Int. J. of Psa,* 1976, vol. 3, n° 3.

KERNBERG (O.), « Factors in the psychoanalytic treatment of narcissistic personalities », *JAPA,* 1970, vol. 18, n° 1 ; « Narcissisme normal et narcissisme pathologique », trad. de l'anglais par S. Mayoux, *NRPsa,* 1976, n° 13.

KOHUT (H.), *Selected writing from Heinz Kohut. The search of the Self,* 1950-1978, New York, Int. Univ. Press, 1978 ; *The restoration of the Self,* New York, Int. Univ. Press, 1977 ; *Le Soi : la psychanalyse des transferts narcissiques,* trad. de l'anglais par M.A. Lussier, Paris, P.U.F., Coll. « Le Fil rouge », 1974.

LACAN (J.), *le Séminaire,* « Livre I — Les écrits techniques de Freud, Paris, Seuil, 1975 ; « Le Stade du miroir comme formateur de la fonction du Je, telle qu'elle nous est révélée dans l'expérience psychanalytique », *RFPsa,* 1949, vol. 13, n° 4.

LEUBA (J.), « Introduction à l'étude clinique du narcissisme », *RFPsa,* 1949, vol. 13, n° 4.

LICHTENSTEIN (H.), « Le rôle du narcissisme dans l'émergence et le maintien d'une identité primaire », trad. de l'anglais par C. Doucet — *NRPsa,* 1976, n° 13.

MAC DOUGALL (J.), « Narcisse en quête d'une source », *NRPsa,* 1976, n° 13.

MISSENARD (A.), « Aspects du narcissisme dans les groupes », *Evolution psychanalytique,* 1976, vol. 41, fasc. 2.

MURRAY (J.M.), « Narcissism and the ego ideal », *JAPA,* 1964, 12, n° 3.

PALACI (J.), « Transfert et narcissisme », *RFPsa,* 1978, vol. 42, n° 1.

PASCHE (F.), *A partir de Freud,* Paris, Payot, 1969. (« L'anti-narcissisme », p. 227-242.)

RANK (O.), « Une contribution au narcissisme » (1911), trad. de l'allemand par

M. Bydlowski et Ch. Zevy-Friesacher, *Topique,* 1974, n° 14.

REICH (A.), *Psychoanalytic Contributions,* New York, Int. Univ. Press, 1973. (« Narcissistic object choice in women », 1953, p. 179-208.)

ROCH (M.), *Du surmoi héritier du complexe d'Œdipe,* Paris, P.U.F., 1966.

ROSENFELD (H.), *États psychotiques,* Paris, P.U.F., 1979.

ROSALTO (G.), *La Relation d'inconnu,* Paris, Gallimard, 1978.

SCOTT (C.), « L'auto-envie », trad. de l'anglais par J.-B. Pontalis, *NRPsa,* 1976, n° 13.

STOLOROV (R.D.), « The narcissistic fonction of masochism (and sadism) », *Int. J. of Psa,* 1975, vol. 56, n° 4.

TERMAN (D.T.) — « Aggression and narcissistic rage : a clinical elaboration », *The Annual of Psychoanalysis,* 1976.

VAN DER WAALS (M.G.), « Le narcissisme », *RFPsa,* 1949, vol. 13, n° 4.

WIDLOCHER (D.), « The ego ideal of the psychoanalyst », *Int. J. of Psa,* 1978, vol. 59. n° 2-3.

ORIGINE DES TEXTES

La Société d'Exploitation de Tchou Éditeur remercie vivement les éditeurs qui lui ont permis la reproduction des textes de leurs fonds.

PRÉFACE

PROFESSEUR ANDRÉ HAYNAL

PREMIÈRE PARTIE

Éclosion de Narcisse

DEUXIÈME PARTIE

Quelques images de Narcisse

I. Narcissisme féminin et homosexualité
O. RANK : « Une contribution au narcissisme », 1911, *Topique,* novembre 1974, n° 4, p. 29-42, 46-49, Gallimard.

II. Blessure narcissique et homosexualité
P. BOURDIER : « Handicap physique, préjudice, exception » (1976), *Nouvelle Revue de psychanalyse,* 1976, n° 13, p. 265-279, Gallimard.

III. Idéal du Moi et Surmoi.
A. REICH : « Early identifications as archaic elements in the superego » (1954), *Journal of the American Psychoanalytic Association,* vol. 2, 1954, p. 218-238. Traduit de l'anglais par S.M. Abelleira.

IV. L'idéal du Moi et le groupe
J. CHASSEGUET-SMIRGEL : *L'Idéal du Moi. Essai psychanalytique sur la « maladie d'idéalité »* (« L'Idéal du Moi et le groupe », 1975), p. 89-106, Tchou.

V. Le visage de la mère en tant que miroir
D.W. WINNICOTT : « Le rôle de miroir de la mère et de la famille dans le développement de l'enfant », *Nouvelle Revue de psychanalyse,* n° 10, automne 1974, p. 79-86, Gallimard.

TROISIÈME PARTIE

Nouveaux échos de Narcisse

I. Le narcissisme selon les disciples de Melanie Klein
P. HEIMANN : « Certaines fonctions de l'introjection et de la projection dans la première enfance » (1943), in M. Klein, P. Heimann, S. Isaacs et J. Rivière, *Développements de la psychanalyse,* p. 136-146, Presses Universitaires de France, coll. « Bibliothèque de psychanalyse ».
H. ROSENFELD : *États psychotiques* (« A propos de la psychopathologie du narcissisme », 1964), p. 219-232, Presses Universitaires de France, coll. « Le Fil rouge ».

II. L'antagonisme narcissisme — pulsions
B. GRUNBERGER : *Le Narcissisme* (« Considérations sur le clivage entre le narcissisme et la maturation pulsionnelle », 1960), p. 197-219, Payot, coll. « Petite Bibliothèque Payot. »

III. L'anti-narcissisme
F. PASCHE : *A partir de Freud* (« L'anti-narcissisme », 1964), p. 227-242, Payot.

IV. La rage narcissique
H. KOHUT : « Réflexions sur le narcissisme et la rage narcissique », *Revue française de psychanalyse,* 1978, vol. 42, n° 4, p. 683-688, 691-697, 702-704, 706-714, 718-719, Presses Universitaires de France.

V. Narcissisme et organisations limites.
O. KERNBERG : *Les Troubles limites de la personnalité* (1975), p. 127-138, Privat, coll. « Domaines de la psychiatrie ».

VI. Le narcissisme de l'analyste.
E. BRENMAN : « Le narcissisme de l'analyste et la façon dont il affecte sa pratique clinique » (1977), *Bulletin de la Fédération européenne de psychanalyse,* n° 13, 1978, p. 21-29.

ORIGINE DES ILLUSTRATIONS

L'impression de ce livre
a été réalisée sur les presses
de l'Imprimerie Maury S.A.
45330 Malesherbes
le 30 juillet 1980

Dépôt légal : 3ᵉ trimestre 1980 – Nᵒ d'imprimeur : D 80/8395
Nᵒ d'éditeur : 7479

ISBN : 2-221-50093-8